鉄道・路線廃止と代替バス

堀内重人

東京堂出版

── はじめに ──

　鉄道からバスへ転換された路線の現状を報告するため、本著は「総論」と「各論」の2部構成とする。第Ⅰ部は「総論」として、国鉄改革と鉄道事業法の改正による規制緩和、そしてそれに伴う、事業者の変更による生き残りの模索を中心に述べる。

　鉄道からバスへの転換を語る場合、「国鉄改革」と「鉄道事業法の改正による規制緩和」を抜きにしては語れない。国鉄の分割民営化を実施するに際し、輸送密度が低い路線は特定地方交通線と位置づけられ、国鉄から切り離してバス化が望ましいとされた。特定地方交通線の廃止は、第一次、第二次、第三次というように3段階に分けられ、中には第三セクター鉄道として再出発した路線もあったが、大半はバスへ転換された。一度は第三セクターとして存続した神岡鉄道や三木鉄道、北海道ちほく高原鉄道などは、その後の利用者の減少に伴い、バス化されてしまった。

　国鉄の分割民営化は、国が地域住民の生活の足を守るというナショナルミニマムの放棄であり、その結果、北海道や南九州では不採算路線の廃止が進み、鉄道空白地域が出現するようになった。国鉄再建の必要性として強調された長期債務処理であるが、バブル期は地価高騰が影響して売却がストップされたため、借金の返済が進まず、逆に借金を増やすことになった。そこで国鉄の債務を金利の安い一般会計に移行させ、たばこ税を上げることで借金の返済を行うことになった。「国鉄の分割民営化は成功した」とマスコミなどは報道する傾向にあるが、サービスが向上したのは大都市圏などの黒字路線だけであり、ローカル線に関しては、災害からの復旧が遅くなるなどサービスが低下している。そして国鉄ローカル線の廃止問題が終了してから廃止された深名線（しんめい）は、地元との協議会は開催されたが、転換交付金などは支給されなかった。また可部線（かべ）の非電化区間の廃止の事例で示すように、2000年（平成12）の鉄道事業法の改正以降は、地元と協議しなくても、事業者の一存で不採算路線や区間を廃止することが可能となった。さらに長期債務の返済に関しては、国鉄分割民営化時よりも借金を増やす結果となり、こちらに関しては完全に失敗であった。

Ⅰ

第Ⅱ部では、2000年3月の鉄道事業法の改正以降に廃止され、バス化された路線の現状を紹介する。それまで不採算路線から撤退する場合は、地域住民などと話し合いをしたうえで、国土交通大臣から許可を得る「許可制」であったが、鉄道事業法の改正に伴い、事業者の判断だけで廃止が可能となる「届出制」に規制が緩和された。

　不採算路線からの撤退規制が緩和されると、路線の廃止が進展することは目に見えており、長野電鉄や名鉄、西鉄、JR西日本などは、不採算路線や不採算区間を廃止した。そして京福(けいふく)電鉄は、2000年12月と2001年6月に事故を起こし、国土交通省から運行停止の処分を受けたが、沿線住民や自治体は「どうしても鉄道が必要である」という認識のもと、第三セクターのえちぜん鉄道として再生された。しかし需要が少なく、不採算であった永平寺線は、廃止されてしまった。島原鉄道も、利用者の少ない島原外港〜加津佐(かづさ)間は2008年3月末で運行を廃止した。さらに日立電鉄や鹿島鉄道、くりはら田園鉄道、三木鉄道は、鉄道事業そのものを廃止したため、会社が消滅した。

　このように地方民鉄やローカル線にとれば、非常に厳しい時代となったが、その一方で2007年10月に「地域公共交通活性化再生法」が施行し、地域住民が協議会を開催して公共交通の活性化を模索する試みも始まっている。

　一般的に鉄道を廃止してバス化されると、運賃は値上げされ、定時運行ができなくなり、利用者が減少するパターンが多い。もし片道運賃は鉄道時代と同額に据え置かれたとしても、通勤・通学定期券が大幅に値上げされることが多いため、利用者は確実に減少する。中には、利用者の減少に歯止めがかからず、最終的には代替バスすら廃止され、公共交通空白地域が生じてしまう例もある。

　そんな中、くりはら田園鉄道の廃止代替バスは、鉄道時代には最高1,020円であった運賃を、最高でも500円に値下げした。このように鉄道時代よりも割安にして利用を促進しようとしている事例もある。

　そこで本稿の第Ⅱ部では、鉄道事業法が改正された2000年3月以降に廃止された鉄道路線の代替バスについて10の事例を紹介する。その中では、鉄道時代と比較してサービスや利用状況がどのように変わったかを説明したい。

　　　2010年4月

　　　　　　　　　　　　　　　　　　　　　　　　　　　　堀内重人

鉄道・路線廃止と代替バス●目次●

はじめに　1

第Ⅰ部　鉄道廃止と地域への影響

1 国鉄改革 …………………………………………………………… 10

1 国鉄再建法の成立
（1）国鉄再建法によるローカル線の切り捨て …………………… 10
（2）国鉄民営化に向けた第2臨調の設置 ………………………… 12

2 国鉄の分割民営化
（1）国鉄改革の実行と背景 ………………………………………… 14
（2）鉄道事業法の概要 ……………………………………………… 15

3 第三セクター鉄道
（1）第三セクター鉄道の概要 ……………………………………… 16
（2）第三セクター鉄道の経営状況 ………………………………… 18
（3）廃止および転換された路線のその後 ………………………… 18

2 鉄道事業法改正による規制緩和 ……………………………… 34

1 需給調整規制の撤廃による影響
（1）国の基本方針 …………………………………………………… 34
（2）独立採算制の行き詰まり ……………………………………… 36

2 公的補助システムの問題点
（1）国による公的補助の概要 ……………………………………… 38
（2）国庫補助の問題点 ……………………………………………… 40
（3）地方自治体による公的補助の問題点 ………………………… 44

3 地域公共交通活性化再生法
（1）法案成立の背景 ………………………………………………… 48
（2）地域公共交通活性化再生法の成立で何が変わったのか …… 49

3 事業者の変更による生き残り ……… 52

1 大手民鉄から中小民鉄への譲渡
   （1）三岐鉄道北勢線 ……… 52
   （2）和歌山電鐵貴志川線 ……… 57

2 民鉄から第三セクター鉄道へ
   （1）万葉線 ……… 62
   （2）ひたちなか海浜鉄道 ……… 66

3 大手民鉄出資の子会社への移管
   （1）養老鉄道 ……… 71
   （2）伊賀鉄道 ……… 75

第Ⅱ部　最新10例に見る代替バスの現況

4 長野電鉄河東線の廃止代替バス（2002年廃止）……… 82

1 長野電鉄の概要
   （1）長野電鉄の歴史と現状 ……… 82
   （2）河東線の歴史 ……… 88

2 長電バスの現状
   （1）長野電鉄のバス事業 ……… 94
   （2）廃止代替バスの概要 ……… 95

5 京福電鉄（現：えちぜん鉄道）永平寺線の廃止代替バス ……… 103

1 京福電鉄から、えちぜん鉄道へ
   （1）京福電鉄の正面衝突事故 ……… 103
   （2）えちぜん鉄道の誕生 ……… 107

2 廃止代替バス
   （1）京福バス永平寺・東尋坊線 ……… 112
   （2）永平寺特急バス ……… 114

6 可部線の廃止代替バス（2003年廃止）……………… 117

1 可部線の概要
　（1）可部線の歴史 …………………………………… 117
　（2）横川〜可部間の現状 …………………………… 121

2 廃止代替バス
　（1）急行バス・在来バス …………………………… 123
　（2）高速バス ………………………………………… 128
　（3）可部線廃止後の代替バス（急行バス・ローカルバス）の現状 ………… 130

3 鉄道復活に向けた市民の動き
　（1）太田川鉄道 ……………………………………… 132
　（2）可部〜河戸駅間を電化・復活 ………………… 137
　（3）鉄道として復活させるには、何が必要か …… 139

7 名古屋鉄道三河線の廃止代替バス（2004年廃止）……… 142

1 名鉄三河線
　（1）三河線の現状 …………………………………… 142
　（2）廃止された区間 ………………………………… 145

2 とよたおいでんバス
　（1）とよたおいでんバスの概要 …………………… 150
　（2）廃止代替路線であるさなげ足助線の現状 …… 151

3 ふれんどバス
　（1）ふれんどバスの概要 …………………………… 152
　（2）ふれんどバスの現状 …………………………… 153

8 日立電鉄の廃止代替バス（2005年廃止）……………… 156

1 日立電鉄と地元の存続運動
　（1）日立電鉄の歴史 ………………………………… 156
　（2）日立電鉄当時の状況 …………………………… 159
　（3）地元高校生の存続活動 ………………………… 162

2　日立電鉄交通サービスバスの現状
　　　　（1）会社の概要 ……………………………………………………… 165
　　　　（2）廃止代替路線8、9、90系統の現状 …………………………… 167
　　　　（3）廃止後の利用状況 ……………………………………………… 170

9　鹿島鉄道の廃止代替バス（2007年廃止） …………………… 171

　　1　鹿島鉄道の歴史とかしてつ応援団
　　　　（1）鹿島鉄道の歴史 ………………………………………………… 171
　　　　（2）沿線住民による存続運動 ……………………………………… 174
　　2　関鉄グリーンバスの現状
　　　　（1）運賃・運行本数 ………………………………………………… 175
　　　　（2）かしてつバス応援団 …………………………………………… 177
　　　　（3）乗車した感想 …………………………………………………… 180
　　　　（4）BRT構想 ……………………………………………………… 184

10　西鉄宮地岳線（現：貝塚線）の廃止代替バス（2007年廃止） … 188

　　1　西鉄貝塚線の現状
　　　　（1）宮地岳線の廃止区間 …………………………………………… 188
　　　　（2）貝塚線への名称変更 …………………………………………… 192
　　2　代替バスの現状
　　　　（1）JR福間駅経由 …………………………………………………… 195
　　　　（2）都市高速経由天神行き ………………………………………… 197

11　くりはら田園鉄道の廃止代替バス（2007年廃止） …………… 199

　　1　くりはら田園鉄道の概要
　　　　（1）沿革と第三セクター化 ………………………………………… 199
　　　　（2）くりでん応援プロジェクト …………………………………… 207
　　2　ミヤコーバス
　　　　（1）ミヤコーバスの業務内容 ……………………………………… 209
　　　　（2）廃止代替バスの現状 …………………………………………… 210

12 島原鉄道の廃止代替バス（2008年廃止） …… 216

1 島原鉄道の概要
（1）沿革 …… 216
（2）現状 …… 220

2 島原鉄道バスの現状
（1）バス事業の概要 …… 223
（2）沿線住民の対応 …… 228
（3）サービスなど …… 230

13 三木鉄道の廃止代替バス（2008年廃止） …… 233

1 三木鉄道の廃止
（1）三木鉄道の沿革 …… 233
（2）廃止を決定づけた市長選挙 …… 235

2 神姫バスの概要
（1）神姫バスの事業 …… 239
（2）廃止代替路線の概要 …… 242

おわりに　248

参考文献／参考論文／インターネット　252

第Ⅰ部

鉄道廃止と地域への影響

1 国鉄改革

1 国鉄再建法の成立

(1) 国鉄再建法によるローカル線の切り捨て

　国鉄改革について定めた日本国有鉄道経営再建促進特別措置法（以後は略して国鉄再建法）が、1980年（昭和55）に12月27日に成立した。本法の制定により、1985年度（昭和60年度）までに、国鉄の経営基盤を確立することになった。そして「経営改善計画」の策定と、その実施状況を当時の運輸大臣に対し報告を行うとされた。

　この法律の制定により、国鉄の路線は「幹線」と「地方交通線」に分けられた。幹線とは、1日あたりの輸送密度が8,000人以上の線区が該当し、これらは経営努力により収支均衡が可能な線区という位置づけである。

　一方、輸送密度が8,000人未満の路線は地方交通線と定められた。これらの線区は、その運営の改善のための適切な措置を講じたとしても、収支均衡が困難な線区と位置づけられた。これにより従来は全国一律であった国鉄運賃は、幹線と地方交通線とは異なった運賃体系となり、地方交通線への割増運賃の導入が可能になった。地方交通線には、営業キロではなく擬制（ぎせい）キロが適用されるため、同一距離に乗車しても幹線と比較して運賃が約1割割高となる。擬制キロは、運賃計算の時にのみ用いられ、特急料金やグリーン料金などの計算時は、営業キロを用いる。

　地方交通線の中でも、輸送密度が4,000人未満の路線は、特定地方交通線と定められた。これらの路線は、鉄道による輸送は妥当ではなく、バスによる輸送が妥当であるとされ、廃止して国鉄から経営分離することが望ましいとされた。さらに1968年の赤字83線とは異なり、路線1 kmあたり3,000万円の転換交付金が支給されることになった。そして国鉄と協議開始から2年を経過した段階で話がまとまらなかった場合、国鉄が一方的にその路線の廃止が可能となった。協議会の開催を拒んだりすれば、転換交付金が支給されないため、各沿線の自治体は、国

鉄との協議会のテーブルに付くことを余儀なくされた。

　この取り組みにより、1990年（平成2）までに83線区、距離にして3157.2kmが、国鉄および国鉄分割民営化により誕生したJR各社から切り離された。特定地方交通線の廃止第1号は、北海道の白糠線であり、1983年（昭和58）10月22日に白糠町営バスに転換された。その他としては、1984年の久慈線、盛線、宮古線の3線は、三陸鉄道という新たに設立された第三セクター鉄道として再出発した。

　1985年末頃になれば第一次廃止対象路線の大半は、バスや第三セクター鉄道に転換され、第二次廃止対象路線の廃止が開始する。第一次廃止対象の路線は、行き止まりの比較的距離の短い路線が中心であったが、第二次廃止対象路線は、天北線、標津線、名寄本線、羽幌線、池北線などの営業キロが100kmを超える路線

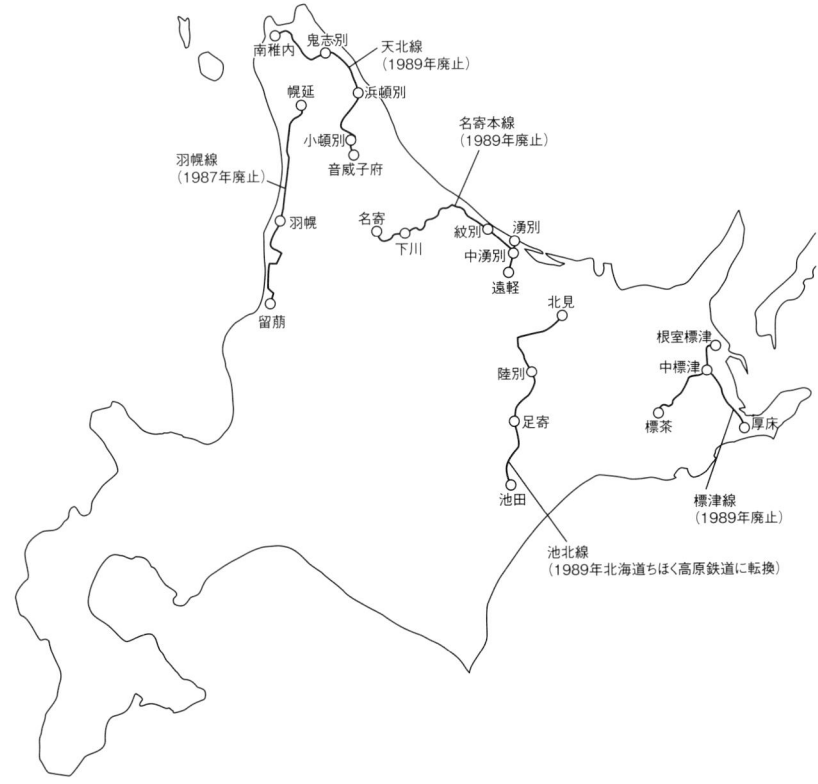

図1-1　廃止対象路線のうち、営業キロが100kmを超える路線はすべて北海道にあった。

も含まれていたため、第一次廃止対象路線よりも協議会は、難航した。それでも国鉄分割民営化法が成立した1986年から、国鉄分割民営化が実施された1987年にかけては、新たに誕生するJR各社の経営上の負担を軽減する必要性から、主に第二次廃止対象路線を中心に大量にバスや第三セクターへの転換が実施された。中には、第一次廃止対象路線に指定された黒石線のように、弘南鉄道という地方民鉄へ移管された路線もあった。だが、利用者の減少に伴い、1998年3月末に黒石線そのものが廃止された。

（2）国鉄民営化に向けた第2臨調の設置

　第2次臨時行政調査会（以下第2臨調）は、行政改革を掲げた当時の鈴木善幸内閣の下で、1981年（昭和56）3月16日に発足した。第2臨調は、政府機構の簡素化、行政の減量化を中心とした国鉄、電電公社などの3公社の民営化などの改革を掲げていたが、省庁を半減させる中央省庁の再編は掲げていなかった。第2臨調の改革答申は、歴代の自民党政権によって最大限に尊重され、それが実施された。この努力は、第2臨調後のフォローアップのための審議会の活動を含め、自民党が下野する1993年（平成5）8月までの約12年間継続した。第2臨調は、それまでの行政改革と対比すると、以下の3つの特色を挙げることができる。

　①行政改革の概念が、行政管理上の改革の範囲を超えて大きく広がったこと
　②行政改革の手続きに特段の工夫が凝らされたこと
　③審議会という仕組みを最大限に活用したこと

　第2臨調を指揮したのが、当時の中曾根康弘行政管理庁長官であった。国鉄、電電公社などの3公社の民営化に向けた議論は、第2臨調の第4部会で取り扱うことになり、1981年9月に慶応義塾大学教授の加藤寛氏が部会長に就任した。第4部会には、元伊藤忠商事会長の瀬島龍三氏、元運輸事務次官の住田正二氏（初代JR東日本社長）、ウシオ電機会長であった牛尾治朗氏、元総務庁行政管理局長の佐々木晴夫氏、拓殖大学名誉教授の田中一昭氏らで構成されていた。さらに評論家の屋山太郎氏、山同陽一氏が非公式ながら加わった。屋山太郎氏は、現在、ビートたけしのTVタックルで辛口評論家として現在の政治を批判している。

　その後、1982年11月27日に中曾根康弘氏が内閣総理大臣に任命され、第一次中曾根内閣が発足した。中曾根内閣は、国鉄の分割民営化の推進が目的であった。

そして国鉄・電信電話公社・専売公社の3公社改革が提起され、電信電話公社は1985年4月に民営化されてNTTとなり、専売公社も1985年4月にたばこ部門を民営化して日本たばこ産業が発足した。電信電話公社、専売公社は黒字経営を行っていたが、"小さな政府"を目指す行政改革のために民営化の対象となった。

だが国鉄は、巨額の赤字を抱えていたにもかかわらず、電信電話公社や専売公社とは異なり、第2臨調の方針であった分割民営化に消極的だった。そんな中、第4部会から国鉄分割・民営化に向けた答申が作成され、国鉄再建監理委員会が設置される。第4部会は、国鉄の現行の経営形態だけでなく、労使関係も問題視していた。これにより事態は分割民営化に向けて大きく動き出した。

国鉄再建監理委員会は、1982年9月24日の「今後における行政改革の具体化方策について」の閣議決定を受け、政府は1982年11月30日に国鉄再建監理委員会を設置した。それ以外に、国鉄の経営する事業の適切かつ健全な運営を実現する体制を整備するため、国の施策等について定める「国鉄再建臨時措置法案」を第97回国会に提出した。同法案は、1983年5月13日に第98回国会において可決、成立した。そして5月20日公布され、6月10日に施行されたことにより、国鉄再建監理委員会が発足した。委員会の初会合において亀井正夫氏が委員長に選任された。そして委員には、慶応義塾大学教授の加藤寛氏、元運輸事務次官の住田正二氏（初代JR東日本社長）、日本開発銀行総裁の吉瀬維哉氏、東京女子大学教授の隅谷三喜男氏が起用された（肩書はすべて当時）。国鉄再建監理委員会は総理府に設置され、委員会は効率的な経営形態の確立などの重要事項については、基本方針に従って自ら企画し、審議・決定し、内閣総理大臣に意見を述べることができた。これらの意見については、内閣総理大臣は尊重しなければならないとされた。その一方で、内閣に「国鉄再建関係閣僚会議」が設置され、国鉄再建監理委員会と合わせて、強力に国鉄分割民営化に向けた推進体制が整備された。

国鉄再建監理委員会を国家行政組織法に定める3条機関[1]にするか、8条機関[2]にするかの決断も重要であった。当時の内閣総理大臣であった中曾根康弘氏をはじめとする大半は、行政処分権限を持つ3条機関の方がよいと考えていた。だが加藤寛氏は、権限があっても新しい機関では力を発揮できないと考えた。そこで諮問機関を意味する8条機関にして、その意見を尊重するように担保すればよいと考え、最終的には8条機関になるように調整した。

2　国鉄の分割民営化

(1) 国鉄改革の実行と背景

　国鉄改革は「国鉄分割民営化案」を基本として実行された。国鉄改革関連8法案が1986年（昭和61）11月に成立し、1987年4月1日より国鉄は分割・民営化され新事業体に引き継がれた。「国鉄分割民営化案」は公社制度（公共企業体）の問題点として、以下の4点を挙げた。

　①外部からの干渉が避けがたい
　②経営の自主性が失われ経営責任が不明確になる
　③労使関係が不正常になりやすい
　④事業範囲に制約があり、多角・弾力的な経営が困難である

　公社制度の問題点の解決策として「民営化」が、全国一元的組織の問題点の解決策として「分割」が主張された。

　当初は、国鉄の経営幹部も「民営化」はある面で致し方ないと考えており、当時の社会党なども「民営化」は容認する姿勢を示していた。民営化とは「私有化」を意味する。つまり会社法に基づく株式会社の形成により、株式の50％を私的株主に売却するか、民営化された企業を規制する事業法が同業種の私企業と共通している場合をいう。JR各社は他の民鉄と同様に鉄道事業法で規制されるので「民営化された」といえる。

　だが会社法と照合すれば、JR東日本、西日本、東海以外のJR各社は、当時は100％国鉄清算事業団[3]が株を保有する特殊会社であり、実体は国有となる。

　国鉄の経営幹部は、「民営化」はある面で致し方ないとしても、「分割」には慎重であった。だが全国一元的組織の問題点として、以下の4点が挙げられた。

　①適切な経営管理が行われ難い
　②事業運営が画一的になりがちである
　③地域間部門間で不合理な依存関係が生じやすく、経営の効率化が阻害される
　④企業間の競争意識が働かない

　ヤード・スティック競争を可能にするため、国鉄清算事業団が全額出資する6つの旅客鉄道会社と1つの貨物鉄道に分割した。欧州の鉄道改革では、インフラ所有と列車運行を行う事業者に分離する上下分離経営が行われているが、上下分

離経営は垂直分離である。一方の日本の国鉄の分割は、地域独占の企業に分割するため、水平分離である。

　ヤード・スティック方式は、英国の水道民営化で採用され注目を集めたが、1951年（昭和26）の電力再編成によって成立した電力会社体制は、ヤード・スティック競争であり、従来から日本にも存在した。ヤード・スティック競争が働くようになれば、他のJR会社が新型車両を導入すれば、自社も新型車両を導入するというように、利用者はJR各社を比較するようになるため、サービス改善が行われやすくなる。

　だが分割に適さない電気通信、情報処理、試験研究がそれぞれ1法人となり、電気通信と情報処理の2社は、旅客・貨物鉄道の各社が共同出資する株式会社となった。長期債務や資産、不採用の職員は国鉄清算事業団が引き継いだ。そして新幹線一括保有方式の採用に伴い、特殊法人である新幹線保有機構が新設された。

（2）鉄道事業法の概要

　1987年（昭和62）4月1日から、JRと民鉄は「鉄道事業法」という同じ法令で、鉄道事業を運営することになる。JR各社は「旅客鉄道株式会社及び日本貨物鉄道株式会社法」という特別法に基づく特殊会社であるが、形式上は民鉄と同様に株式会社になった。このため鉄道事業法に基づいて、民鉄と同様の「免許制」に移行した。鉄道事業法は、旧・地方鉄道法と比較して以下の3つの相違点がある。
　①JRと民鉄の法的規制の一本化
　②大幅な規制緩和（ダイヤ、料金などの変更を簡略化）
　③運行と所有の分離が可能

　国鉄改革の特徴である水平分離は、市場原理導入による競争の促進というよりは、ヤード・スティック競争の導入によるサービス改善を意図していた。鉄道への市場原理導入の検討は、1996年（平成8）12月に当時の運輸省が「今後の運輸行政における需給調整規制の取扱について」の発表以降である。これは「交通分野における需給調整規制をある期限までに廃止する」という内容であったが、鉄道旅客分野については1998年6月に運輸政策審議会鉄道部会の答申が出され、1999年6月に需給調整規制の撤廃、運賃規制の緩和を内容とする抜本的な法改正が実施された。そして2000年3月1日から改正鉄道事業法が施行された。これに

より政府が需要と供給を分析した後、市場への参入と撤退を調整していた需給調整規制が撤廃された。参入規制は、「免許制」から必要な条件を満たせば参入可能となる「許可制」に緩和された。一方、撤退に関しては従来の「許可制」から事前に届け出れば事業者の判断だけで廃止が可能になる「届出制」に規制が緩和された。これにより地方の中小民鉄や第三セクター鉄道はもちろんであるが、大手民鉄であっても不採算路線からの撤退が簡単になり、これ以降は不採算路線や区間の廃止が加速した。

3　第三セクター鉄道

(1)　第三セクター鉄道の概要

　世界的に見れば第三セクターとは、NPOや市民団体、民間のNPCを表す。だが、日本で第三セクターといえば、国または地方公共団体が民間企業と共同出資により設立した法人であり、多くの場合は株式会社の形態を採る。第三セクター鉄道やリゾート施設などの営利目的の会社組織は、商法法人である[4]。

　ところで第三セクター鉄道といっても、誕生の経緯などにより以下のように分類が可能である。

　①旧国鉄やJRの赤字ローカル線や工事が凍結された路線を引き受ける鉄道
　②整備新幹線開業に伴い、JRから分離された並行在来線を引き受ける鉄道
　③赤字の民鉄路線を引き受ける鉄道
　④臨海工業地帯の貨物鉄道を運営する臨海鉄道
　⑤大都市圏周辺の開発に伴って建設される鉄道の運営

本稿では、主として①②のタイプを取り扱う。

　①は国鉄再建法および日本国有鉄道改革法施行法に基づく「特定地方交通線対策」により、これまでに特定地方交通線83路線3,157.2kmが3次に分けて廃止され、45路線1,846.5kmがバスに転換、38路線1,310.7kmが第三セクターに移管した。これら第三セクター会社は旅客輸送密度が低く、国鉄では経営が困難であった路線を引き継いだため、開業当初から厳しい経営が予想されていた。

　国鉄ローカル線問題の終了後は、智頭急行や北越急行のように日本鉄道建設公団が工事中、または計画中の地方路線を引き継ぐ第三セクターが現れた。沿線人

口が少なく輸送密度も低いが、両社とも特急列車からの通行料収入により黒字経営を行っている。

②は整備新幹線開業に伴い、並行在来線を第三セクターに転換する事例が出現した。しなの鉄道、いわて銀河鉄道、青い森鉄道などである。これらは新幹線開業により、在来線特急が廃止され大幅な減収になるなど、経営環境は非常に厳しい。さらに、JR線とは合算運賃となるため、利用者の負担が増大する問題や、貨物輸送量では幹線に位置づけられ、モーダルシフト政策との調整などの問題がある。

鹿島臨海鉄道は、鹿島臨海工業地域への原材料や、完成した製品を輸送する目的から、国鉄と茨城県、鹿島臨海工業地域に進出した企業により、共同出資という形で設立した。そのため設立に関しては④に該当する。しかし旅客輸送は、建設中の国鉄鹿島線の水戸～北鹿島（現：鹿島サッカースタジアム）間を国鉄の代わりに運営する形で開業したことから、この部分は①に該当する。

図1-2　水戸～北鹿島間は国鉄鹿島線として建設されたが、鹿島臨海鉄道大洗鹿島線として開業した。

（2）第三セクター鉄道の経営状況

　本節では、広義の第三セクター鉄道の経営状況を踏まえ、鉄道事業の問題に言及する。第三セクター鉄道のほとんどが、旧国鉄の不採算路線を引き継いだことから、2004年（平成16）4月19日の日本経済新聞によれば、2003年3月期の決算において黒字経営を行っていたのは、37社中で鹿島臨海鉄道、北越急行、伊勢鉄道、智頭急行、平成筑豊鉄道のわずか5社しかなかった。北越急行、伊勢鉄道、智頭急行は、JRの特急列車の通行料収入があるから黒字経営を維持している。平成筑豊鉄道は、2002年度の決算では黒字を計上していたが、2004年3月末で自社の主要収入源であった貨物営業が廃止された。鉄道を存続させるために、「枕木オーナー制」を採用することにした。これにより5,000円を出資すれば、枕木に自分の名前を掲示してもらえる。

　改正鉄道事業法は2000年3月1日から施行され、それまで政府が需要の状態を見て、供給を決定していた需給調整規制が撤廃された。第三セクター鉄道は、地方の中小民鉄と同様に、儲かっている路線の利益で不採算路線の損失を補填するという内部補助が成立しない経営環境にある。銚子電鉄は、副業で始めたせんべいの販売が好調であり、ひたちなか海浜鉄道は光ファイバー事業による収入で、鉄道事業を内部補助する事例もあるが、第三セクター鉄道や地方の中小民鉄のほとんどは、関連事業の収益で鉄道事業の損失を補填する状態ではない。つまり部門間の内部補助もほとんど機能しないのである。

　国鉄からの転換時に転換交付金が支給され、これを基金として運用することにより経営を安定化させる考えであったが、バブル崩壊後の低金利政策の継続により基金の運用益が減少したこともあり、経営は非常に厳しい。そこへ少子高齢化やモータリゼーションの進展による中心市街地の空洞化、長引く不況が加わっているため、過疎地域に根ざす第三セクターの鉄道は、これからが試練だといえる。

（3）廃止および転換された路線のその後

　特定地方交通線の転換は、1990年（平成2）4月の宮津線と鍛冶屋線、大社線の転換を最後に終結した。転換対象路線83線（3,157.2km）のうち、鉄道として存続したのが38線（1,310.7km）、バスへ転換された路線が45線（1,846.5km）であった。

　第三セクター鉄道は、国鉄などのOBを嘱託として採用したことなどにより、

人件費が大幅に下がったことから、収支状況は大きく改善した。開業当初は、冷房完備の新型のレールバスの導入や増発などのサービス改善が実施され、運賃は大幅に上昇したにもかかわらず、利用者が増加した鉄道もあった。しかし第三セクター鉄道の経営環境は、沿線の過疎化や少子化、モータリゼーションの進展、長引く不況により、厳しさを増している。

過疎地のローカル線の場合、その利用者の大半は通学の高校生であるが、少子高齢化の進展により、その高校生の利用も減っている。高校生の利用の減少は、少子高齢化以外にバイク通学の進展やマイカー家族送迎なども原因である。そのため転換時よりも利用者数が減少した事業者が大半である。

第三セクター鉄道に追い打ちをかけているのが、転換交付金の運用益の減少である。これはバブル崩壊後のゼロ金利政策により、赤字補填のための経営安定基金の利子収入が大幅に減少したため、第三セクター鉄道会社は基金の取り崩しを余儀なくされている。兵庫県で運行されていた三木鉄道も転換基金が底をついていたが、自治体などからの補助金により、設備更新や損失の補填を行ってきた。しかし三木鉄道の廃止をマニフェストに掲げた財政再建を目指す市長の就任により、2008年3月末で廃止された。

2008年3月末の段階で、既存の民営鉄道に転換（譲渡）された2線および第三セクター鉄道に転換された5線が既に廃止され、さらに近い時期の廃止が検討されている路線もいくつか存在する。

これはバス転換された路線でも同様である。山野線のように、廃止代替バスまで廃止されたところも出現しており、撤退した区間を地元自治体がコミュニティーバスという形で引き受けざるを得ない事態も生まれている。また特定地方交通線の廃止第1号として、1983年（昭和58）10月にバスに転換された白糠線の場合、運賃は鉄道時代と同じであるが、当初は鉄道時代より1増便され、4往復となった。鉄道は集落から離れた場所に敷設されたが、バス路線は集落沿いに運行されていた。だがその後は、利用者の減少などの影響から学校の登校日に2往復のみとなった。白糠線に限らず、最初は増便されても、その後に減便された路線は多い。鉄道廃止時に設定された代替バスの路線が完全に失われ、近くを通る長距離バスに吸収される例も出ている。北海道にかつてあった幌内線の岩見沢〜萱野間や士幌線の糠平〜十勝三股間などが該当する。また特定地方交通線に指定される

以前の1968年頃に、赤字83線に指定されて廃止された旧国鉄の根北線(こんぼく)などでは、代替バスすら完全に廃止されている。そのため過疎地域では、公共交通の空白地域が生じている地域もある。
　当初は、JRが特定地方交通線を廃止した場合、国鉄再建法では宮田(みやだ)線や大隅(おおすみ)線のように、既存のJRバス路線に統合できる例外を除き、原則として自社で代替バスを運行できなかった。しかし1995年（平成7）9月3日に廃止された北海道の深名線の場合、この時点では既に法律が失効していた。そこで沿線の深川市、幌加内町(ほろかないちょう)、名寄市(なよろし)が、鉄道廃止後に関する代替バスについて協議した際、JR北海道が代替輸送を担うことが合意されていた。2002年12月からは、ジェイ・アール北海道バスの深川営業所は、道北バスに管理委託している。
　国鉄時代に特定地方交通線に指定された路線が、その後どのようになったかを見るために、表1-1に第一次廃止対象路線、表1-2に第二次廃止対象路線、表1-3に第三次廃止対象路線を挙げた。そしてそれぞれの表には、廃止年月日を書き、備考の欄には転換された事業者名を示した。
　表1-1、1-2、1-3からいえることは、特定地方交通線は北海道と九州（特に福岡県）に多いことが挙げられる。これは炭鉱の閉山により、貨物輸送が廃止になったうえ、人口が急減したことが理由である。第一次廃止対象路線の大半は、国鉄時代に転換が終了していたが、第二次廃止対象路線の転換は、国鉄の分割民営化に前後して実施された。第三次廃止対象路線は、すべて国鉄の分轄民営化後に転換されている。そして輸送密度が1,000人未満の路線は、北海道の池北(ちほく)線と角館(かくのだて)線を除いてバスに転換されている。池北線は、一度は第三セクター鉄道の北海道ちほく高原鉄道となったが、利用者の減少に歯止めがかからず、2006年4月には廃止されている。北海道の特定地方交通線は、輸送密度が極めて少ないため、池北線以外は最初からバス化されている。
　一方の角館線は、輸送密度は284人と極めて少なかったが、阿仁合(あにあい)線と結ぶ計画があったことから、第三セクター鉄道の秋田内陸縦貫鉄道という形で存続している。だが、沿線の過疎化が進んでいるため、利用者の減少に歯止めがかかっていない。2012年までは、秋田内陸縦貫鉄道の存続を決めているが、それ以降に関しては予断を許さない状況にある。
　輸送密度が1,500～2,000人未満の路線になれば、第三セクター鉄道という形で

図1-3　国鉄時代は七尾線（津幡～輪島）と能登線（穴水～蛸島）であったが、JR化後、1988年に能登線がのと鉄道に転換され、1991年に七尾線の七尾・和倉温泉～輪島間がのと鉄道による運行となり、2001年に穴水～輪島間が廃止、2005年に能登線全区間（穴水～蛸島）が廃止された。現在はJRが津幡～和倉温泉間を、のと鉄道が七尾～穴水間を運行している。

鉄道として存続している事例が多いが、高千穂鉄道は台風により甚大な被害を受けたため、経営存続を断念せざるを得なくなった。第三次廃止対象路線に指定されていた能登線は、1988年（昭和63）3月に第三セクター鉄道ののと鉄道となった。そして1991年（平成2）に、七尾線の津幡～和倉温泉間の電化と同時に、利用者の少ない和倉温泉～穴水間がJR西日本から移管されたが、沿線の過疎化の影響から、2005年3月に能登線の部分であった穴水～蛸島間が廃止された。

　以上のことから、第三セクター鉄道に移管された路線も、最近では利用者の減少により、廃止が進展しているのである。

〔注〕
1）国家行政組織法第3条に定める「府」の外局。
2）「8条機関」は、特定の課題を処理するために設置される有識者らによる合議制機関で、食品安全委員会や証券取引等監視委員会などと同様の形態。
3）1998年10月22日に、日本国有鉄道清算事業団法の廃止とともに解散したが、固定資産やJR株式などは日本鉄道建設公団が継承する。同公団は、運輸施設整備事業団と統合され、鉄道建設・運輸施設整備支援機構となった。一方、債務は、国の一般会計に組み入れられ、国の借金として税金で払うことになった。
4）第三セクター法人は、商法に基づく商法法人、民法に基づく民法法人、法律・条例に基づく特別法人というように、設立の根拠となる法律により分類される。民法法人は公共施設の運営等の公益事業を目的とする非営利の公益法人、特別法人は土地開発公社や地方道路公社等の公社形態を採ることが多い。

表1-1 第一次廃止対象路線のその後。

	路線名	所在地	転換時	区間	営業キロ	輸送密度
①	白糠線	北海道	国鉄	白糠～北進	33.1km	123人/日
②	久慈線	岩手県	国鉄	久慈～普代	26.0km	762人/日
③	宮古線	岩手県	国鉄	宮古～田老	12.8km	605人/日
④	盛線	岩手県	国鉄	盛～吉浜	21.5km	971人/日
⑤	日中線	福島県	国鉄	喜多方～熱塩	11.6km	260人/日
⑥	赤谷線	新潟県	国鉄	新発田～東赤谷	18.9km	850人/日
⑦	魚沼線	新潟県	国鉄	来迎寺～西小千谷	12.6km	382人/日
⑧	清水港線	静岡県	国鉄	清水～三保	8.3km	783人/日
⑨	神岡線	富山県・岐阜県	国鉄	猪谷～神岡	20.3km	445人/日
⑩	樽見線	岐阜県	国鉄	大垣～美濃神海	24.0km	951人/日
⑪	黒石線	青森県	国鉄	川部～黒石	6.6km	1,904人/日
⑫	高砂線	兵庫県	国鉄	加古川～高砂	6.3km	1,536人/日
⑬	宮原線	大分県・熊本県	国鉄	恵良～肥後小国	26.6km	164人/日
⑭	妻線	宮崎県	国鉄	佐土原～杉安	19.3km	1,217人/日
⑮	小松島線	徳島県	国鉄	中田～小松島	1.9km	1,587人/日
⑯	相生線	北海道	国鉄	美幌～北見相生	36.8km	411人/日
⑰	渚滑線	北海道	国鉄	渚滑～北見滝ノ上	34.3km	398人/日
⑱	万字線	北海道	国鉄	志文～万字炭山	23.8km	346人/日
⑲	北条線	兵庫県	国鉄	粟生～北条町	13.8km	1,609人/日
⑳	三木線	兵庫県	国鉄	厄神～三木	6.8km	1,384人/日
㉑	倉吉線	鳥取県	国鉄	倉吉～山守	20.0km	1,085人/日
㉒	香月線	福岡県	国鉄	中間～香月	3.5km	1,293人/日
㉓	勝田線	福岡県	国鉄	吉塚～筑前勝田	13.8km	840人/日
㉔	添田線	福岡県	国鉄	香春～添田	12.1km	212人/日
㉕	室木線	福岡県	国鉄	遠賀川～室木	11.2km	607人/日
㉖	矢部線	福岡県	国鉄	羽犬塚～黒木	19.7km	1,157人/日
㉗	岩内線	北海道	国鉄	小沢～岩内	14.9km	853人/日
㉘	興浜北線	北海道	国鉄	浜頓別～北見枝幸	30.4km	190人/日
㉙	大畑線	青森県	国鉄	下北～大畑	18.0km	1,524人/日
㉚	興浜南線	北海道	国鉄	興部～雄武	19.9km	347人/日
㉛	美幸線	北海道	国鉄	美深～仁宇布	21.2km	82人/日
㉜	矢島線	秋田県	国鉄	羽後本荘～羽後矢島	23.0km	1,876人/日
㉝	明知線	岐阜県	国鉄	恵那～明知	25.2km	1,623人/日
㉞	甘木線	佐賀県・福岡県	国鉄	基山～甘木	14.0km	653人/日
㉟	高森線	熊本県	国鉄	立野～高森	17.7km	1,093人/日
㊱	丸森線	宮城県	国鉄	槻木～丸森	17.4km	1,082人/日
㊲	角館線	秋田県	国鉄	角館～松葉	19.2km	284人/日
㊳	信楽線	滋賀県	JR西日本	貴生川～信楽	14.8km	1,574人/日
㊴	若桜線	鳥取県	JR西日本	郡家～若桜	19.2km	1,558人/日
㊵	木原線	千葉県	JR東日本	大原～上総中野	26.9km	1,815人/日

年鑑『日本の鉄道』（鉄道ジャーナル社）各年度号、貴志川線の未来をつくる会ホームページをもとに作成

1 国鉄改革

廃止年月日	転換後
1983年10月22日	白糠町営バスに転換。
1984年3月31日	三陸鉄道北リアス線。
1984年3月31日	三陸鉄道北リアス線。
1984年3月31日	三陸鉄道南リアス線。
1984年3月31日	会津乗合自動車。
1984年3月31日	新潟交通に転換され、現在は新潟交通観光バス。
1984年3月31日	越後交通バス。
1984年3月31日	静岡鉄道バスに転換され、現在はしずてつジャストライン。
1984年9月30日	神岡鉄道に転換されたが、2006年11月30日に廃止。
1984年10月5日	樽見鉄道。
1984年10月31日	弘南鉄道黒石線に転換されたが、1998年3月31日に廃止。弘南バスに転換。
1984年11月30日	神姫バス。
1984年12月1日	大分交通に転換されたが、現在は玖珠観光バス。
1984年11月30日	宮崎交通バス。
1985年3月13日	小松島市営バス。
1985年3月31日	北見バス（後に北海道北見バス）・津別町営バスに転換。
1985年3月31日	北紋バス。
1985年3月31日	北海道中央バス。
1985年3月31日	北条鉄道。
1985年3月31日	三木鉄道に転換されたが、2008年3月31日廃止。神姫バスに転換。
1985年3月31日	日本交通・日ノ丸自動車バス・中鉄バスに転換。中鉄バスは、後に撤退。
1985年3月31日	西鉄バス。
1985年3月31日	西鉄バス。
1985年3月31日	西鉄バス。
1985年3月31日	西鉄バス。
1985年3月31日	堀川バス。
1985年6月30日	ニセコバス。
1985年6月30日	宗谷バス。
1985年6月30日	下北交通大畑線に転換されたが、2001年4月1日に廃止。下北交通バスに転換。
1985年7月14日	北紋バス。
1985年9月16日	名士バス。
1985年9月30日	由利高原鉄道。
1985年11月15日	明知鉄道。
1986年3月31日	甘木鉄道。
1986年3月31日	南阿蘇鉄道。
1986年6月30日	阿武隈急行。
1986年10月31日	秋田内陸縦貫鉄道。
1987年7月12日	信楽高原鐵道に転換。
1987年10月13日	若桜鉄道に転換。
1988年3月23日	いすみ鉄道に転換。

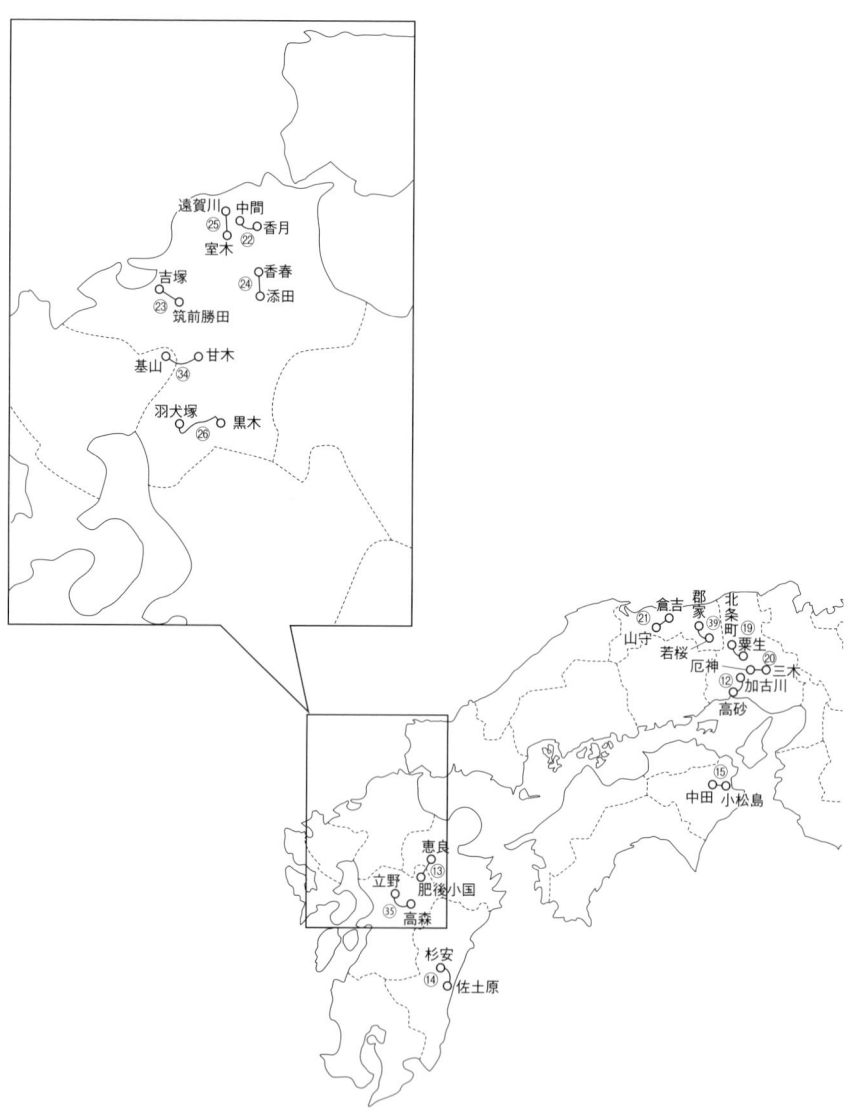

図1-4　第一次廃止対象路線（駅名は廃止時）。

1 国鉄改革

表1-2　第二次廃止対象路線のその後。

	路線名	所在地	転換時	区間	営業キロ	輸送密度
㊶	漆生線	福岡県	国鉄	下鴨生～下山田	7.9km	492人/日
㊷	胆振線	北海道	国鉄	伊達紋別～倶知安	83.0km	508人/日
㊸	富内線	北海道	国鉄	鵡川～日高町	83.0km	378人/日
㊹	阿仁合線	秋田県	国鉄	鷹ノ巣～比立内	46.1km	1,524人/日
㊺	越美南線	岐阜県	国鉄	美濃太田～北濃	72.2km	1,392人/日
㊻	宮之城線	鹿児島県	国鉄	川内～薩摩大口	66.1km	843人/日
㊼	広尾線	北海道	国鉄	帯広～広尾	84.0km	1,098人/日
㊽	大隅線	鹿児島県	国鉄	志布志～国分	98.3km	1,616人/日
㊾	二俣線	静岡県	国鉄	掛川～新所原	67.9km	1,518人/日
㊿	瀬棚線	北海道	国鉄	国縫～瀬棚	48.4km	813人/日
51	湧網線	北海道	国鉄	中湧別～網走	89.8km	267人/日
52	士幌線	北海道	国鉄	帯広～十勝三股	78.3km	493人/日
53	伊勢線	三重県	国鉄	河原田～津	22.3km	1,508人/日
54	佐賀線	佐賀県・福岡県	国鉄	佐賀～瀬高	24.1km	1,796人/日
55	志布志線	宮崎県・鹿児島県	国鉄	西都城～志布志	38.6km	1,616人/日
56	羽幌線	北海道	国鉄	留萠～幌延	141.1km	789人/日
57	幌内線	北海道	JR北海道	岩見沢～幾春別	18.1km	1,090人/日
				三笠～幌内（貨物支線）	2.7km	
58	会津線	福島県	JR東日本	西若松～会津高原	57.4km	1,333人/日
59	岩日線	山口県	JR西日本	川西～錦町	32.7km	1,420人/日
60	山野線	熊本県・鹿児島県	JR九州	水俣～栗野	55.7km	994人/日
61	松前線	北海道	JR北海道	木古内～松前	50.8km	1,398人/日
62	松浦線	佐賀県・長崎県	JR九州	有田～佐世保	93.9km	1,741人/日
63	真岡線	茨城県・栃木県	JR東日本	下館～茂木	42.0km	1,620人/日
64	歌志内線	北海道	JR北海道	砂川～歌志内	14.5km	1,002人/日
65	上山田線	福岡県	JR九州	飯塚～豊前川崎	25.9km	1056人/日
66	足尾線	群馬県・栃木県	JR東日本	桐生～間藤	44.1km	1,315人/日
67	高千穂線	宮崎県	JR九州	延岡～高千穂	50.1km	1,350人/日
68	標津線	北海道	JR北海道	標茶～根室標津	69.4km	590人/日
				中標津～厚床	47.5km	
69	天北線	北海道	JR北海道	音威子府～南稚内	148.9km	600人/日
70	名寄本線	北海道	JR北海道	名寄～遠軽	138.1km	894人/日
				中湧別～湧別	4.9km	
71	池北線	北海道	JR北海道	池田～北見	140.0km	943人/日

年鑑『日本の鉄道』（鉄道ジャーナル社）各年度号、貴志川線の未来をつくる会ホームページをもとに作成

1 国鉄改革

廃止年月日	転換後
1986年3月31日	西鉄バス。
1986年10月31日	道南バス。
1986年10月31日	道南バス。
1986年10月31日	秋田内陸縦貫鉄道。
1986年12月10日	長良川鉄道。
1987年1月9日	林田産業交通（現：いわさきバスネットワーク）、南国交通バスに転換。
1987年2月1日	十勝バス。
1987年3月13日	鹿児島交通バス・JR九州バスに転換。JR九州バスは、後に撤退。現在は、大隅交通ネットワーク。
1987年3月14日	天竜浜名湖鉄道。
1987年3月15日	函館バス。
1987年3月19日	網走バス。
1987年3月22日	北海道拓殖バス・十勝バス・上士幌タクシーに転換。上士幌タクシーは、後に撤退。
1987年3月26日	伊勢鉄道。
1987年3月27日	佐賀市営バス・西鉄バスに転換。佐賀市営バスは、後に撤退。
1987年3月27日	鹿児島交通バスに転換されたが、現在は、大隅交通ネットワーク・三州自動車。
1987年3月29日	沿岸バス。
1987年7月12日	北海道中央バス。
1987年7月15日	会津鉄道。
1987年7月24日	錦川鉄道。
1988年1月31日	南国交通に転換されたが、現在は、水俣駅前～大口バスセンター～鹿児島空港を結ぶ南国交通運行の特急バスに編入。
1988年2月19日	函館バス。
1988年3月31日	松浦鉄道。
1988年4月10日	真岡鐵道。
1988年4月24日	北海道中央バス。
1988年8月31日	西鉄バス。
1989年3月28日	わたらせ渓谷鐵道。
1989年4月27日	高千穂鉄道に転換されたが、2005年9月6日災害により全線休止。2007年9月6日延岡～槇峰間を廃止。2008年12月2日槇峰～高千穂間の廃止により、全線が廃止。
1989年4月29日	阿寒バス。
	根室交通。
1989年4月30日	宗谷バス。
1989年4月30日	北見バス（後に北海道北見バス）・北紋バス・名士バスに転換。
1989年6月3日	北海道ちほく高原鉄道に転換されたが、2006年4月21日に廃止。十勝バス・北海道北見バスに転換。

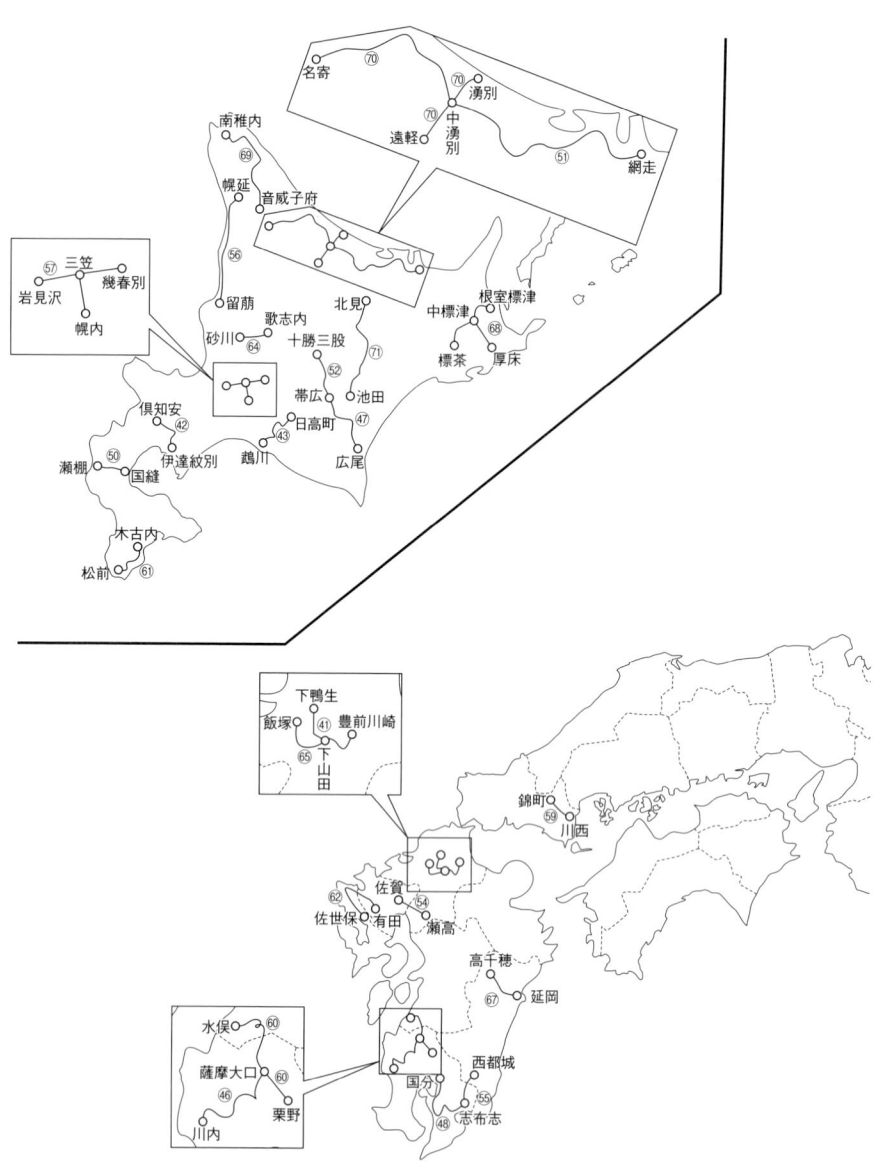

図1-5　第二次廃止対象路線（駅名は廃止時）。

1 国鉄改革

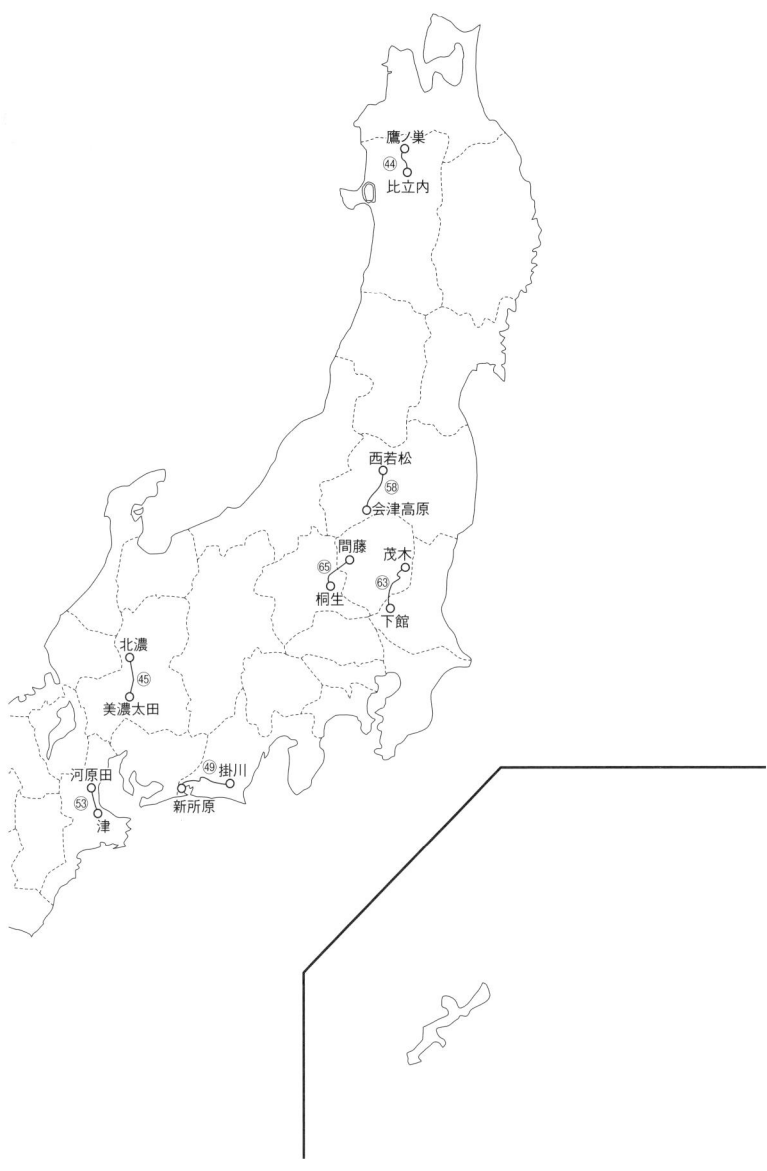

表1-3　第三次廃止対象路線のその後。

	路線名	所在地	転換時	区間	営業キロ	輸送密度
⑫	岡多線	愛知県	JR東海	岡崎〜新豊田	19.5km	2,757人/日
⑬	能登線	石川県	JR西日本	穴水〜蛸島	61.1km	2,045人/日
⑭	中村線	高知県	JR四国	窪川〜中村	43.4km	2,289人/日
⑮	長井線	山形県	JR東日本	赤湯〜荒砥	30.6km	2,151人/日
⑯	伊田線	福岡県	JR九州	直方〜田川伊田	16.2km	2,871人/日
⑰	糸田線	福岡県	JR九州	金田〜田川後藤寺	6.9km	1,488人/日
⑱	田川線	福岡県	JR九州	行橋〜田川伊田	26.3km	2,132人/日
⑲	湯前線	熊本県	JR九州	人吉〜湯前	24.9km	3,292人/日
⑳	宮田線	福岡県	JR九州	勝野〜筑前宮田	5.3km	1,559人/日
㉑	宮津線	京都府・兵庫県	JR西日本	西舞鶴〜豊岡	83.6km	3,120人/日
㉒	鍛冶屋線	兵庫県	JR西日本	野村〜鍛冶屋	13.2km	1,961人/日
㉓	大社線	島根県	JR西日本	出雲市〜大社	7.5km	2,661人/日

年鑑『日本の鉄道』（鉄道ジャーナル社）各年度号、貴志川線の未来をつくる会ホームページをもとに作成

廃止年月日	転換後
1988年1月30日	愛知環状鉄道。
1988年3月24日	のと鉄道能登線に転換されたが、2005年3月31日に廃止。能登中央バス・奥能登観光開発に転換されるが、現在は、北鉄奥能登バス。
1988年3月31日	土佐くろしお鉄道中村線。
1988年10月24日	山形鉄道。
1989年9月30日	平成筑豊鉄道伊田線。
1989年9月30日	平成筑豊鉄道糸田線。
1989年9月30日	平成筑豊鉄道田川線。
1989年9月30日	くま川鉄道。
1989年12月22日	JR九州バス（既存路線による運行）に転換されたが、後に廃止。
1990年3月31日	北近畿タンゴ鉄道宮津線。
1990年3月31日	神姫バス。
1990年3月31日	一畑電気鉄道バスに転換されたが、現在は、一畑バス。

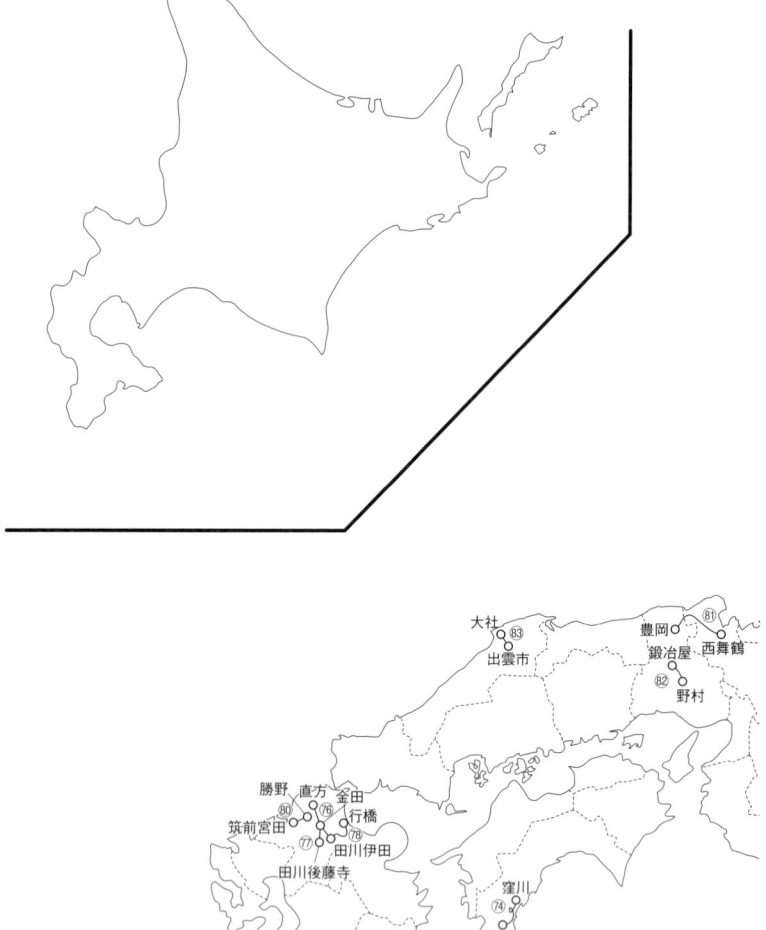

図1-6 第三次廃止対象路線（駅名は廃止時）。

1 国鉄改革

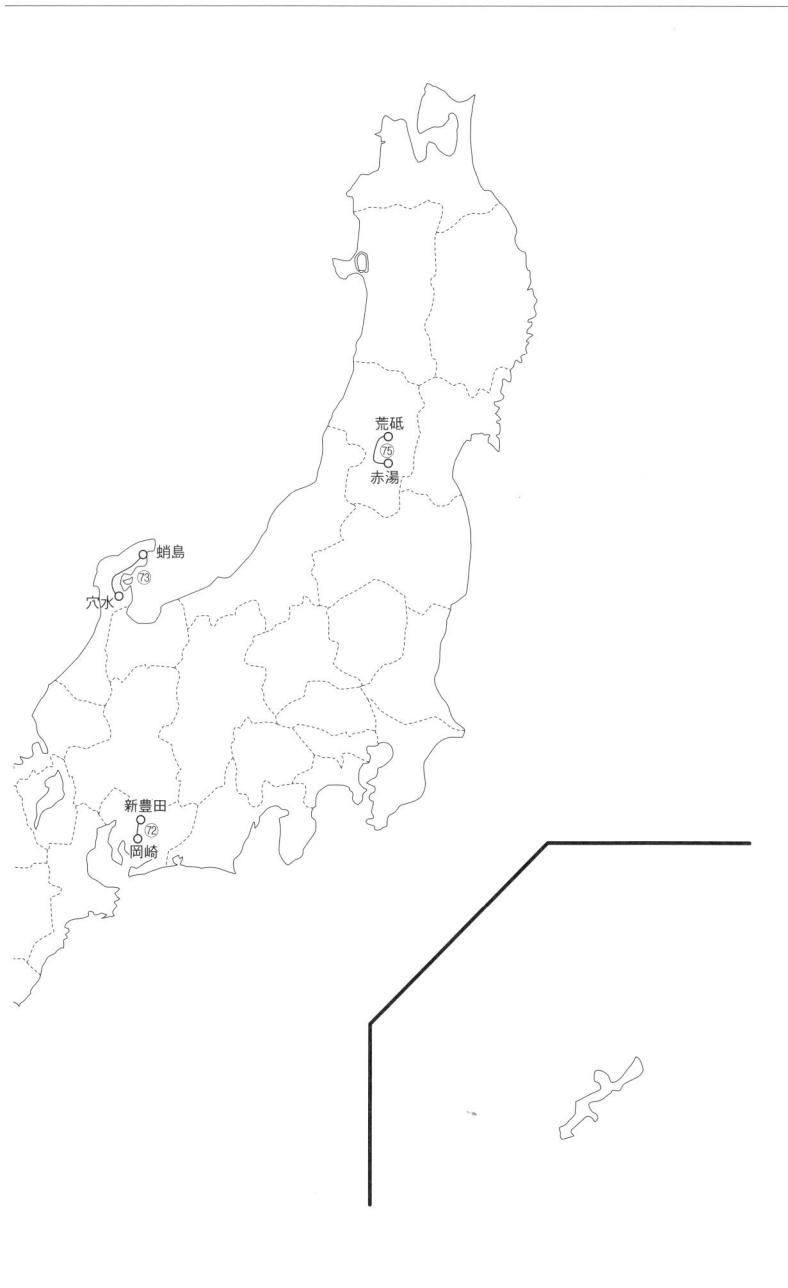

荒砥
○
⑮
○
赤湯

蛸島
○
⑬
○
穴水

新豊田
○
⑫
○
岡崎

2　鉄道事業法改正による規制緩和

1　需給調整規制の撤廃による影響

（1）国の基本方針

　1998年（平成10）3月に当時の運輸省は、1998年度を初年度とする新たな『規制緩和推進3か年計画』を発表した。これのもとになったのは、1995年から1997年度まで実施された政府の規制緩和推進3か年計画と、1998年6月の運輸政策審議会の答申である。政府の3か年計画の柱は規制緩和であり、抜本的な構造改革を図るとした。そして国際的に開かれ、自己責任の原則と市場原理に基づいた自由で公正な経済社会への移行を掲げた。日本は世界的に見て、規制の厳しい国であったため、バブル崩壊後の1990年代は、「規制」が自由な経済活動を妨げていると考えられた。また当時は、「規制緩和」が大きな潮流であった。そこで参入を規制する従来の事前規制型から、事後チェック型への転換を基本とした。

　運輸分野の規制緩和は、鉄道だけを見ても、旅客輸送だけに限らず、貨物輸送も該当する[1]。さらに貸切バス、乗合バス、タクシーなども、鉄道と同様に規制緩和が実施される。そして鉄道旅客輸送に対しては、1999年度に政府が需要と供給を比較して、適正な供給を行えるようにする需給調整規制を撤廃して、市場原理の導入を目的とする鉄道事業法の改正が決定した。これにより参入規制は、鉄道事業を安全に運行できる能力を有しておれば参入が可能となる「許可制」に緩和された。

　参入規制を「許可制」に緩和するとなれば、運賃・料金に対する規制も従来の「認可制」から「届出制」に緩和しなければならない。鉄道事業は、規模の経済による優位性が働きやすい産業であることから、極力、競争を排除して自然独占とする代わりに、独占権を行使させないようにするために、運賃・料金面で規制を行ってきた。鉄道貨物の運賃にかかわる規制も、その段階で「認可制」から「届出制」へ規制緩和するとされた。

　しかし2000年3月に鉄道事業法の改正が実施され、需給調整規制が撤廃され、

市場原理が導入されても、鉄道はバスとは異なり、インフラの建設に莫大な出費を伴う。また鉄道事業を廃止する場合、投資した費用の大部分は回収不能になるため、安易に市場へは参入できない。新規に市場へ参入させるとすれば、スウェーデンで実施しているようにオープンアクセスを採用しなければならない。スウェーデンでは、ローカル線の運行に補助金および安全性も加味して競争入札を行う形で、オープンアクセスを実施している。一方、不採算路線からの撤退が「届出制」に緩和されたため、不採算路線や不採算区間の廃止が進展するという問題がある。

それまでは、不採算路線から撤退する場合、政府の許可が必要であった。そのため鉄道事業者は、不採算であってもその路線や区間を運営せざるを得なかった。鉄道事業法の改正は、鉄道事業者からすれば、不採算路線や区間を切り離すことができるために都合がよい。だがたとえ不採算路線や区間であったも、それを利用して通勤・通学、通院している利用者には、切実な問題である。

いまだDMVが開発されていなかったこともあり、当時の運輸省は、不採算路線はバス化が望ましいと考えていた。そこでバスなどの代替輸送が可能になるまでは、暫定的に鉄道を存続させるような措置を実施した。また国（当時は自民党政府）は、1998年6月に出した答申「需給規制廃止後の交通運輸政策の基本的な方向について」では、交通部門に関しては、国民の最低限の生活を保障するという〝ナショナルミニマム〟を確保するには、一定の責任を有すると考えている。この場合、鉄道ではなく、路線バスで過疎地の住民の日常生活の足を確保したいと考えてよい。そして自治体の責任などは具体的に示しているが、国の役割や責任の範囲は不明瞭である。2001年からは、生活路線に対する補助制度が改正され、2つの自治体に跨る路線長が10kmを超える路線に対してのみ、国が補助金を支給する制度となった。そのため国が1998年6月に出した答申は、責任を担う意識も低いといわざるを得なかった。

2009年9月に誕生した民主党の鳩山内閣は、過疎地の公共交通の衰退が著しいことから、2009年12月に社民党と共同で「交通基本法案」の提案を行った。法制定の意義として、民主党の「交通基本法案の概要」では以下の5つを定めている。

①具体的権利として移動に関する権利を明確化し、すべての国民に保障する。
②利用者の立場に立ち、バリアフリー化や生活交通の維持を進める。

③基本計画により、非効率な公共事業をやめ交通体系の整備を総合的・計画的に行う。
　④交通に関して分権化を推進する。
　⑤交通による環境への負荷を低減し、持続可能な社会の構築に資する。
「交通基本法」の作成に向けて、各事業者などにヒアリングを行っている段階である。自民党時代の「交通権」に対する考え方は、「ナショナルミニマムの確保」であった。それゆえ民主党・社民党の案では、「市民生活の基本」および「市民が自立した生活をするための権利」、「多様な選択肢がある豊かな交通」へ発展してくれることを願っている。

（2）独立採算制の行き詰まり

　公共交通を公共財と考える欧州とは異なり、日本では公共交通にも独立採算が求められている。欧州などの諸外国では、鉄道などの公共交通は社会インフラとして認識されている。そのため独立採算という概念がなく、政策的に運賃が決まるため、補助金で支えることが一般化している。一方、日本には人口100万人を超える大都市が多数あり、かつ人口密度も高いため、明治から昭和初期の頃までの鉄道事業は、非常に収益性の良い事業だった。
　日本では、大都市圏を中心に多くの民鉄が誕生し、百貨店や遊園地などの関連事業も営むという、世界に例を見ない独自の文化として発展した。鉄道事業者は、輸送市場において市場を独占するという自然独占を認める代わりに、運賃・料金を「認可制」という形で規制を行い、黒字路線や部門からの利益で不採算路線や部門の損失を補填するという内部補助に依存した経営を行ってきた。事業者からすれば、独立採算で経営が成立することは理想的な姿である。
　だが自動車が普及し、道路の整備も進んだ現在の日本では、鉄道事業者の収支均衡を維持することが困難になった。既に多くの鉄道事業者は、不採算路線失を内部補助するための原資を賄うことは、関連事業収入を用いても困難になった。中には、千葉県の中小民鉄である銚子電気鉄道のように、設備更新の費用などを賄う目的から、副業で始めたせんべい事業が好調であるため、鉄道事業の損失を関連事業の収入で内部補助している例もあるが、例外だと考えた方がよい。銚子電鉄では、インターネットでも「ぬれ煎餅」を販売しており、鉄道事業よりも収

入が多いくらいである。■章で紹介するひたちなか海浜鉄道は、光ファイバー事業が鉄道事業の損失補填に貢献している。

　大手民鉄の南海電鉄や近鉄でも、貴志川線や北勢線、養老線、伊賀線などの不採算路線を運営することは、南海電鉄や近鉄という大手民鉄でも困難である。そのため地方の中小民鉄や第三セクター鉄道はもちろんであるが、大手民鉄のローカル線では、車両などの設備更新ですら難しい状態にある。南海電鉄時代の貴志川線や、近鉄時代の北勢線は、設備更新が停滞していた。

　内部補助により、全国一律にあまねくサービスを提供する「ユニバーサルサービス」の実施は、所得を再分配するうえで問題も多数あった。所得の再分配を行うとなれば、高額所得者から低額所得者へ富が再分配されなければならない。内部補助では、黒字路線から不採算路線へ富が再分配される。一般的に東京・大阪・名古屋などの大都市圏の住民の方が、過疎地の住民よりも所得は高くなる傾向にあるが、必ずしも黒字路線の利用者が不採算路線の利用者よりも高額所得者であるとは限らない。また自家用車のような私的交通の利用者よりも高額所得者であるとも限らない。むしろ自家用車を利用する人の方が、公共交通を利用する人よりも所得が高いぐらいである。それゆえ本来ならば、収入が少なくて補助されなければならない立場の人が、黒字路線の利用者であるという理由から補助する立場になる。反対に補助される必要のない不採算路線の利用者が、黒字路線の利用者から補助を受けることになる。この場合、不採算路線の利用者は、「自分が補助を受けている」と実感することはない。

「内部補助」という制度は、所得を再分配するうえで逆進的になるという致命傷ともいうべき問題を抱えている。またこの制度では、黒字路線（部門）の利用者には経費と比較して割高な運賃が適用される反面、不採算路線（部門）では経費よりも割安な運賃が適用されることになる。

　郵便事業などは、距離や地域（都市部であろうが、離島・僻地であろうが）に関係なく、今でも内部補助によりユニバーサルサービスが実施されているように、なぜ今まで受け入れられてきたのかといえば、国や地方自治体が補助金を負担しなくてもよいからである。分かりやすくいえば、「内部補助」という制度は、利用者に都合のよい制度ではなく、行政に都合のよい制度である。行政の本音は、事業者が「内部補助」という形でユニバーサルサービスを維持してほしい。かつ

て鉄道が輸送市場において市場を独占するという自然独占を謳歌していた時代は、競争相手がほとんどなかった。それゆえ黒字路線が多かった。そのため運賃・料金を若干値上げしただけで、ユニバーサルサービスの提供が可能だった。さまざまな問題はあったが、「内部補助」という制度が有効に機能していたのである。

内部補助に代わる制度として、線区別運賃の適用も考えられる。JRのように「幹線」「ローカル線」というように区分し、幹線は独立採算を原則としてもよい。ローカル線に関しては、JRでは10％程度の割増運賃を適用しているが、筆者個人としては利用者に負担させることは望ましくないと考える。やはり、公的補助（上手分離経営）や協賛金で維持するようにしなければならない。ローカル線などの主な利用者は、通学の高校生および通院の高齢者である。通学定期券の割引率が高いため、事業者もサービス改善に消極的になるため、文教予算を用いて通勤定期券と通学定期券の差額を、事業者に補助するようにしたい。

ところが国からの営業損失に対する公的補助はなく、災害復旧に対する公的補助も、補助率が低い。そのうえ設備更新に対する公的補助も、大手民鉄ではほとんど期待できない現状では、鉄道事業者は不採算路線からの速やかな撤退を望む。鉄道事業法の改正で撤退に関する規制が、「許可制」から「届出制」に緩和されたことから、不採算路線の廃止が急速に進むと懸念されていた。

そのような背景から、2007年（平成19）10月に「地域公共交通活性化再生法」が施行され、活性化に向けた協議会を開催するなど、ローカル鉄道の活性化を真剣に考えている自治体には、設備更新だけでなく、試験増発などにも補助金が支給されるようになるなど、以前よりは改善した。だが、やる気のない自治体は、完全に見捨てられるようになったのである。

2　公的補助システムの問題点

(1) 国による公的補助の概要

地方の中小民鉄に対する公的補助の法規は、1958年（昭和33）に制定された。新線補助・改良補助・欠損補助の3つは、既に存在していた。そこに新たに災害補助を加えたのである。「災害補助」が加わったといっても、国や自治体の補助率は1/4ずつであるため、内容的には満足できるものではなかった。

2 鉄道事業法改正による規制緩和

　1960年代の最初の頃は、モータリゼーションは大都市とその周辺部だけであったが、1960年代の後半になると地方にも普及した。それに伴い、地方の中小の民鉄は、経営的に苦しくなった。そのため1966～1970年までの5年間で地方の中小民鉄は、不採算を理由に652.2kmが廃止された。11章で紹介するが、特に東北地方では、バス部門も所有していた鉄道事業者は、鉄道事業を廃止したり、鉄道事業を分離したりした。このままでは地方民鉄の存続が危うくなると、危機感を持った旧運輸省は、1972年になってようやく重い腰をあげた。地方の中小民鉄の不採算路線に対しては、それまでの1回限りの補助ではなく、中長期的な視点も加味してより充実した欠損補助制度を導入する。欠損補助は、1974～1978年までの5年間の投入が最も多く、この期間中に年平均で18.4社が補助を受けた。国が支出した補助金の額も、年平均で約7.5億円であった。

　しかし1980年代になると、自家用車の普及だけでなく、道路の整備や改良も進む。道路整備も進めば、旧態依然の地方民鉄の利用者が減少するのは当然である。この時代に地方の中小民鉄では、利用者が少ない線区や区間の廃止だけでなく、京都府北部にあった加悦(かや)鉄道のように、会社そのものが消滅することもあった。特に北勢線のような762mmのナローゲージ鉄道は顕著であり、1960年代から廃止が進んでいた。そのため欠損補助を受ける鉄道事業者の数は減少した。

　この時代になると地方の中小民鉄には、生き残りのための要員合理化が課題となった。そこでこれら事業者に対する公的補助は、近代化設備を導入するための補助に重点が置かれるようになった。ローカル線や地方民鉄も、タブレット閉塞を廃止してCTC（Central Train Control）を導入するようになる。CTCを導入すれば、要員合理が行える以外に、同時発車が可能となるため、ローカル線のスピードアップに繋がる。そして1997年（平成9）に、地方の中小民鉄に対する欠損補助は、鉄道軌道近代化設備整備費補助（以下は近代化補助）に統合される形で廃止された。

　ところで1998年6月に出された運輸政策審議会の答申では、国は今後の過疎地域の不採算路線については、「基本的にバスを中心とした交通体系に移行すべきである」という認識を示した。そして2000年3月に改正鉄道事業法が施行され、第Ⅱ部で事例を紹介するように、ローカル鉄道のバス化が進展する。そのため現在、国が行う公的補助として実質的に機能しているのは、予算補助に基づく近代

化補助を発展させた「鉄道軌道輸送高度化事業費補助」である。

　地方の中小の民鉄は経営状態が厳しく、単独では設備投資ができない。そこで以前の近代化補助は、経営の近代化およびサービスの改善、保安性の向上を目的で実施していた。近代化補助は、1969年に導入された限定的な補助政策がベースとなり、1972年度からは、「鉄道軌道近代化設備整備費補助制度」として新たに発足した。この補助制度は、地方自治体からも同額の補助が実施されることが前提となっており、発足当初は国および地方自治体は、対象となる事業の10％以内を補助していた。そして1975年から、補助率を20％以内に引き上げた。

　2008年（平成20）の国会で、「地域公共交通活性化再生法」の改正が成立した。そのため近代化補助は、2008年10月以降は「鉄道軌道輸送高度化事業費補助」という形で発展的解消を遂げた。「鉄道軌道輸送高度化事業費補助」になれば、安全対策面では、従来の保全事業と緊急保全事業に「計画安全事業」が加わる。鉄道活性化対策面では、再生計画事業に「鉄道事業再構築事業」が追加されることになる。

（2）国庫補助の問題点

　2007年（平成19）10月から、「地域公共交通活性化再生法」が施行された。試験運行（運航）に対する国からの補助は実施されるようになったが、原則としてインフラなどの新規投資に対する資本費への補助に偏っている。かつては、経営で生じた損失を補填する運営費の補助も実施されていた。

　この補助は、旧日本鉄道建設公団が建設した地方の鉄道新線を経営する鉄道事業者に対してのみ、実施された。それも事業開始から5年間だけであり、経常損失額の4割を補助していた。現在は、この補助制度は廃止されており、高知県東部を通る土佐くろしお鉄道のごめん・なはり線などは、この制度で損失の補填を受けた最後の事業者となった。土佐くろしお鉄道のごめん・なはり線では、需要を喚起させるためにオープンデッキの車両を導入している。また毎春、阪神タイガースが安芸でキャンプを行うことから、期間限定ではあるが夜須～球場前駅間でパーク＆ライドを実施している。利用者は、「道の駅やす」駐車場に車を駐車して、夜須駅から列車で球場前駅まで向かうため、渋滞に遭遇することはない。

　車両、ＡＴＳなどの保安装置は、絶えず更新を行わなければならない。駅舎も、

内装などは陳腐化しやすい。トンネル・橋梁などのインフラも、補強工事を行う必要がある。これらの設備更新を行うには、「鉄道軌道輸送高度化事業費補助」を活用すればよい。

以前の近代化補助では、前年度の全事業において経常損失が生じている事業者が主な対象であった。利益が出ていても、前年度末の全事業用の固定資産の価格の5％以下の経常利益しか上げることができない事業者には支給された。そうなれば結果的に地方中小民鉄か、第三セクター鉄道に限定される（図2-1）。鉄道事業者の中で、赤字路線と黒字路線が混在する場合、赤字路線にのみ補助が行われていた。そのため設備投資の効果が大きい黒字路線の設備改善が進まなかった。また赤字路線であっても、鉄道事業者が経営努力を行い黒字になると、補助が打ち切られた。自己負担で整備を進めることは、経営基盤が脆弱な地方の中小民鉄や第三セクター鉄道には無理である。皮肉なことに近代化補助という制度は、鉄道事業者の経営努力へのインセンティブを阻害していただけでなく、赤字路線の

図2-1　第三セクター鉄道などは、以前から近代化補助などを活用して、老朽化した駅舎や車両などの設備更新を行ってきた。

方が設備の更新が進んだのである。
　そこで「鉄道軌道輸送高度化事業費補助」では、従来の問題点の改善が見られる。設備投資額と鉄道事業だけでなく、関連事業などのその他事業も含めた事業者の黒字額を比較するようにした。そのうえで、設備投資額の方が多い場合は、補助金が支給されるようになった。2009年度は、22億2,300万円が予算として計上されている。
　だが老朽化した枕木や磨耗したレールの交換に対しては、近代化補助が支給されなかったと同様に、「鉄道軌道輸送高度化事業費補助」も支給されない。筆者は、収支状況による判断も大切であるが、輸送量や輸送密度などの基準も設けて、総合的に判断する必要があると考えている。その点、2007年から施行された「地域公共交通活性化再生法」は、「地元のやる気」も加わったために、従来よりも改善されていると考える。
　ところで近年では地球温暖化の影響もあり、日本各地で集中豪雨や台風により、土砂崩れや路盤流失が頻発するようになった。後で説明するJR姫新(きしん)線や智頭急行は、佐用(さようちょう)町を流れる佐用川の氾濫による水害で、運休となった。自然災害の発生により列車の運行が不可能になると、地域住民は多大な不利益を被る。このような自然災害からの復旧費用に対する国からの補助は、鉄道軌道整備法に基づく災害復旧費補助制度が設けられている。2009年度は、6,800万円の予算が計上されている。またJRが行う落石・なだれなどの対策や、海岸などの保全のための施設整備に対しては、鉄道防災事業費補助が設けられ、一部は国から補助されている。さらに防災上の理由から河川の拡幅に伴う橋脚の架け替えが生じる場合は、2009年4月1日からは河川改修費補助が実施されるようになった。
　だが鉄道軌道整備法に基づく災害復旧費補助制度が設けられ、国から補助金が支給されるといっても、補助率は国が1/4、地方自治体が1/4であるため、充実しているとはいえない。被害の規模が大きくなれば事業者だけでなく、県や地方自治体などが負担する費用も大きくなる。また鉄道軌道整備法が制定されたのは、1953年（昭和28）8月5日である。この法律は、今から55年以上も昔の法律であることから、自家用車が普及する以前の時代遅れの法律といわざるを得ない。そのため鉄道事業が赤字で、災害復旧に要する費用が線区収入の1割以上などの条件が付される。それゆえ、この法律の適用を受けることができるのは、地方の中

表2-1 2004年(平成16)以降に災害などにより不通になった線区や区間。

事業者名	路線と区間	災害発生日	対　応	復旧日
JR東海	高山本線の飛騨古川～猪谷	2004年10月20日	バスで代行	2007年6月30日
JR西日本	越美北線の一乗谷～美山	2004年7月18日	バスで代行	2007年9月8日
高千穂鉄道	全区間	2005年8月6日	経営を断念	
智頭急行	平福～大原	2009年8月9日	バスで代行	2009年8月29日
JR西日本	姫新線の播磨新宮～美作江見	2009年8月9日	バスで代行	2009年10月5日
JR東海	名松線の松阪～伊勢奥津	2009年10月8日	バスで代行	2009年10月15日に、松阪～家城間が復旧

『JTB時刻表』2007年4月号、産経新聞2009年10月30日の朝刊をもとに作成

小の鉄道事業者などである。

　本州のJR3社は、「黒字である」という理由で適用されない。高山本線や越美北線は、JR東海やJR西日本に属しているため、災害が発生したのは2004年であったにもかかわらず、表2-1で示したように2007年(平成19)3月末の時点でも、災害から復旧していなかった。さらに2009年10月8日に、台風18号の上陸により、土砂崩れなどの被害で、名松線は不通になった。その中でも松阪～家城間の25.8kmは、2009年10月15日に運転を再開した。家城～伊勢奥津間の17.7kmは、山間部であるため工事が難航すること、開通しても今後も被災する可能性が高いこと、この区間の1日あたりの利用者が90人しかいないこともあり、JR東海は復旧を断念し、地元自治体にはバス輸送を提案している。JR東海は、国土交通省に「廃止届」を提出していないが、地元の同意が得られれば、提出したいとしている。もし家城～伊勢奥津間が廃止されると、JR東海が発足してから最初の廃止区間になる。このことからも、東海道新幹線という大ドル箱路線を持つJR東海であっても、名松線の不通区間を廃止せざるを得なくなったことを物語る。「開通しても今後も被災する可能性が高い」とするのは、現在の補助制度では、従来と同一水準で普及させることが前提になっているためである。

　姫新線も、JR西日本に属するローカル線であるが、姫路口は通勤・通学の需要が高いことから、2010年3月のダイヤ改正からは、姫路～上月間の最高速度を100km/hに向上させた。そのための車両は(図2-2)、2009年3月のダイヤ改正時に導入された。姫新線というローカル線に、新型で転換クロスシート(図2-3)の車両が導入されたことは、画期的なことである。そのようなこともあり、姫路

口である播磨新宮〜佐用間は、2009年8月21日と比較的早く復旧した。ただし佐用〜美作江見間は、完全なローカル線になるため、復旧したのは2010年10月5日だった。

　高千穂鉄道は、2005年9月6日に九州に上陸した台風14号による集中豪雨により、全線にわたり路盤や橋梁流失などの壊滅的な被害が発生した。宮崎県は、シーガイアの経営破綻などがあったことから、不採算の第三セクター部門を整理する方向にある。そのため高千穂鉄道は経営の存続を断念せざるを得なくなった。

　智頭急行も、姫新線と同様に2009年8月の集中豪雨により、平福〜大原間が不通となったが、こちらは大阪〜鳥取・倉吉間を結ぶ特急「スーパーはくと」や、岡山〜鳥取間を結ぶ特急「スーパーいなば」が運転される動脈であることから、20日後の8月29日には復旧している。智頭急行は、第三セクター鉄道の中でも黒字経営を維持している数少ない鉄道事業者である。だがお盆という繁忙期に、特急列車が運休したことによる経営への打撃は、大きいと考えられる。

　高千穂鉄道が経営断念した事例から、経営基盤の脆弱な地方民鉄や第三セクター鉄道には、自然災害によるインフラへの被害は致命傷になる可能性が高い。現在、鉄道として運行を継続している地方民鉄や第三セクター鉄道も、ひとたび台風や集中豪雨による路盤や橋梁流失などの壊滅的被害を受けたならば、そのまま経営断念せざるを得ないのが実情である。

（3）地方自治体による公的補助の問題点

　内部補助に依存した不採算路線の維持・運営は、大手鉄道事業者でも難しい。国からの補助もほとんど期待できなければ、地方自治体が責任を持つしかない。国鉄の不採算のローカル線を引き継ぐ形で誕生した第三セクター鉄道は、不採算である地域の公共交通問題に関する公的な責任を、国から県や地方自治体へ移管したといえる。このように国は地域の公共交通問題に関しては、県や地方自治体へ移管する傾向にある。

　この問題に関しては、税源や権限の委譲が伴っていない。特に路線バスに関しては、2001年（平成13）に補助金制度の改正を行い、1つの自治体内の路線に関しては、補助金を支給しなくなった。「交通」に関する部署（課）が設けられていない地方自治体も多く、路線バスなどの公共交通に対する専門的な知識を持ち

2 鉄道事業法改正による規制緩和

図2-2　姫新線には、新型の高性能気動車が導入された。

図2-3　新型車両の座席は、転換クロスシートである。

備えているとはいえないのが現状である。そのため地域住民のニーズに見合ったサービスは、実施されているとはいえない。このことは、国が地域住民の足を守る義務を放棄したといえる。そこで近年では、不採算路線を運営する鉄道事業者に対し、地方自治体が独自に積極的な財政支援策を講じる例が多く見られる。だが現行の補助制度では、以下の2点で欠点および限界がある。

①赤字を計上している鉄道事業者に対してのみ補助金が交付される
②補助制度の多くが、期間限定の暫定的な支援策にすぎない

特に①に関しては、赤字の線区を有する鉄道事業者も、他の線区の利益や他の部門の利益で黒字となる場合は、補助金が支給されないのが実情である。

そのため需給調整規制が撤廃された現在、**6**章で紹介するJR西日本の可部線の非電化であった可部(かべ)〜三段峡間が、利用者が少なく不採算であることを理由に2003年11月30日に廃止された。また**7**章で紹介する名鉄は、不採算路線や区間の廃止を推し進めている。そして本書では紹介していないが、富山港線は2006年2月28日限りでJR西日本による営業に終止符が打たれ、同年の4月29日から第三セクター鉄道の富山ライトレールとして再出発した。富山ライトレールは、全車が低床式車両で運行されるため、日本で最初のLRT（Light Rail Transit）といわれる。そして2009年12月に、富山市内にある富山地方鉄道の軌道線の循環化が完成した。将来的には、富山ライトレールと富山地方鉄道は相互乗り入れを行う予定である。

大手民鉄も同様であり、近鉄北勢線は2003年4月に三岐(さんぎ)鉄道へ譲渡され、南海貴志川線は2006年4月から岡山電気軌道が100％出資する和歌山電鐵が経営を引き継いだ。さらに近鉄養老線と伊賀線は、2007年10月1日からは近鉄出資の養老鉄道と伊賀鉄道に、経営が移管された。このように大手事業者は、赤字であるローカル線を切り離す傾向にある。

しかしJRや大手民鉄から、中小の民鉄や第三セクター鉄道に経営移管されるならば、まだよい方である。北海道ちほく高原鉄道の池田〜北見間140.0kmは2006年4月20日で廃止され、神岡鉄道の猪谷(いのたに)〜奥飛騨温泉口間の19.9kmが2006年11月末で廃止された。兵庫県を走っていた三木鉄道も、2008年3月末で廃止された。

これらの事業者が運営する路線は、国鉄から第三セクター鉄道に経営が移管さ

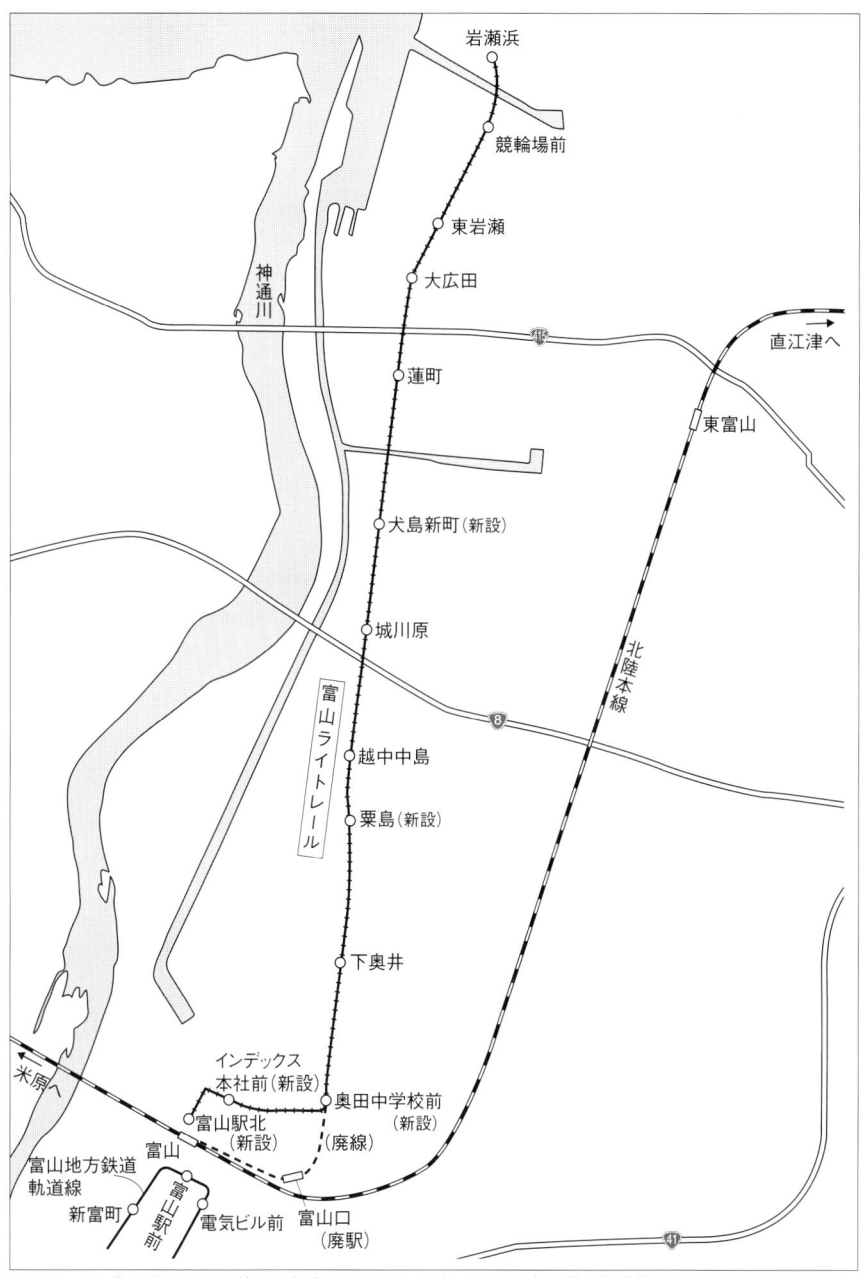

❷ 鉄道事業法改正による規制緩和

図2-4 LRT化にあたり、路線が一部変更された。将来は高山地方鉄道の軌道線と直通させる計画がある。

れた路線である。第三セクター鉄道の多くは、旅客輸送密度が低く、国鉄では経営が困難であった路線を引き継いだため、開業当初から厳しい経営が予想されていた。国鉄OBを雇用して人件費を下げたり、運賃の値上げを実施しただけでは、赤字経営から脱却できない。そこで国鉄から転換交付金を受け取り、経営安定基金をつくった。そして、その運用で欠損を補填する方針であった。

ところがバブル崩壊後は、政府による長期の低金利政策のため、この仕組みが有効に機能しなくなった。利息による収入が減少したため、資金繰りが苦しくなっている。そこで各事業者は、転換交付金をベースにつくった経営安定基金を取り崩している。兵庫県の三木鉄道や北条鉄道は、経営安定基金が底をついたことから沿線自治体が補助を行っていた。三木鉄道が廃止になったのは、「三木鉄道廃止」をマニフェストに掲げた市長が、2006年1月に誕生したことが影響している。

3　地域公共交通活性化再生法

(1) 法案成立の背景

2007年（平成19）5月25日に「地域公共交通活性化再生法」が成立し、2007年10月1日から施行された。このような法律が成立した背景として、地域における鉄道や路線バスなどの公共交通の置かれた状況が厳しさを増しつつあることが挙げられる。これは少子高齢化やモータリゼーションの進展以外に、中心市街地の空洞化などの影響もあるが、路線からの撤退に関する規制が緩和されたことも無視できない要因である。

鉄道事業では、2000年3月に改正鉄道事業法が施行され、路線の廃止は「届出制」に規制が緩和された。路線バスは、2002年2月から道路運送法が改正され、需給調整規制が撤廃となったため、路線の廃止は「届出制」に緩和された。「届出制」ということは、事業者が廃止届を提出すれば、路線の廃止が可能になるのである。

それによりバスの分野では、自治体やNPOなどが中心となりコミュニティーバスを走らせる事例や、過疎地ではタクシーを活用したデマンド型交通を導入する動きも見られる[2]。一方の鉄道の分野では、南海貴志川線を岡山電気軌道

100%出資の和歌山電鐵への移管や近鉄北勢線の三岐鉄道への移管、近鉄養老線・伊賀線を鉄道として存続させるための養老鉄道・伊賀鉄道の設立、茨城交通湊線を第三セクターのひたちなか海浜鉄道としての再出発などの動きも見られる。また阪堺電気軌道は、堺市が東西方向にLRTを計画していた。完成した暁には、赤字であった堺市内の路線を、堺市に譲渡する方向に向かっていた。「地域公共交通活性化再生法」では、それまでの軌道法では認められていなかったLRTの「公設民営」や、建設時に自治体が起債することも求められたため、LRTの建設に弾みがつくと期待されていた。

だが2009年9月27日に堺市の市長選挙があり、LRT建設に反対の竹山修身氏が当選したため、雲行きが怪しくなった。それでも竹山新市長は、「可能な限り阪堺電気軌道は支援したい」としており、2010年1月に堺市総合交通体系検討庁内委員会を発足させ、この中に阪堺線の活性化も含まれている。

地域公共交通の活性化・再生を通じた魅力ある地方を創出することを目的に、地域公共交通の活性化・再生に関して、市町村を中心とした地域関係者の連携による取り組みを国が総合的に支援するとともに、地域のニーズに適した新たな形態の旅客運送サービスの導入円滑化を図るための措置を講ずることになった。「地域公共交通活性化再生法」の施行により、市町村などの各自治体は、関係する公共交通事業者、道路管理者、公安委員会、利用者などで構成する協議会での協議を経て、地域公共交通の活性化・再生を総合的かつ一体的に推進するための「地域公共交通総合連携計画」を作成することができるようになった。そして「地域公共交通総合連携計画」に定められる事業のうち、特に重点的に取り組むことが期待される「地域公共交通特定事業」については、国による認定制度等が設けられた。

(2) 地域公共交通活性化再生法の成立で何が変わったのか

「地域公共交通活性化再生法」が施行されたといっても、欧米のように運営費に対する補助は行われず、運賃収入や関連事業収入で経営を維持する独立採算を原則としている。しかし法律上の特例処置として、「公設民営」による上下分離方式によるLRTの建設が可能となった。また、LRT、BRT（Bus Rapid Transit）の整備、オムニバスタウン[3]の推進については、自治体が導入費用を助成する場

合の起債が認められるようになった。そのため、日本の各都市で計画されているLRTの建設が促進される可能性がある。そして2000年(平成12)の鉄道事業法の改正による撤退規制の緩和により、鉄道の廃線が進んだが、跡地をバス専用道としてBRTを導入することも可能である。さらに、2008年に法律が改正され、従来の鉄道事業法では認められていなかった「公有民営」の上下分離経営が可能となった。これにより廃線の危機にある地方民鉄や赤字ローカル線の経営状況の改善が期待される。

　一方、地方自治体は公共交通事業者、道路管理者、公安委員会、利用者などで構成する地域協議会を設立させることが可能となった。地域協議会の設立に関しては、「地域公共交通活性化再生法」の6条で定められている。そのため予算面では、地域公共交通総合連携計画の策定経費への支援[4]、関係予算を可能な限り重点的に配分することや、配慮などが挙げられる。総合事業計画に定める事業に要する経費は、実証運行(運航)は1/2、実証運行(運航)以外の事業が1/2である。ただし政令市が設置する協議会が取り組む事業は、1/3である。

　協議会の裁量を確保するため、事業をメニューで一括支援することにした。これにより、メニュー間や年次間における事業の柔軟な実施を目指している。その他、地域の実情に見合った協調負担や成果を事後評価することにより、効率的で効果的な事業の実現を目指している。

　筆者は、地域協議会を設立して交通事業者や自治体関係者、利用者、学識経験者が一堂に会して、地域の公共交通の活性化を議論できる場が設けられたことは、大きな進歩であると考えている。また地元にも負担させることで、身の丈にあった事業が展開できるとともに、事後評価が導入されたことは評価したい。そうすることで、補助金のバラ撒きに歯止めがかかる。また実証運行(運航)にも補助金が支給されるようになったことも、評価したい。これにより、公共交通の空白地域にコミュニティーバスやデマンド型の乗合タクシーを運行することも容易になった。また離島航路で増便を行ったり、大隅半島の錦江町と鹿児島市内を結ぶ高速艇の試験運航を実施するなど、各地で実証運行(運航)が盛んに行われるようになった。

　このようにやる気のある地域の自治体には、「地域公共交通活性化再生法」は効果的な法律であるが、逆の見方をすればやる気のない地域の自治体は、置き去

りにされる可能性があるため、自治体間や地域間の格差がつくことが予想される。

〔注〕
1) 貨物事業に関する需給調整規制は、JR貨物の完全民営化が実現するなど、経営の改善が図られた段階で撤廃するとした。鉄道貨物の運賃にかかわる規制も、その段階で「認可制」から「届出制」へ規制緩和するとされた。
2) デマンド型とは、あらかじめダイヤとバス停は設定されているが、利用する際に事前に予約を必要とする公共交通である。予約がなければ運行されない。
3) 1997年(平成9) 5月に、旧運輸省・建設省(2001年に合併により国土交通省)・警察庁によって開始された補助制度である。これに指定された市では、バスの利用促進を図る目的から、総合的な対策事業が実施される。当初は、金沢市、鎌倉市、奈良市、松江市などの観光都市が中心に指定されていたが、盛岡市、仙台市、新潟市、岐阜市、静岡市、浜松市、岡山市、福山市、松山市、熊本市が加わり、現在では14市が指定されている。
4) 地域公共交通総合連携計画の策定経費への支援は、上限が2,000万円と定められているが、計画策定調査事業の実情を踏まえ、1,000万円程度を想定しているという。

3 事業者の変更による生き残り

3章では、事業者を変更することで鉄道を存続させた事例を紹介する。大手民鉄から中小民鉄へ譲渡された事例として、三岐鉄道北勢線、和歌山電鐵貴志川線、民鉄から第三セクター鉄道に経営形態が変更した事例として、万葉線とひたちなか海浜鉄道、大手民鉄の子会社化された事例として、養老鉄道と伊賀鉄道の事例を紹介したい。

1 大手民鉄から中小民鉄への譲渡

（1） 三岐鉄道北勢線

　1965年（昭和40）までは、三重電気鉄道が北勢線(ほくせい)を運営していた。しかし北勢線のようなローカル線は、運賃収入や関連事業だけで収支均衡を図ることは、三重電気鉄道という地方の中小民鉄の運行経費でも無理であった。そこで地域の足を守る目的から、安定した供給能力を有する近鉄に1965年に譲渡された。近鉄という大手民鉄であれば、多数ある黒字路線の利益で北勢線の損失を補填（内部補助）することが可能であった。それに伴い、三重電気鉄道よりも割安な運賃でサービスの提供が可能となった。

　三重電気鉄道時代は、運行に要する経費に適正利潤を加味して運賃が決められていた。日本では、鉄道事業者の経営が成立する水準の運賃を申請しなければ認可されないため、必然的に運賃も割高になる。地方民鉄や第三セクター鉄道の運賃が、JRや大手民鉄と比較して割高なのは、そのような理由からである。だが近鉄に移管されると、黒字路線から内部補助されるため、人件費が割高になるにもかかわらず、運賃が値下げされたのである。

　昭和30年代の終わりから40年代の最初は、団塊の世代の人たちが高校へ進学する時代であったため、安定した通学輸送を行う必要もあった。後で説明する貴志川線も、この時代に和歌山電気軌道という地方民鉄から南海電鉄に譲渡されている。

　その後、自家用車の普及や道路整備の進展で鉄道の自然独占は崩壊した。さら

に少子高齢化も加わり、北勢線の利用者は年々減少した。北勢線の営業キロ数は20km程度であり、輸送密度は3,000人を超えていたが、年間の赤字額は7億2,000万円であった。かつて多数あった近鉄のドル箱路線も、地下鉄の延伸などで利用者が減少したため、以前のように利益が出る路線ではなくなった。また百貨店や遊園地などの関連事業も、消費の低迷や少子高齢化が原因で売り上げが落ちており、これらも整理される傾向にあり、関連事業からの内部補助も期待しづらい。さらに車社会の進展により、大阪周辺では都心部の空洞化が生じた。そこに不況や少子高齢化、工場の海外移転などの要因も加わり、利用者の減少に歯止めがかからなくなった。

　従来であれば運賃値上げを実施すれば増収になったが、今日では利用者の減少を加速させるだけである。また北勢線で使用する14両の車両が更新の時期に差しかかっていたが、762mmという特殊ゲージのため、他の近鉄線や他の事業者の中古車を導入することはできない。新製するとなれば、1両あたり約1億円が必要であり、再投資は困難な状況にあった。そのため近鉄のような日本有数の大手民鉄であっても、北勢線という不採算路線を維持することが困難になった。3,000人という輸送密度は、バスでも決して運べない数値ではない。それゆえ自家用車が普及していることや道路整備が進んだこともあり、近鉄は北勢線の役目は終わったと考え、廃止表明を行うようになった。

　近鉄の廃止表明に対し、地元としては鉄道として存続させる方法を模索した。そして2002年（平成14）2月に桑名・員弁(いなべ)広域連合は、以下の理由から鉄道を存続させることを決めた。
　①利用者の8割以上が定期客であり、地域の足として必要不可欠である
　②沿線には県立高校が4校もあり、利用者の半数以上が高校生である
　③バスと比較して鉄道の方が乗り心地等もよく、高齢者福祉の観点からも必要
　三重県が沿線自治体の鉄道として存続させたいという熱意を汲み、北勢線のインフラの改良に要する費用を負担することになったため、三岐(さんぎ)鉄道が北勢線の運営を引き受けることになった。2003年4月1日から三岐鉄道北勢線として営業している。三岐鉄道に移管されると、2003年5月に黄色と黒の三岐鉄道カラーの車両が登場した（図3-1）。それと並行する形で車内も座席の張り替えが行われた。

　サービス面で特筆すべき出来事は、冷房車両が導入されたことである。北勢線

に冷房車が導入されるのは、1914年（大正3）の開業以来初めてである。車両を新製するにはコスト的に苦しいため、冷房化は改造という形で実施された。屋根への搭載が難しいことから、車内に床置型の冷房装置を設置した。これにより座席定員が若干、減少した。冷房改造車は将来の高速化に備えて、界磁抵抗器を取り換え、弱め界磁の段を追加する改造も実施されている。車両以外にも、西桑名駅の待合室にも冷暖房が完備された。これにより快適に列車を待てるよう環境が整備された。

運行面では、最高運転速度を65km/hに向上させるため、2004年（平成16）4月13日に第三セクター会社「北勢線施設整備株式会社」を設立した。第三セクターを設立した目的は、国から「幹線鉄道等活性化事業」の国庫補助を受けるためである。社長には、三岐鉄道の社長でもある日比義也氏が就任した。

北勢線の高速化事業は、2004年から2008年まで行われ、総事業費は36億円であった。内容は、東員から大泉駅間および旧上笠田駅構内の曲線改良や、変電所の出力増強、重軌条化などである。幹線鉄道活性化事業補助は、潜在的な鉄道利用のニーズが大きい地方都市やその近郊路線などにて、総合連携計画に基づき行う、鉄道利用者の利便性向上などの設備整備の一部を補助する制度である。一般財源から拠出され、在来線の高速化、モーダルシフトの推進、乗り継ぎの円滑化などの事業以外に、鉄道の立体交差化や駅周辺の整備、市街地再開発に対しても補助される。幹線鉄道等活性化事業の内容と補助率は、表3-1に示した。

図3-1　三岐鉄道に移管後は、黄色と黒を基調とした新塗装になった。

表3-1 「幹線鉄道等活性化事業」の詳細と補助率。

事業内容	国の補助率	地方自治体の補助率
幹線鉄道高速化事業	1／5以内	1／5以内
街づくり事業と連携した在来線高速化事業	1／3以内	1／3以内
貨物専用線の旅客線化事業	1／5以内	1／5以内
異なる鉄道路線間の乗継回数の低減や乗継負担の軽減を図る事業	1／5以内	1／5以内
貨物列車の輸送力増強など、モーダルシフトの促進に資する事業	3／10以内	支給されない

「鉄道整備の主な助成制度」http://www.mifuru.to/frdb/knowledge/201.htmをもとに作成

　北勢線の高速化事業の内容は以下の3点である。
①曲線改良、行き違い設備の増設、信号保安設備の改良
②西桑名駅を、JR・近鉄桑名駅のほうへ延伸させ、乗り継ぎを円滑化する
③駅の統廃合
　近鉄時代は、経費削減を目的とした減量化ダイヤであったが、三岐鉄道へ移管された2003年9月にダイヤ改正を行い、最終列車の繰り下げと同時に、北大社～阿下喜間の日中の運転間隔を、2時間程度から最低でも1時間間隔とした。その後、北大社駅は六把野駅と統合されて東員駅が誕生した。これにより北大社駅は、信号所となった。
　その他の区間も、ダイヤ改正ごとに増発を行った。2003年9月と2005年3月の西桑名～東員（北大社）、東員（北大社）～楚原、楚原～阿下喜を比較した場合、2003年9月は84本、37本、35本であった。それが2005年3月には、92本、82本、47本となった。特に東員（北大社）～楚原間の増発が顕著である。最近では、阿下喜駅の構内が2線化されたことに伴い、2006年4月1日からダイヤ改正を実施した。それまでは西桑名～阿下喜間が約1時間に1本であったが、昼間の時間帯を除き約30分に1本となった。そしてスピードアップなどの経営改善策の一環として、利用者の少ない駅を中心に廃止を進めた。その一方で、駅舎のバリアフリー化や改札の自動化、駅前広場を整備してバスの乗り入れや、パーク＆ライド用の駐車場の整備を進めるなど、他の輸送モードとの結節点の強化が図られている。そして西桑名駅を、図3-2のように桑名駅の方へ移転させ、JR線や近鉄との乗り継ぎの改善を計画している。そのための現地測量は、既に実施している。さらに桑名駅により完全に分断されている東西方向の流動性の改善を図るため、自由通路を設けて対応する計画がある。

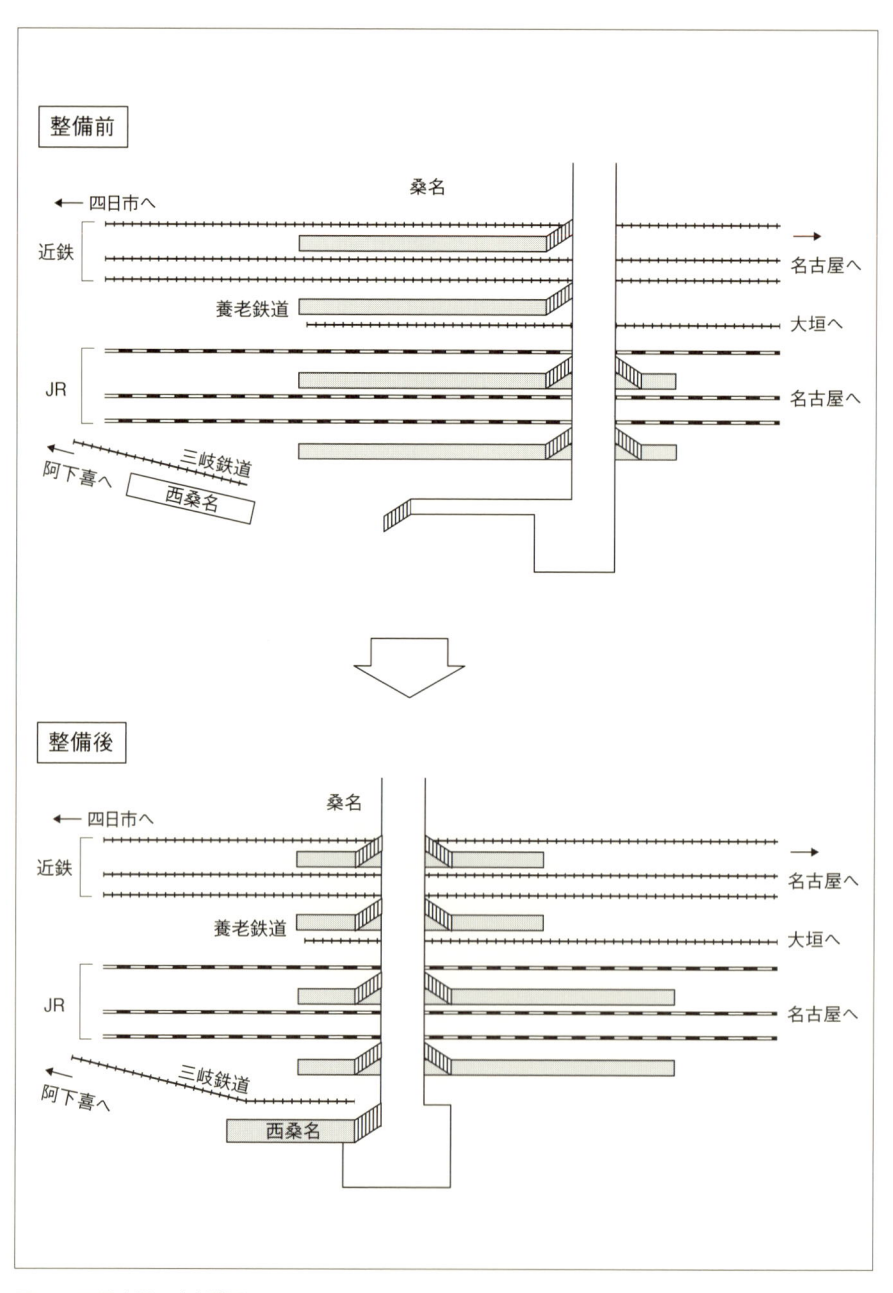

図3-2　西桑名駅の改良計画。

販売面では、駅によっては定期券の発券機を設けて、定期券を購入しやすくした。通学定期券も他社とは異なり、独自の工夫が見られる。従来の1カ月、3カ月、6カ月定期のほかに、1、2、3学期の期間に合わせた『学期定期』を2004年4月1日から発売している。これはマイカー家族送迎の解消や、自転車通学からのモーダルシフトを目的に設定している。学期定期の登場により、学期の途中で定期券の有効期間切れを心配する必要がなく、回数券などの購入の手間も省ける。また学期末に回数券で通学するよりも得になる。

さらに北勢線沿線にもマイナーではあるが名所・旧跡などが点在することから、最近では阿下喜温泉への入浴券付きの往復割引乗車券の販売を開始した。

また2009年10月1日より、『三岐鉄道1日乗り放題パス』が大人1,000円、小人500円で販売されるようになった。この乗車券は、三岐鉄道全線の有人駅で販売されており、北勢線を含む三岐鉄道全線で使用が可能である。さらに、2009年2月22日は「2」が5つ並ぶことから、2月22日だけ西桑名〜阿下喜間で有効の「富豪乗車券」を460円で販売した。

（2）和歌山電鐵貴志川線

貴志川線を運営していた和歌山電気軌道は、1961年（昭和36）に南海電鉄に吸収合併された。だが図3-3で示すように、南海本線から完全に独立した路線であった。そのため南海本線沿線から貴志川線沿線まで利用しようとすれば、和歌山市と和歌山で乗り換えが強いられるうえ、運賃が細切れになるなど、相乗効果が望めない状況にあった。そして南海電鉄へ移管後も、単独の収支が黒字になったことは一度もなかった。

1996年（平成8）3月期には、わずか14km程度の路線であるにもかかわらず、経常赤字が8億9,000万円に膨らんだ。そこで要員合理化や新駅設置による増収策を講じた。それにより2002年3月期には赤字幅が4億5,000万円に縮小した。2001年度の貴志川線の経営状況は、年間の収入が3.3億円に対し、経費が7.8億円であった。つまり100円の収入を得るのに必要な経費が244円も要した。2003年度は5億円を超える赤字となり、2002年度よりも赤字幅は拡大した。

そこで2003年11月21日に南海電鉄は、赤字を理由に突然、廃止を表明した。そして2004年度に入っても、傾向に改善が見られなかった。

南海電鉄は廃止を表明したが、貴志川線沿線の自治体は、鉄道で存続させたかった。そのため2003年12月6日に「貴志川線対策協議会」を立ち上げた。メンバーは和歌山市長、当時の貴志川町長[1]、自治体の交通担当職員、沿線の自治会の会長や沿線にある小中高校の校長から組織された。

2004年1月から2月にかけて、20万人を目標に沿線で署名活動を行う。その結果、予想を超える26万人の署名が集まり、沿線住民の貴志川線存続への願いが強いことをうかがい知ることができた。そこで集まった署名を南海電鉄へ提出した。その後も自治体の広報誌や新聞広告などで、貴志川線利用促進のPRを行った。このようにして鉄道存続の必要性と活性化を、沿線住民に訴えたのである。

和歌山県と和歌山市、旧貴志川町（現在は紀の川市）は、新規参入する事業者も考慮して、貴志川線を運営するための負担を軽減することで、やる気のある事業者を公募するための枠組みを検討した。車両や駅舎は、南海電鉄が新事業者に無償で譲渡することになった。だが軌道敷は南海電鉄から買い取る形で和歌山市と貴志川町などの自治体が所有することになった。つまり「上下分離」経営が導入されたのである[2]。これはやる気のある事業者が参入しやすくするためである。

南海電鉄から軌道敷などのインフラを買い取る場合、2億3,000万円の費用が

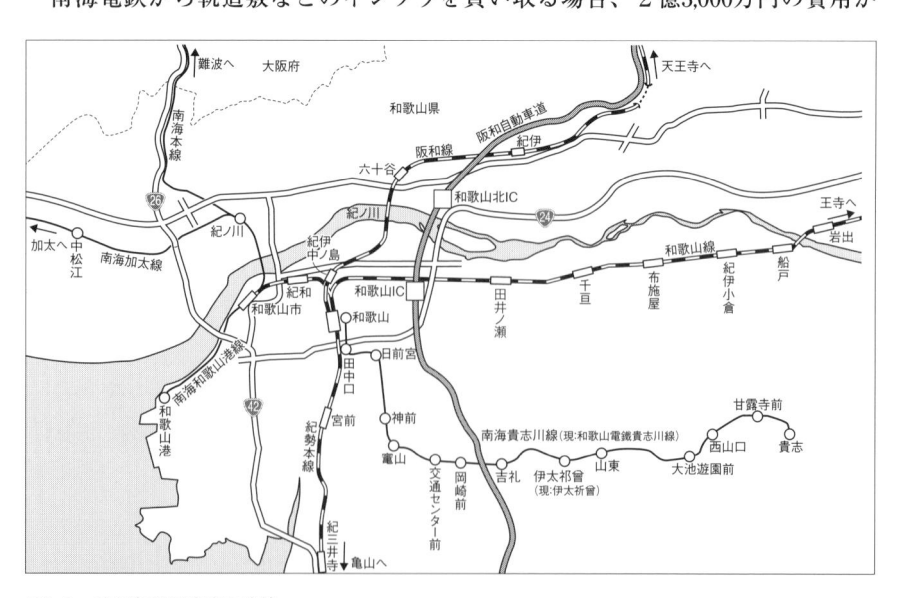

図3-3　2005年頃の南海の路線。

必要であった。財政事情の厳しい自治体には負担であることから、全額を和歌山県が負担した。さらに、南海電鉄は設備投資を行わなかったこともあり、日前宮などにある3カ所の変電所の老朽化も進んでいた。これらの施設を改修する必要があったことから、和歌山県が最大で2億4,000万円まで出資することになった。

　南海電鉄時代の貴志川線は年間4～5億円の赤字を計上していた。赤字幅を圧縮する方法について、和歌山県、和歌山市、旧貴志川町などの自治体は、南海電鉄とともに10回以上も協議を行った。その結果、人件費の引き下げや全駅を無人化するなど人員配置の見直しにより、年間の赤字幅は南海電鉄時代の約1/5の8,200万円程度までに圧縮が可能となった。この程度の金額であれば、沿線自治体にとっても負担しきれない金額ではない。運営費に対する補助は10年間行われることになり、和歌山市が65%、旧貴志川町が35%を負担することになった。このように行政の補助があり、事業者が経営努力を行えば、利用者が増えるために、収支均衡が図れる可能性がある。そこで岡山電気軌道は、自社の賃金水準であれば可能性があるのではないか？　と考えて参入を表明した。岡山電気軌道は、貴志川線の運営を実施するに際し、100%出資の子会社として株式会社和歌山電鐵を設立した。2009年7月末の時点の社員数は43名、資本金は3,000万円であり、伊太祈曾駅構内に本社を構える。

　経営が厳しいことから、和歌山駅と伊太祈曾駅以外は無人駅となった。また43名いる社員は、職種を問わず、運転士や改札業務もこなさなければならず、運転士は折り返し時間を利用して車両清掃も行う。さらに現場の最高責任者である渡辺常務も、取締役という重役であるにもかかわらず、ラッシュ時などは列車の運

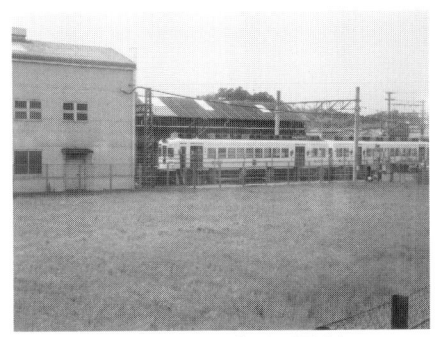

図3-4　車庫で休んでいる「いちご電車」。

図3-5　「おもちゃ電車」は、赤を基調とした外観が特徴。

転を行うこともある。

　和歌山電鐵へ移管後であるが、運賃は南海電鉄時代のまま据え置かれ、1日乗り放題の乗車券が大人650円で販売されている。そして増発やスピードアップは実施されていないが、老朽化が進んでいた車両を「いちご電車（図3-4）」「おもちゃ電車（図3-5、図3-6）」「たま電車（図3-7、図3-8）」としてリニューアルした。また貴志駅に隣接する売店で飼われていた「たま」という名前の猫を、貴志駅の駅長として起用するなど（図3-9）、積極的な経営と話題づくりに余念がない。

　沿線がイチゴの産地であることから、イチゴ狩りと組み合わせ、イチゴ盛り放題のケーキづくりなどを計画している。また沿線には大きな神社が並ぶなど観光資源も豊富であり、風土記の丘には大変な数の古墳もある。そして紀の川市貴志川町は、ホタルで有名であることから、ホタルの里の売り込みや、岡山県の名産

図3-6　「おもちゃ電車」の車内。座席数が減ったため、ラッシュ時には不評である。

図3-7　「たま電車」の外観は、白を基調としている。

図3-8　「たま電車」の車内は「おもちゃ電車」より落ち着いている。

図3-9　貴志駅の「たま駅長」。現在は、仮駅舎にいる。

品である備前焼の陶器市を開くなど、和歌山と岡山の交流が活発になることを望んでいる。

　和歌山電鐵のこのような経営努力は、すぐに2006年度の決算に表れた。日本経済新聞2007年5月18日朝刊によれば、利用者は10.2％増えて211万9,000人と200万人台を回復した。不況や少子高齢化、モータリゼーションの進展が原因で、どこの鉄道事業者も利用者の減少に歯止めがかけられない時代に、利用者が1割も増えたことは画期的である。車両のリフレッシュなどの積極的な経営や、「たま駅長」などの話題づくりが功を奏したと考える。総収入は3億3,400万円で、総支出は4億9,380万円であったため、約1億5,000万円の赤字であった。そこに地元自治体から補助金として8,200万円を繰り入れると、年間の赤字額は7,780万円にまで縮小したという。

　さらに貴志駅のたま駅長が人気を博していることから、貴志駅の外観を「猫」に模したデザインの駅舎に建て替えることが、2009年10月20日に発表され、同時に工事の安全祈願神事が開催された。新しい貴志駅には、和歌山産の檜皮などを使った地産地消を目指している。開業は、2010年の夏を予定しており、2010年3月末の時点では、貴志駅の駅舎は完全に撤去されていた。新駅舎では、地元のフルーツを活かしたジュースやスイーツ、および特産品を商うカフェコーナーを設置する予定である。和歌山電鐵は、そのためのスタッフを募集している。このスタッフの採用は、ふるさと雇用再生特別基金が活用される。

　それとは別に2009年9月からは、沿線に名所・旧跡が多いことから、伊太祈曾

図3-10　伊太祈曾駅では、レンタサイクルを実施している。

駅にて「レンタサイクル事業」を開始した（図3-10）。レンタル料は、4時間までが300円、4時間を超えると500円になる。自転車を借りるには、レンタル料にプラスして補償金1,000円が必要であるが、自転車の返却時に払い戻される。さらに2009年の10月30日からは、省エネ型のLEDを使った「たま電球」の販売を開始した。

2　民鉄から第三セクター鉄道へ

(1) 万葉線

　第三セクター鉄道の万葉線は、図3-11で示す人口17万人の高岡市と人口9.4万人の隣の射水（いみず）市を結ぶ、延長12.8kmの路面電車である。そのうち2.8kmは、併用軌道で複線になっているが、専用軌道区間は単線である。専用軌道区間といっても、軌道法が適用されるために、最高時速は40km/hである。そのため富山ライトレールのような高速運転は実施されない。高岡駅前は、道路の幅員の関係から単線であり、高岡駅前電停も単線で折り返すことを余儀なくされる（図3-12、3-13）。

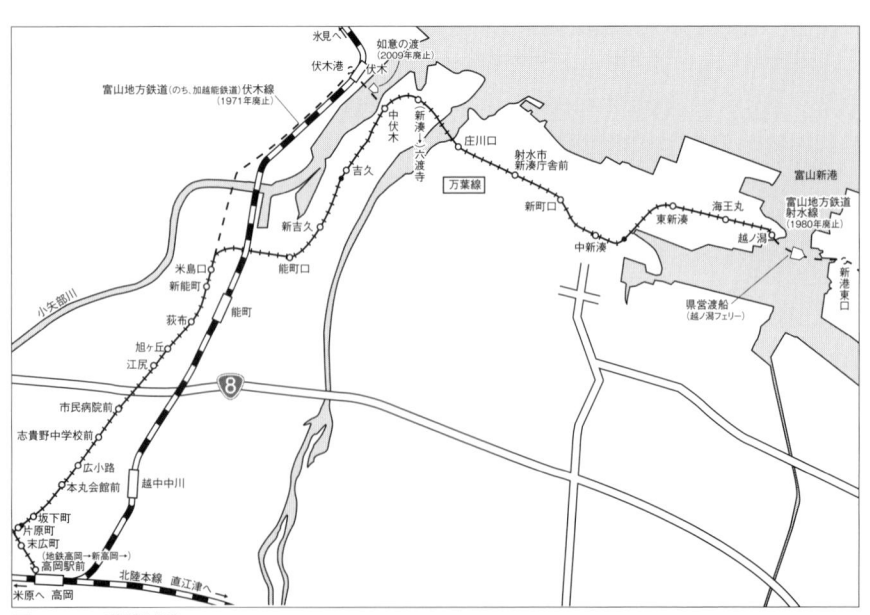

図3-11　万葉線付近。

3 事業者の変更による生き残り

　万葉線は、廃線の危機からよみがえった鉄道でもある。万葉線の歴史は比較的新しく、1948年（昭和23）4月10日に富山地方鉄道の伏木線として、地鉄高岡（現：高岡駅前）～伏木港間の7.3kmの開業に始まる。そして2年後の1950年5月23日に株式会社加越能鉄道が設立され、富山地方鉄道から加越線（石動～青島町〈のちに庄川町〉）を引き継ぐ。翌年の1951年4月1日に、富山地方鉄道は米島口(よねじまぐち)～新湊（現：六渡寺）間の3.6kmを開通させた。これにより1933年に開通していた射水線の富山～新湊間と線路が繋がったため、富山市西町(にしちょう)～地鉄高岡間の直通運転が開始する。富山地方鉄道と加越能鉄道は、1,067mmの狭軌を採用している。

　1959年4月1日からは、高岡軌道線の新高岡（現：高岡駅前）～新湊間が、富山地方鉄道から譲渡された。1966年4月5日には、富山新港が開設することになり、越ノ潟～新港東口間は分断されることになった。この間は、県営のフェリーで接続している。フェリーの運賃は、無料である。同時に射水線の新湊～越ノ潟間が、富山地方鉄道から譲渡された。この時に譲渡された射水線は、残念ながら1980年3月末で廃止になった。

　1971年8月末で伏木線の米島口～伏木港間の2.9kmが廃止された。これにより、翌日から高岡駅前～越ノ潟間の運行となった。この形態は現在も継承している。

　1970年代の半ばが利用のピークであり、それ以降はモータリゼーションの影響から利用者の減少が始まった。そこで1980年8月8日には、高岡市、新湊市（当時）と両市議会、加越能、商工会議所、自治会などが共同で、「万葉線対策協議会」を設立した。そして同年の12月には、加越能鉄道を広く親しんでもらえるように「万葉線」という愛称が決まった。

図3-12　万葉線は、JR高岡駅前に発着している。

図3-13　高岡駅周辺の道路は、幅員が狭いこともあり、単線となっている。

平成の時代になっても、利用者の減少に歯止めがかからなかった。そこで1993年（平成5）10月21日には、地元企業や商工会議所、老人クラブ、万葉線の存続を願う個人が集まり、「万葉線を愛する会」が発足した。このような市民サポーター組織は今日では珍しくないが、「万葉線を愛する会」はそのパイオニアであるといえる。

　だがその後も利用客の減少に歯止めがかからず、経営環境も厳しかった。そこで加越能鉄道は、鉄道を廃止してバス化する意向を示した。鉄道が廃止されると困る高岡市をはじめとした沿線の住民は、存続に向けた活動を行うことになった。存続運動を行うといっても、行政に「廃止反対」の陳情を行うのではなく、町内会や婦人会、老人会に万葉線を活用した街づくりを提案し、万葉線が必要不可欠であるという世論を徐々に広げていった。存続運動で中心的は役割を担ったのが、RACDA高岡であった。

　RACDA高岡は1998年4月23日に、岡山市で路面電車の延伸に向けて活動しているRACDA（会長：岡将男）の活動精神を受け継いで設立した。こちらの会長には、高岡駅地下の商店街で洋品店を経営する島正範氏が就任した。設立のコン

図3-14　万葉線の主力として活躍する低床式LRV。現在、6編成が導入されている。

セプトは、「人と環境にやさしい路面電車『万葉線』を活かした街づくり」であった。

　2000年12月に、高岡市と旧新湊市が中心となって、路面電車では日本で最初の第三セクター会社の株式会社万葉線の設立が決定した。実際に会社が設立されたのは、2001年3月である。第三セクター鉄道万葉線の資本金は、4億9,900万円である。出資の割合は、高岡市が約30％、射水市が約30％、富山県が約30％である。

　2002年2月に、加越能鉄道から事業の譲渡が決定した。そして2002年4月1日から、新会社である万葉線が正式に運行を開始した。再スタートした後、万葉線近代化計画に沿って、路盤や電停の整備、割高であった運賃の値下げ、低床式の新型車の導入などが行われた。低床式の新型車両はMLRV1000型と呼ばれ、2車体連節である（図3-14）。低床式の新型車が導入されるまでは、万葉線には冷房車が皆無であった。MLRV1000型は、床面の高さが30cmであるため、一部の電停はこの車両に対応するようにバリアフリー対応となった。そのため高齢者やベビーカーを持った人も乗降が楽になっただけでなく、夏場も快適に車内で過ごせるようになった。低床式の車両は、2010年1月の時点では6編成導入されている。

　一方、運賃の値下げと並行して企画乗車券を発売している。万葉線の全線が1日乗り放題となる「1日フリー乗車券」は、大人700円、子供350円である。「1日フリー乗車券」は、車内で運転手から直接購入することが可能である。また万葉線の1日フリー乗車券に海王丸という遊覧船の乗船券もセットになった「万葉線・海王丸セットクーポン」は、大人1,000円、子供500円で販売している。そして定期券であるが、万葉線の通勤定期券は「無記名」式であるため、家族や職場に1枚あれば誰でも利用することができる。そのうえ、土日祝日、お盆や年末年始などの期間は、4名の同伴までは運賃を半額にするサービスを行っている。通学定期券も、年間定期券を販売している。100日間の往復運賃で1年間、万葉線を利用することが可能である。万葉線に刺激され、養老鉄道なども年間の通学定期券を販売するようになった。さらにビール列車などの企画列車の運行も行っている。このビール列車と年間の通学定期券は、現在はひたちなか海浜鉄道の社長に就任なされた吉田千秋氏が考案したのである。

　そのような努力の結果、1975年頃をピークに減少の一途をたどっていた利用者数は、増加に転じたのである。少子高齢化や不況、モータリゼーションの普及に

よる都市の郊外化など、万葉線を取り巻く条件が厳しい状態であるにもかかわらず、増加に転じたことは非常に大きな意味がある。

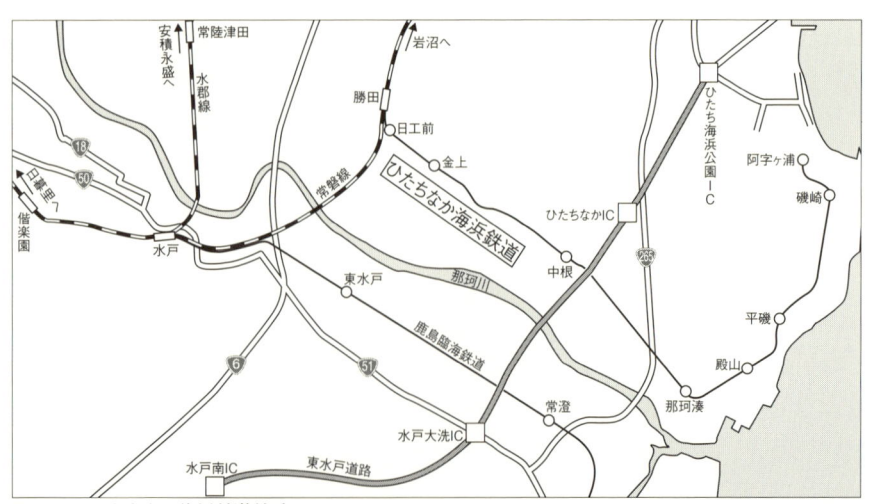

（2）ひたちなか海浜鉄道

　ひたちなか海浜鉄道は、2008年（平成20）4月1日から茨城交通湊線を鉄道として存続させるために、発足した第三セクター鉄道である。2009年9月末の時点で社員数は、24名である。だが部長2名は転籍であり、13名の社員は茨城交通からの出向者である。残りは嘱託となっている。一般的に第三セクター鉄道の社長は、県知事や市長などの首長が兼務することが多いが、ひたちなか海浜鉄道では公募が行われ、社長には吉田千秋氏が選ばれた。吉田氏は、第三セクター鉄道である万葉線の総務次長時代に、自転車通学していた高校生を万葉線にシフトさせたり、ビール列車などを企画して観光客を呼び込むなどの実績が高く評価された。

　ひたちなか海浜鉄道は、図3-15で示すようにJR常磐線の勝田を起点に、終点の阿字ヶ浦まで9駅ある。全線が単線非電化であるが、全線で信号は自動化されている。そして車両基地と本社がある那珂湊駅は、2010年3月末の時点で、列車の交換設備がある唯一の駅である。那珂湊の駅舎は、一部は改装されたが、外観などは開業当時の姿を留めているため、1998年に関東運輸局が選定する「関東の

図3-15　ひたちなか海浜鉄道付近。

駅百選」にも選ばれた貴重な木造の駅舎である（図3-16）。ただし、駅前広場と待合室の改装が行われている。従来は駅舎に直にバス停が設けられていたが、間に遊歩道が設けられた。待合室は、若竹色をメインにしたレトロで落ち着きのある内装となり、2010年3月半ばから使用を開始した（図3-17）。

　ひたちなか海浜鉄道の車両は、2009年6月に旧三木鉄道から購入した1両を除き、茨城交通時代のものを使用している。そのため元国鉄のキハ20系、キハ22系などが今でも在籍している。現在、ひたちなか海浜鉄道には、キハ20系のキハ205が1両、国鉄キハ22系タイプのキハ2000系が2両（図3-18）、キハ22系が2両、1995年11月1日、1998年7月1日に1両ずつ導入されたキハ3710系（図3-19）が2両、2002年に導入した新型車キハ37100系1両、三木鉄道から購入した1両の合計9両の気動車を所有している。

　ところでキハ3710系は、ひたちなか海浜鉄道の主力車両であるが、茨城交通時代の塗装で使用されていた。そこでイメージチェンジを図るため、キハ3710-01とキハ3710-02の2両は、「車両デザインコンテスト」で最優秀賞を受賞したデザインへ塗り替えることになった。そして2010年1月12日から塗り替えが始まり、3月に塗り替えが完了した。新塗装は、上がクリーム色で下がダークグリーンに塗られた落ち着きのある仕上がりになっており、茨城交通時代よりも高級感がある。

　ひたちなか海浜鉄道が誕生するまでの経緯であるが、茨城交通は2005年12月に、湊線を2008年3月末で廃止する意向を示した。茨城交通の考えは、バス化して赤字を圧縮させたかった。だが、ひたちなか市は、2006年9月に赤字に対する公的

図3-16　那珂湊駅の駅舎は、「関東の駅百選」に選ばれている。

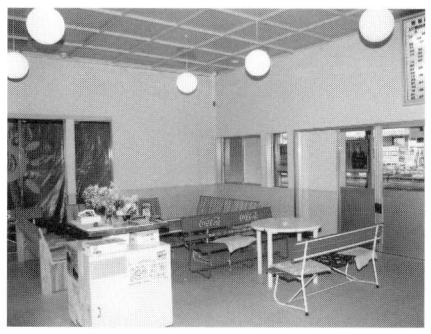

図3-17　待合室のリニューアルが実施された。

補助を行いながら、鉄道として存続させる考えであった。それを知った茨城交通は2007年3月31日に、「廃止届」の提出を延期することにした。湊線は赤字であったことから、設備更新を行う場合、国から鉄道軌道近代化設備整備補助（略して近代化補助）が適用される。近代化補助はさらに発展して、❷章で書いたように「鉄道軌道輸送高度化事業費補助」という名称に変更した。「鉄道軌道輸送高度化事業費補助」になったため、安全対策および鉄道活性化の面で補助が強化されている。2007年当時は、近代化補助の制度を利用すれば、当時の茨城交通は設備更新の負担は軽減されるため、インフラの更新を実施した。たとえ事業者が変わったとしても、鉄道として存続させたいひたちなか市は、本来ならば茨城交通が負担しなければならない分まで、茨城県と折半することにした。

　ひたちなか市の最初の考えは、茨城交通が100％出資して子会社を設立してほしかった。そのような形であれば、行政は出資しなくてもよいからである。だが子会社化すれば人件費を下げることは可能であるが、それだけでは鉄道として存続させることは難しかった。

　そこで茨城交通から鉄道事業を切り離すために、列車運行を担う第三セクター会社を設立することになった。ひたちなか海浜鉄道の資本金は1億7,800万円で、51％はひたちなか市が出資を行い、残りは茨城交通が出資した。茨城県は直接出資こそしていないが、ひたちなか市の出資額の1/3を補助している。

　鉄道として存続した要因として、インフラの更新費用が少なくて済むことがある。湊線の場合は、14.3kmの路線のうち93％の区間でコンクリート枕木が導入され（図3-20）、信号の自動化も実施されていた。

図3-18　キハ2005は、旧国鉄の急行気動車である。

図3-19　新しい塗装は、ダークグリーンを基調としたシックな感じである。

3 事業者の変更による生き残り

　設備更新のための費用が少なくて済むこと以外に、赤字幅の圧縮が可能であったことも、沿線自治体にとれば非常に重要な問題である。当初、茨城交通が試算したところ、2008年度から5年間の赤字を約5億円と見通していた。

　そこで赤字縮小のため、茨城交通は年間で約4,000万円の収入が見込める光ファイバー事業を、ひたちなか海浜鉄道に譲渡した。また勝田〜那珂湊間は単線であるため、40分間隔の運行ダイヤであったことから、途中の金上駅に列車交換設備を設ける工事に着手した。新しいホームは2010年3月に完成したが、ポイントおよび信号などの工事は2010年3月17日の時点では、まだであった（図3-21）。工事が完成する2010年7月頃には、それまでの28往復から、40往復まで増発することが可能となる。それにより朝夕のラッシュ時などに、JR常磐線への乗り換えが楽になり、利用者増が期待できるという。これによる増収を年間約4,000万円と見込んでいる。

　これらの計画をもとにひたちなか市が再試算すると、新会社であるひたちなか海浜鉄道は、5年間の赤字が約1億1,000万円まで圧縮できる見込みとなった。金額でいえば、年間約2,200万円程度である。この程度の額であれば、地元でも支えられるため、茨城交通、ひたちなか市、茨城県の3者は、路線存続を決定した。

　ひたちなか海浜鉄道へ移管後であるが、2009年6月に三木鉄道からミキ300-103という中古車両を1両購入した。この車両は、1998年に製造されていることもあり、当然のことながら冷房完備である。330PSの高出力エンジンを1基搭載しているため、ひたちなか海浜鉄道が所有するキハ3710系と遜色のない走行性能

図3-20　ひたちなか海浜鉄道は、93％の部分がPC枕木になっている。

図3-21　金上駅では、ポイントなどの工事が行われた。

を有する。さらにミキ300-103は、セミクロスシート車であるため、観光客が多いひたちなか海浜鉄道には適している。

それ以外に、増収策として土日祝日に湊線が1日乗り放題となる「湊線1日フリーきっぷ」を大人800円、小児400円で発売を開始したほか、博物館などの入場料割引など6つの特典が付いた「しおさい散策フリーきっぷ」を大人900円、子供450円で販売している。

そして2009年7月16日に、2008年度の決算が発表された。利用者は75万4,800人であり、前年度比で7％増加した。人数的には、4万5,000人の増加であった。定期券利用者は、景気の低迷から通勤定期が減ったが、その代わり通学定期が増加したこともあり、横ばいの41万8,300人であった。定期外は33万6,500人であり、前年度比で17％の増加である。開業初年度ということもあり、試乗として乗車した人も多かったと考える。

旅客数が増加したことに伴い、旅客収入は1％増加して1億7,730万円であった。金額に換算すると前年度比で252万円増加した。これは景気の低迷の影響もあり、定期券収入が7,770万円と前年度比で1％の減少であったが、定期外収入が3％も増加して9,960万円となったからである。旅客運輸収入に、光ファイバー事業や広告料などを加えた営業収益は、2億3,000万円であった。

一方、営業経費は2億6,700万円であり、結果的に3,660万円の赤字となった。営業損失は3,660万円であったが、営業外の損益を除いた経常損失は、3,580万円となった。補助金などの特別利益が1億3,300万円、鉄道資産の減価償却費などの特別損失は、1億350万円であり、最終的な損益は666万円の赤字となった。これは会社創立の初年度には、会社立ち上げに要する登記移転費や社員の制服などの経費が必要となり、これらに700万円を要したためである。最終的な赤字額の666万円から、初年度に要する700万円を差し引くと、ほぼ収支均衡の状態である。昨今の燃料費高騰の影響もある中では、健闘しているといえる。

2009年は、新型インフルエンザの流行などもあり、経営条件は厳しくなったが、吉田社長は増収策の一環として、2010年の元旦に急行阿字ヶ浦号2010を運行した。車両は、阿字ヶ浦側からキハ2005、キハ222、キハ205の3両編成であった。急行料金は徴収しなかったが、キハ2005は旧国鉄の急行気動車色に塗られ、座席指定車となった。座席指定車を利用するには、420円の座席指定料金が必要であった。

特製ヘッドマークが掲げられ、先着300名には開運福袋などが用意された。さらに阿字ヶ浦駅からは、応援団が堀出神社、酒列磯前神社、磯崎灯台下などを案内するサービスを実施した。

3 大手民鉄出資の子会社への移管

（1）養老鉄道

　養老鉄道は、近鉄養老線を鉄道として維持・存続させるために、近鉄が100％出資して設立した子会社である。近鉄は、第三種鉄道事業者として線路などのインフラや車両を保有し、養老鉄道が第二種鉄道事業者として、2007年（平成19）10月1日から列車を運行している。本社は西大垣駅構内にあり、資本金は1億円である。

　設立までの流れは、2007年2月14日に近鉄が全額出資により、養老鉄道株式会社を設立する。そして同年の5月9日に、養老線の第二種鉄道事業の認可を申請し、6月27日に養老線の第二種鉄道事業が認可された。そして7月31日に国土交通省中部運輸局に養老鉄道線の運賃を申請し、8月31日に認可され、10月1日より運行を開始した。

　輸送量は、1966年の1,684万人をピークに右肩下がりで減少を続け、2005年度は703万人と、ピーク時と比較すれば半分以下の水準まで下がった。そして2005年度の輸送密度は3,605人であり、年間14億3,000万円の赤字であった[3]。輸送密度3,605人という数値は、国鉄の特定地方交通線並みのレベルである。

　養老鉄道となり、コスト削減を行っても赤字経営は必至であるため、各沿線市町は2007年〜2010年にかけて、養老鉄道に対して支援を行うことになった。なお2011年以降は、路線の存廃の是非および支援内容について改めて協議を行うことになる。

　2007年については、沿線市町が養老線の固定資産税分の1億1,023万円を支援する。2008年〜2010年にかけて、沿線自治体は各年度の赤字額の半分を支援するとしているが、支援額は年間3億円が上限である。沿線自治体の運営支援額の内訳・負担割合および算出根拠は表3-2に示した。沿線自治体の負担割合は、均等割り50％、各沿線自治体の養老線の営業キロ割り20％、各沿線自治体の養老

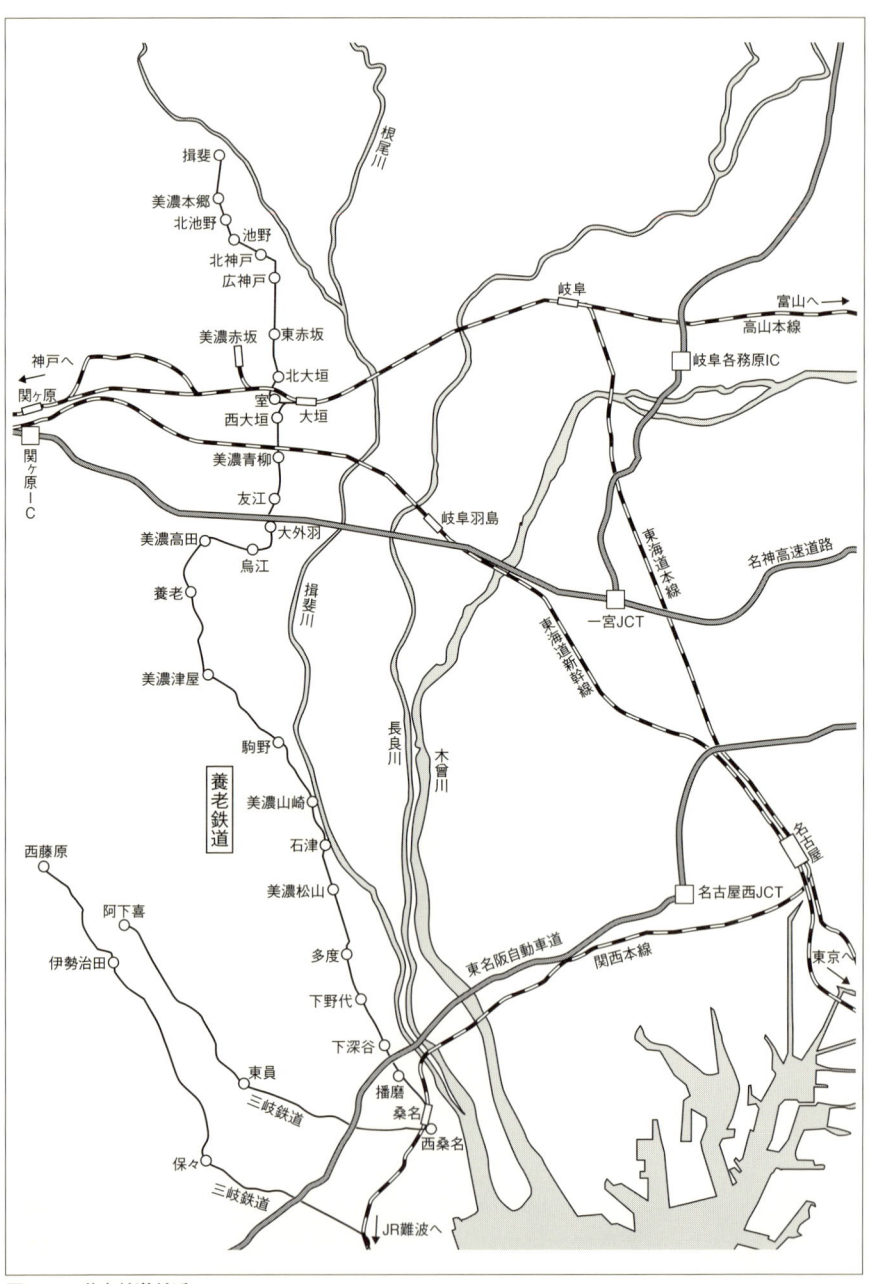

図3-22 養老鉄道付近。

線の駅数割り20%、各沿線自治体の人口割り10%を加味して決定する。

表3-2 養老鉄道沿線の詳細と負担割合。

沿線自治体名	各自治体人口（人）	各自治体内の営業km	各自治体内の駅数	支援額負担割合(%)	上限額3億円の場合の負担額（千円）
三重県桑名市	140,420	10.3	5	17.54	52,610
岐阜県海津市	40,668	15.4	5	17.1	51,310
岐阜県養老町	33,694	9	3	13.23	39,700
岐阜県大垣市	166,620	12.7	7	20.39	61,180
岐阜県神戸町	20,682	5.2	3	11.66	34,970
岐阜県池田町	24,580	4.1	3	11.33	33,980
岐阜県揖斐川町	26,078	0.8	1	8.75	26,250

堀内重人「意欲の上下分離による地方鉄道の活性化」『交通権』NO26、2009年3月から引用

　養老鉄道は、図3-22で示すように桑名駅を起点に終点の揖斐駅までの57.5kmの鉄道である。全線単線で、駅は全部で27駅あるが、有人駅は9駅である。途中の大垣でJR線や樽見鉄道と接続する。だが大垣駅がスイッチバック構造であることもあり、列車の運行は桑名〜大垣、大垣〜揖斐に分断されている。

　養老鉄道は揖斐川に沿うように走っているため、沿線にサイクリングロードが多数存在する。そこで播磨駅〜大垣駅間および大垣駅〜揖斐駅間では、土休日は終日、平日は昼間の時間帯に列車を指定してサイクルトレインを実施している（図3-23）。サイクルトレインの前面にはヘッドマークを掲げている。

　ダイヤは、養老鉄道移管と同時にダイヤ改正を実施し、乗客の利便性を考慮して「平日ダイヤ」と「土曜・休日ダイヤ」を導入した。また朝夕を中心に列車の増発・区間延長を行った。

図3-23　養老鉄道では、時間帯によっては、車内に自転車が持ち込める。

図3-24　養老鉄道は、近鉄から車両を借りて運行する。

第Ⅰ部　鉄道廃止と地域への影響

　全車両が近鉄の所有であるため、養老鉄道はそれを借り受けて運行する（図3-24）。日常の検修業務はこれまで通り西大垣駅の構内にて行われ、大規模な検修もこれまで通り近鉄の塩浜検修車庫で行う。全車が冷房完備であるため、サービス水準は低くはない。だが製造から45年を経過しているため、老朽化が進んでいる。

　運賃であるが、近鉄時代の初乗り運賃は170円であったが、養老鉄道に移管されると初乗り運賃が200円になったため、普通運賃で10.5％の値上げとなった。そして通勤定期が21.9％、通学定期が41.1％値上げされたため、運賃は平均で20.9％の値上げとなった。また近鉄や三岐鉄道、JRなどの他社線との連絡乗車券は発売されていない。

　だが通学定期が41.1％と大幅に値上げされたこともあり、近鉄時代には設定されていなかった１年間有効の通学定期も発売されるようになった（図3-25）。これは利用者への負担軽減と、マイカー家族送迎や自転車通学への移行を防ぐ目的もある。そして養老線全線が１日乗り放題となる「養老線休日フリーきっぷ」は、養老鉄道移行後も価格を据え置いて引き続き発売している。販売は、土日祝日と春・夏・冬休み限定で、価格は大人1,000円・小児500円である。

　養老鉄道は、新たな目玉イベントとして、2009年３月12日から薬膳列車の運行を開始した。薬膳列車は、毎週、木曜日と土曜日に運転される。木曜日は、大垣12:11発の定期列車の先頭車両を貸し切る形で実施される。桑名には、13:20に到着した後は解散になる。土曜日は、桑名12:43発の定期列車の最後部を貸し切る

図3-25　養老鉄道では、利用者を増やすために、１年間有効の通学定期を発売している。

形で実施され、大垣には13:51に到着する。こちらも大垣到着後は、解散となる。参加費は、養老鉄道特選のデザート付きの養老薬膳（図3-26）と、養老鉄道の1日フリー乗車券が付いて、大人が5,000円、子供が4,500円である。定員が最大でも40名であることから、参加するには事前予約が必要である。

図3-26　薬膳列車の「養老薬膳」は、地元の食材をふんだんに使った体に優しい料理。

　2010年3月19日にダイヤ改正が実施され、昼間の時間帯を中心に運転区間の延長を行うなど、養老鉄道は積極的な対応をしている。

（2）伊賀鉄道
　伊賀鉄道は、近鉄伊賀線を鉄道として存続させるために、設立された近鉄の子会社である。2007年（平成19）10月1日に近鉄から事業を継承した。養老鉄道と同様に、近鉄が第三種鉄道事業者として線路などのインフラや車両を保有し、伊賀鉄道は第二種鉄道事業者として列車の運行を行う。ただし、後ほど紹介する200系電車は、伊賀鉄道が保有している。資本金は5,000万円であるが、養老鉄道とは異なり、伊賀市も2％出資しているため、第三セクター鉄道でもある。伊賀鉄道の本社は、上野市駅の駅舎内にある。乗務員の養成は近鉄の研修センターで行っている。
　設立までの経緯であるが、2007年3月26日に伊賀鉄道株式会社が設立され、同年の5月9日に伊賀線の第二種鉄道事業の許可を申請した。そして7月31日に国土交通省中部運輸局に運賃の申請を行い、8月31日に運賃が認可された。
　輸送量は、1966年度（昭和41）の414万人をピークに右肩下がりで下がり続け、2005年度（平成17）は230万人とピーク時の半分近くにまで落ちた。2005年度の

輸送密度は3,912人と、国鉄の特定地方交通線並みのレベルであり、年間の赤字額は4億3,200万円であった[4]。

養老鉄道と同様に、伊賀鉄道としてコスト削減を行っても赤字経営は必至であるため、2007年〜2016年度までの10年間は、伊賀市は年間最大約6,000万円もしくは赤字額から資本費を控除した額の半額を支援することになった。そして赤字

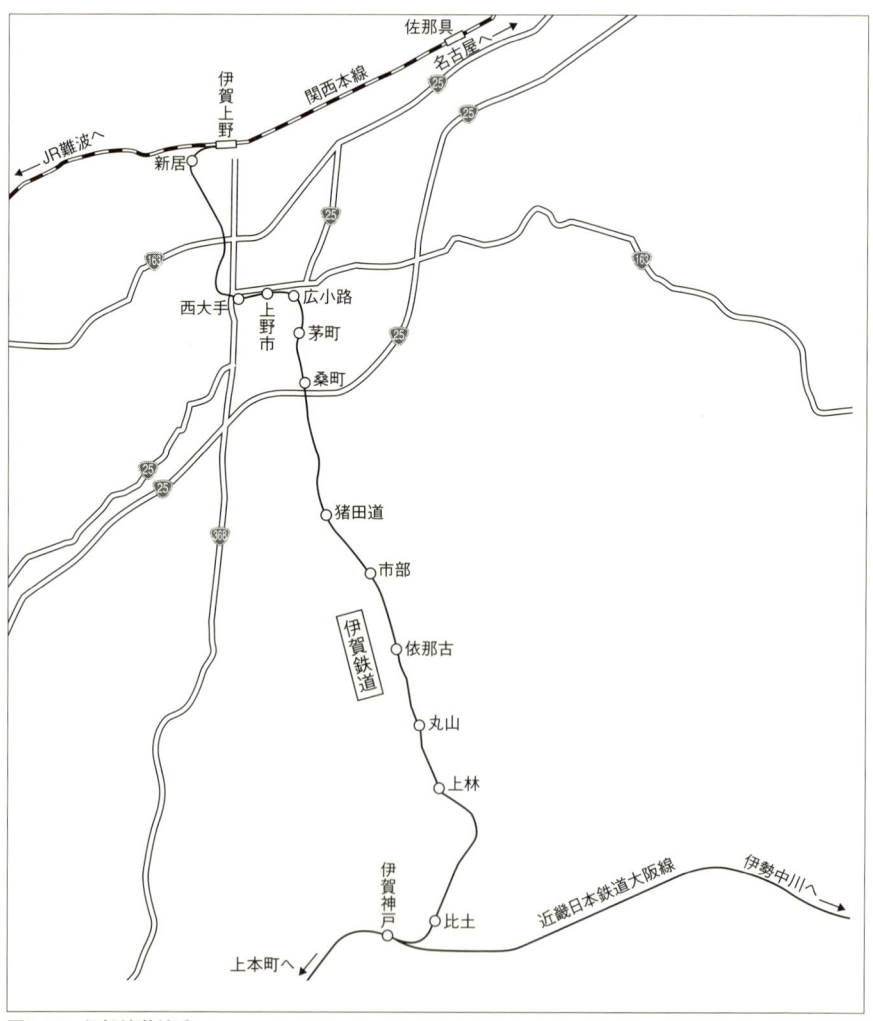

図3-27 伊賀鉄道付近。

額の残りは、近鉄などが負担するという。伊賀鉄道のホームページによれば、経営を引き継いだ2007年度の輸送密度は、3,741人であったため、近鉄時代の2005年度よりも利用者数が減少していることになる。なお2017年度以降の支援額については、関係者間で改めて協議することとしている。

　伊賀鉄道は、図3-27で示すように、三重県西部に位置する伊賀上野を起点に、上野市を経由して伊賀神戸（いがかんべ）へ至る16.6kmの全線が単線の鉄道である。全線が伊賀市を通っており、伊賀市の人口は約10万2,000人である。伊賀鉄道には14駅あるが、有人駅は伊賀上野、上野市、茅町（かやまち）、伊賀神戸の4駅しかない。JR関西線の伊賀上野が起点であるが、伊賀上野から伊賀神戸まで通しで運行されることは少なく、上野市で分断されている。これは、上野市駅の周辺が伊賀市の中心であることから、全線を通した利用が少ないことや、日中のJR関西線は1時間あたり1本の運行頻度であるため、これとの接続なども考慮してである。伊賀鉄道への移管と同時に、ダイヤ改正を行って「平日ダイヤ」と「土曜・休日ダイヤ」を設定した。平日ダイヤは、上野市〜伊賀神戸間を昼間時も30分間隔の運転にするなど列車の増発を行った。

　車両は近鉄が所有し、伊賀鉄道が借りて運行する形態は養老鉄道と同じであるが、伊賀鉄道では車両の交番検査などは、上野市駅構内にある検車区で実施している（図3-28）が、乗務員の養成は近鉄の研修センターで行っている。全車が冷房完備であり、松本零士デザインの「くのいち」をデザインされた車両も存在するが、製造から50年近く経過しているため、老朽化が進んでいる。

　そこで2009年12月24日から、東急電鉄から購入した200系が営業運転を開始し

図3-28　伊賀鉄道では、上野市駅構内にある検車区で交番検査を実施している。

図3-29　200系電車は、もとは東急の1000系である。

77

た（図3-29）。200系は、もとは東急の1000系であるから冷暖房完備であるが、従来車よりも車体幅が35cm程度広いため、ホームを削ることで対応した。200系は3扉であるため、ラッシュ時の乗降がスムーズになった。そして観光客の利用も考慮して、車内の一部を固定クロスシートに改造した（図3-30）。東急電鉄から購入した車両は、空気バネ台車を装備しているため、線路規格の低い伊賀鉄道では、乗り心地が向上した。また「くのいち」のデザインが好評であったことから、それをデザインしたシールを貼っている（図3-31）。2010年2月28日からは、第2編成も営業を開始した。第2編成は、内装は第1編成とほぼ同等であるが、外観がピンク色となり、「くのいち」のデザインも第1編成とは異なる（図3-32、図3-33）。

運賃であるが、初乗り運賃が近鉄時代の170円から200円に値上げとなったこと

図3-30　200系電車の一部は、固定クロスシートになっている。

図3-31　車体の側面にも、「くのいち」をデザインしたシールを貼っている。

図3-32　第2編成の外観色はピンクである。

図3-33　第2編成は、外観のデザインが異なる。

から、普通運賃で10.5%の値上げとなった。そして通勤定期が19.0%、通学定期が32.1%の値上げを行ったため、近鉄時代と比較して平均で20.4%の値上げとなった。そこで伊賀鉄道では、1日乗車券が600円で販売されており、これを利用すれば割安となる。この1日乗車券に関連するが、伊賀鉄道では「伊賀鉄道友の会」という形でサポーターを募集している。会員の有効期間は1年間で、入会金は必要ないが年会費は1,000円である。そして年会費を払うと、伊賀鉄道の1日乗車券がプレゼントされる。さらに伊賀鉄道では、1年間有効の伊賀鉄道フリーパスが、140,620円で販売されている。この価格は、伊賀鉄道の上野市～伊賀神戸間の6カ月用の通勤定期の価格の2枚分を根拠に設定した。

利用者を増やすための試みとして、養老鉄道と同様にサイクルトレインを運行している。実施区間は、新居～比土間であり、持ち込み料は無料である。平日は

図3-34 茅町駅は、列車交換設備を有する有人駅である。

図3-35 茅町駅では、"ママチャリ"と呼ばれる自転車が借りられる。

図3-36 伊賀鉄道では、一部の車両で「図書館電車」を実施している。

9:00～16:00まで、休日は終日実施されており、自転車は伊賀神戸寄りの連結部側扉付近に積載することになる。また茅町駅では、2008年6月からレンタサイクル事業を開始した（図3-34、図3-35）。レンタル料は無料であるが、自転車を借りる時に補償金として1,000円が必要である。補償金は、自転車を返却した時に払い戻される。

　その他として2009年10月16日からは、鉄道友の会と協力して「図書館電車」の運転を開始した（図3-36）。これは電車の一部に棚を設けて、車内で本を読んでもらう試みである。さらに市部駅(いちべ)には、パーク＆ライド用の無料駐車場が設けられている。パーク＆ライドとは、欧米の各都市で導入されている施策であり、自宅から最寄駅まで自家用車で出かけ、そこで駐車して鉄道やバスに乗り換えて都心へ向かうことになる。都市部の渋滞緩和と公共交通の利用促進が図れるため、行政・交通事業者の双方にメリットがある。市部駅の場合、18台分の規模しかないが、利用者の減少に歯止めがかかることが期待されている。

　車両の更新や、パーク＆ライド用の駐車場の設置、サイクルトレインの運行を行うなど、利用を促進する施策を実施している伊賀鉄道であるが、思ったほど利用者は伸びなかった。そのため2010年3月19日のダイヤ改正で、平日の利用の少ないオフピーク時に、伊賀神戸～上野市間で3往復の運転本数の削減を実施した。

〔注〕
1) 貴志川町、桃山町、粉河町、打田町、那賀町の5町が合併して、2005年11月7日に紀の川市が誕生した。
2) 上下分離経営といっても、この当時の鉄道事業法では、「公有民営」による上下分離経営は認められていなかった。そこで敷地のみ沿線自治体が所有し、バラストやレール、枕木などは和歌山電鐵が所有している。そのため和歌山電鐵は、インフラのメンテナンスを実施しており、固定資産税の支払いから解放されているだけである。
3) 近鉄広報部に確認したところ、以上のような回答を得た。
4) 近鉄広報部に確認したところ、以上のような回答を得た。

第Ⅱ部

最新10例に見る代替バスの現況

4 長野電鉄河東線の廃止代替バス

　かつては国鉄の急行電車の湯田中直通運転や、近年は小田急から10000系ロマンスカーを導入するなど、話題の多い長野電鉄であるが、経営に関しては厳しい状態にある。そのため2002年3月末で、利用者数の少ない信州中野～木島間を廃止している。4章では、長野電鉄の概要と代替バスについて紹介したい。

1 長野電鉄の概要

(1) 長野電鉄の歴史と現状

　千曲川の東岸地域に位置する須坂や中野と、国鉄線を接続させることを目的に建設された「河東鉄道」が発祥である。1920年（大正9）に7月に、佐久鉄道から屋代～須坂間の免許を譲り受けて建設に着手し、1922年6月10日に屋代～須坂間が、1,067mmゲージで開業した。佐久鉄道は、1919年に小諸～小海間（現：小海線）を開業させており、本州横断鉄道を構想していた[1]。その一環として、直江津から長岡へ至る鉄道が計画され、河東線として1919年に鉄道敷設免許を取得し、佐久鉄道は屋代～須坂間の測量を行っていた。その後、1923年3月26日に須坂～信州中野間が開通した。そして信州中野～木島間が開業したのが、1925年7月22日である。開業当初は蒸気機関車が客車を牽引していたが、千曲川などが流れていることから水力は豊富であった。そこで樽川発電所を建設し、1926年1月26日からは電気運転に切り換えた。

　一方、県庁所在地である長野へ乗り入れを図る目的から、1923年に「長野電気鉄道」を設立した。当時は河東鉄道が長野電気鉄道の社長を兼務していたことから、1926年3月11日に合併契約が締結された。そして須坂～権堂間は、1926年6月28日に開業したが、途中で千曲川を渡らなければならず、地方民鉄であった長野電気鉄道には、資金的にも技術的にも厳しかった。そこで長野県と共同で、道路と鉄道の併用橋である全長814mの「村山橋」（図4-1）を建設することになった。この村山橋は、老朽化と歩道がないことを理由に新しい併用橋が使用される2009年（平成21）11月6日まで使用された。そして1926年9月30日に、河東鉄道と長

4　長野電鉄河東線の廃止代替バス

図4-1　かつての村山橋。道路と鉄道の併用橋である。

図4-2　1957年デビューの長野電鉄のデラックス特急車である2000系車両。

83

野電気鉄道が統合して発足したのが現在の長野電鉄である。

　長野電鉄は、全線が直流1,500Vで電化されている。その後も、1927年（昭和2）4月に、信州中野〜湯田中間が山の内線という名称で開業した。翌年の1928年6月に、権堂〜長野間が開業したことで、湯田中・渋温泉や志賀高原へのアクセスが容易になったことから、これらの地域の開発を進め、観光客の誘致にも力を注いだ。湯田中や志賀高原は、スキー場として有名であるが、これらを有名にしたのが長野電鉄であった。

　さらなる観光開発も兼ねて、かつては木島から野沢温泉、湯田中から温泉街である渋や、安代までの延伸計画があった。そして河東線〜飯山鉄道（現在のJR飯山線）〜千曲川西岸線（豊野〜長野〜屋代）を直通させる「善光寺平環状線構想」もあった。木島〜飯山鉄道の戸狩間は、免許の申請まで行っているが、却下されたこともあり、どれも実現することなく現在に至る。

　戦後の長野電鉄は、志賀高原へ向かう観光客を意識して、1957年に2000系というデラックス特急をデビューさせた。2000系（図4-2）は、当時は国鉄・民鉄問わず流行した湘南型という正面非貫通2枚窓が特徴である。そしてカルダン駆動が採用され、3両で1編成を成している。車内は、冷房こそなかったが、回転クロスシートが導入された[2]。国鉄の151系特急「こだま」が、翌年の1958年の登場であるから、2000系は特急「こだま」よりも先に登場している。長野電鉄の2000系特急は、当時は全車座席指定であり、女性の客室案内係を乗務させるなど、地方民鉄としてはハイグレードなサービスを提供していた。また国鉄と長野電鉄はゲージが同一であったことから、1982年11月のダイヤ改正まで、上野〜屋代〜湯田中間に急行「志賀」が運転されていた。

　急行「志賀」は、上野〜屋代間は急行「信州」に併桔され、屋代から長野電鉄に乗り入れると特急扱いになった。長野電鉄の2000系は、回転クロスシート（図4-3）を装備しているが、冷房がなかっただけでなく、デッキやトイレ・洗面所もなかった。さらにコイルバネ台車であるために、線路規格が低い長野電鉄内では、空気バネ台車を装備した169系電車の方が乗り心地が良かった。169系電車は、急行用であるため座席はボックスシートであったが、冷房やトイレ・洗面所完備で、デッキで客室と出入り口が仕切られており、冬場の保温効果も高かった。それゆえ169系電車の方が設備面で優れていたこともあり、2000系電車よりも人気

があった。急行「志賀」だけでなく、昭和30〜40年代のスキーシーズンには、名古屋からの気動車急行が屋代経由で乗り入れていたこともある。

　長野線は、開業当初から長野近郊区間で複線区間を有していた。開業当時は、権堂〜信濃吉田間であったが、その後は長野および朝陽まで複線区間が延伸されたため、現在は長野〜朝陽間の6.3kmが複線である。複線区間では、20〜30分間隔で運転されることから、今日でも都市内鉄道としての性格も強い。戦後は、長野市の都市計画において長野都市圏の大動脈として位置づけられた。そのため沿線の開発も進むと同時に、長野市内の中心部である長野〜善光寺下間は、1981年3月1日から地下化された。そして近年では、長野市と須坂市・中野市を結ぶ都市間路線の機能が強くなっていた。

　2000年代に入ると、小布施のスローライフを指向した街づくりが注目を集めたことから、小布施を訪問する観光客は増加傾向にある。また、小布施は長野から特急電車で23分で到着するため、観光地であるだけでなく、長野市の通勤圏にもなっている。そこで2006年（平成18）に、小田急電鉄から10000系電車を購入し、

図4-3　2000系の車内は、デビュー当時は回転クロスシートだった。現在は、集団見合型にセットされている。

1000系（図4-4）と称して老朽化が進む2000系特急電車の取り換えを進めるなど、通勤輸送だけでなく観光輸送にも力を入れ始めている。1000系電車は、セミハイデッカー構造で、先頭車と最後部には展望室が設けられているが、トイレや洗面所は設けられていない。小田急から譲渡される時に、トイレと洗面所が設けられた中間車が廃車になっている。そして長野電鉄へ譲渡するにあたり、湯田中付近には40‰の急勾配があるため、抑速ブレーキを強化する必要がある。そこで抵抗器の増強と、寒冷地であるため、降雪期に備え耐雪ブレーキとドアレールヒーターが装備された。1000系は主にA特急に使用されるが、車両の検査時には2000系電車が代走する。

　1000系電車を購入したり、老朽化が進む通勤用車両を置き換えるために、東京メトロから3500系電車、東急電鉄からは8500系電車を購入するなどして、サービスの改善を進めた。これらの車両は、屋代線で使用する3500系の4編成を除き冷房車であるため、長野電鉄の冷房化率は、地方民鉄の中では高い方である。ただし8500系電車は、勾配抑速ブレーキを搭載していないため、信州中野〜湯田中間

図4-4　4両編成の特急「ゆけむり」は、元小田急ロマンスカーの車両。展望席も健在だ。
（写真提供：谷川一巳氏）

で運用することはできない。

　長野電鉄の１kmあたりの運賃は、JRと比較すれば２倍近い価格である。またJR東日本が導入しているSuicaというカード式乗車券も使用できない。そこで、利用促進を図るために2009年12月25日からは、地下１階にある改札口と地下２階にあるプラットホームを結ぶエレベーターが設置されたほか、表4-1で示すお得な企画乗車券を販売している。

　長電フリー乗車券は、長野電鉄の全線に２日間乗り放題の乗車券である。大人が2,260円、子供1,130円で通年販売している。この企画切符で特急「ゆけむり」に乗車する際は、別に特急券が必要となる。普通運賃が割高な長野電鉄であるが、特急料金は100円均一であるため、気軽に特急が利用できる。現在は、全席自由席になっている。

　中高校生向けの企画乗車券として、「青春ホリデーチケット」を500円で販売している。利用期間は、土日祝日、春・夏・冬休みに限定されるが、特急列車にもそのまま乗車可能である。乗車券を購入する際には、学生証の提示が求められる。

　一方、70歳以上の高齢者を対象にした「ながでんお達者パス」を販売している。価格は、１カ月用が6,000円、３カ月用が15,000円である。長野電鉄の全線が乗り放題であり、このパスを提示するだけで特急列車にも乗車可能である。乗車券の購入時には、縦3cm、横2.4cmの写真以外に、免許証や保険証などの年齢を確認できるものが必要となる。

　ユニークな乗車券として、「日帰り楓の湯クーポン」「湯っ蔵んどセットクーポン」も発売している。「日帰り楓の湯クーポン」は、湯田中駅に隣接した山ノ内町営の温泉施設「湯田中駅前温泉楓の湯」の入館料と往復乗車券がセットになった企画乗車券である。価格は、乗車駅により異なるが、特急列車も乗車可能である。「湯っ蔵んどセットクーポン」は、須坂市仁礼にある「湯っ蔵んど」までの電車とバスの乗車券と、入浴券がセットになったお得な乗車券である。大人1,350円、子供780円で販売している。

　長野電鉄では、地球温暖化防止と長野市内の道路交通渋滞の緩和に向けた「お帰りきっぷ」「楽楽きっぷ」という企画乗車券も販売している。「お帰りきっぷ」は、イトーヨーカドー長野店の全売り場で買い物をした人に、買い物金額に応じて、権堂駅からの帰宅用の乗車券を提供している。「楽楽きっぷ」は、ジャスコ

須坂店の全売り場で買い物をした人に、買い物金額に応じて、須坂駅からの帰宅用の乗車券を提供している。

その他、JR東日本の長野エリアでのみの販売になるが、信州北回廊パスが2010年（平成22）3月末まで販売されている。この乗車券は、しなの鉄道の篠ノ井～上田間や、JR線の長野～篠ノ井～姨捨（おばすて）間と、長野～豊野（とよの）～妙高高原間、長野～豊野～森宮野原間、長野電鉄全線、川中島バスの長野～善光寺大門間を運行する「びんずる」と長野～松代間が2日間、乗り放題である。この乗車券で、特急・急行、ホームライナーを利用する場合は、別に料金券が必要となる。

表4-1　長野電鉄の企画切符。

名称	価格	年齢層	対象	利用可能日	備考
長電フリー乗車券	大人2,260円、子供1,130円	全年齢	長野電鉄全線	通年で2日間乗り放題	
青春ホリデーチケット	500円	中高生	長野電鉄全線	土日祝日、春・夏・冬休み	特急列車も乗車可能、学生証が必要
ながでんお達者パス	1ヵ月用6,000円、3ヵ月用15,000円	70歳以上の高齢者	長野電鉄全線	通年で2日間乗り放題	特急列車も乗車可能、免許証などの年齢を確認できるものが必要
日帰り楓の湯クーポン	発駅により異なる	全年齢	発駅から湯田中	通年	特急列車も乗車可能、入浴券と往復乗車券のセット
湯っ蔵んどセットクーポン	大人1,350円、子供780円	全年齢	「湯っ蔵んど」までの乗車券	通年	特急列車も乗車可能、入浴券と電車・バスの乗車券がセット

長野電鉄のホームページをもとに作成

（2）河東線の歴史

長野電鉄河東線は、屋代～木島間の50.4kmを結んでいたローカル線である。このうち図4-5で示す信州中野～木島間の12.9kmは、通称「木島線」と呼ばれていたが、2002年（平成14）3月末で廃止された。長野電鉄河東線は、全線が河東鉄道により建設された。河東線の計画は、1919年（大正8）12月22日に、小諸～小海間を開通させた現在のJR小海線の前身である佐久鉄道が、鉄道敷設免許を申請したことに始まる。佐久鉄道の構想は、最終的には甲府～直江津・長岡間を結ぶという壮大なものだった。1920年5月30日に、佐久鉄道の出資で河東鉄道が設立された。これにより佐久鉄道が取得していた屋代～須坂間の鉄道敷設免許を譲り受けた。1925年に須坂～木島間が開通し、翌1926年1月29日には、屋代～木島

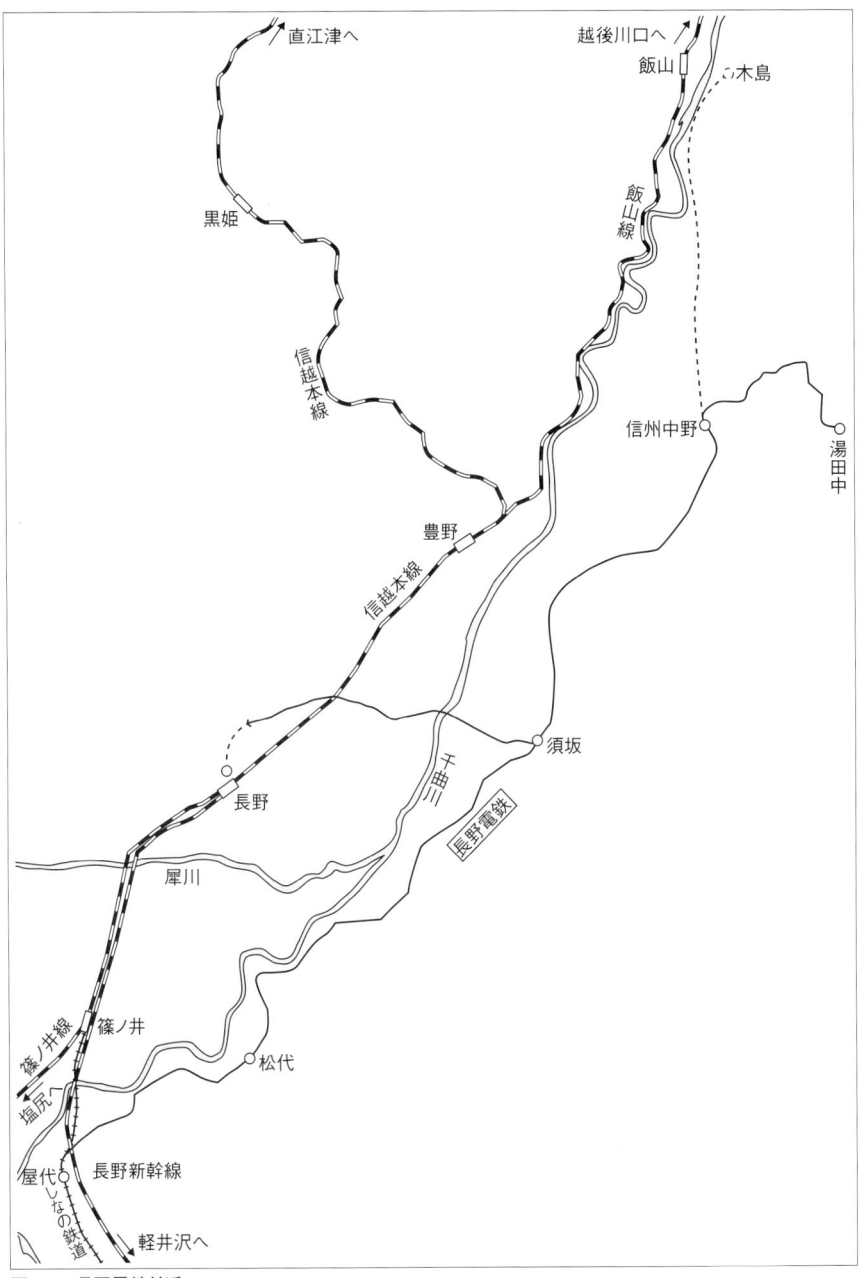

図4-5　長野電鉄付近。

間が直流1,500Vで電化されている。この当時、電化は非常に珍しく、首都圏などで実施されていた程度であった。そして同年の9月30日に、河東鉄道が長野電気鉄道を合併し、屋代～木島間が長野電鉄の河東線となる。河東鉄道が創業した当時は、新潟県の十日町まで建設する計画があり、実際に1928年（昭和3）6月8日には、木島～当時は飯山鉄道であった戸狩まで鉄道敷設免許の申請も行われた。

長野～十日町間には、JR飯山線が通っている。飯山線は豊野～十日町までは飯山鉄道として開業し、十日町～越後川口間は国鉄十日町線として開業していたが、1929年に両線が繋がったことで全通する。そして1944年に戦時中の国策により飯山鉄道は国に買収され、十日町線と合わせて国鉄飯山線となる。

長野～野沢温泉（現在は戸狩野沢温泉）間には、既に飯山線が開業していたにもかかわらず、1952年6月23日に、木島駅から野沢温泉に近い飯山市の関沢までの延伸計画が持ち上がった。このような人口が少ない地域に、2本も鉄道が必要であるとは思えないが、長野電鉄は鉄道敷設免許の申請を行った。そして1952年の11月25日に免許が交付された。

だが敷設予定地の地権者は、土地の売却に強く反対した。さらに、この地域が豪雪地帯であることも影響して、計画は進展しなかった。そのため鉄道敷設免許は、1963年7月12日に取り下げられた。もし野沢温泉まで開業していたとしても、国鉄線と比較すれば運賃面でも割高になったであろうから、最終的には廃止に追い込まれたかもしれない。

木島駅（バス停名）からは、野沢温泉へのバスは今日も運行されている。JR飯山線の飯山駅発木島経由の野沢グランドホテル行きである。1993年（平成5）ころまでは、長野～木島間の直通の特急「のざわ」[3]も、1日1往復[4]であるが設定されていた。特急「のざわ」は、木島～信州中野間は各駅停車であるが、信州中野～長野間は特急列車として運行された。また長野～木島間の各駅停車も運転されていた。そのため木島線は、野沢温泉へのアクセスルートのひとつとして機能したのである。

だが1967年の年間231万人の利用をピークに、その後はモータリゼーションの進展に伴い、信州中野～木島間の利用者は減少した。1999年度の年間利用者は、ピーク時の約2割の48万6,000人であった。1日あたりに換算すると1,300人である。利用者数が減少すると同時に、1975年度以降は毎年1億円以上の赤字を計上

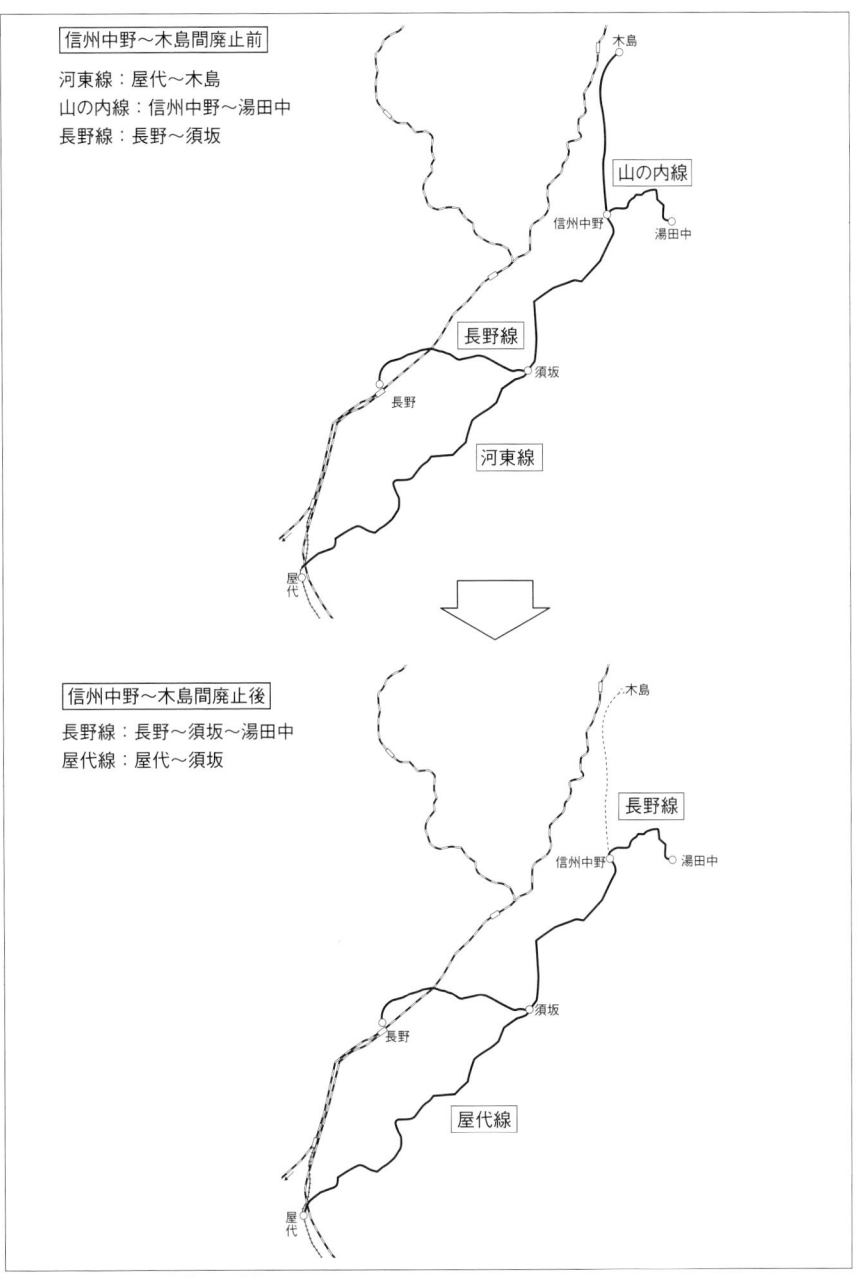

4 長野電鉄河東線の廃止代替バス

信州中野～木島間廃止前
河東線：屋代～木島
山の内線：信州中野～湯田中
長野線：長野～須坂

信州中野～木島間廃止後
長野線：長野～須坂～湯田中
屋代線：屋代～須坂

図4-6　長野電鉄の路線名の変更。

していた。そのため早くからCTC（Central Train Control）化を進め、輸送の近代化と合理化を図っていた。さらに1993年11月1日からは、木島〜信州中野間と須坂〜屋代間で同時にワンマン運転と駅の無人化を開始したが、廃止の直前には木島〜信州中野間の累積赤字は約30億円に達していた。そのうえ、今後5年間で老朽化したトンネルや橋梁の改修費に、8億4,000万円程度要することが分かった。

　これは、長野電鉄という地方の民鉄が単独で負担するには、あまりにも大きい金額であった。そこで今後の設備更新費も含めて、年間2億円程度の補助が得られないのであれば、鉄道としての存続は困難であるという旨を、2000年7月に沿線の自治体に伝えた。沿線自治体は、長野県に対して支援を要請したが、長野県はこれを拒んだ。ちょうど、この当時の長野県の知事は、現在は新党日本の代表を務めている田中康夫氏であり、「脱ダム宣言」を行うなど、公共事業の見直しを含めた財政健全化を掲げて活動しなければならないくらい、県の財政事情は厳しかったのである。

　廃止される直前であっても、信州中野〜木島間は6時台から運行が始まり、22時台まで60分間隔で運転されていたことから、ローカル線にしては運行本数は多い方であったといえる。信州中野〜木島間の所要時間は約30分であった。

　2002年3月31日を最後に、信州中野〜木島間の12.9kmが廃止されたが、木島線の廃止後は、屋代〜須坂間が屋代線、長野から須坂と信州中野を経由して湯田中へ至る路線が、長野線というように路線名の変更が行われた。信州中野〜木島間であるが、2009年8月末の時点では、レールはほぼ撤去されていた（図4-7）。トンネル（図4-8）などはそのまま残っているが、軌道敷の一部は公道になっている部分もあるため、鉄道として復活させることは非常に困難である。

　長野線の輸送密度は、2004年度の『鉄道統計年報』によれば、6,081人であり、収支は均衡か若干の黒字であるが、屋代線の2004年度の輸送密度は470人である。この数値は、北海道で廃止された特定地方交通線並みであり、鉄道として存続させることが厳しい状態にある。長野線は、小布施や湯田中方面への観光客輸送も期待できるが、屋代線の須坂〜屋代間に住む人は、自家用車で長野へ向かうことが一般的である。そのため屋代線の場合は、通学の高校生か通院の高齢者が主な利用者であるため、長野線と比較して設備が脆弱であった。

　そこで2009年5月に、「地域公共交通活性化再生法」による法定協議会が発足

4 長野電鉄河東線の廃止代替バス

図4-7　レールは、完全に撤去されている。

図4-8　トンネルは、そのままの形で残っている。

した。協議会には、長野市、須坂市、千曲市からなり、国から補助金をもらい、屋代線の設備更新と活性化を目指すことになった。沿線としては、かつては上野からの急行「志賀」が運転された路線でもあることから、屋代からしなの鉄道に乗り入れて上田までの直通運転と、上田〜湯田中間の特急列車の運行を検討している。ただし屋代線は、変電所の老朽化が著しいため、特急列車を運行するとなれば変電所の設備更新を実施しなければならない。

2　長電バスの現状

（1）長野電鉄のバス事業

　長電バスは、長野市・須坂市・中野市・飯山市・山ノ内町・飯綱町などに路線を持つ長野電鉄系のバス会社である。長野電鉄のバス事業は、以前は直営だった。電鉄系のバス事業者の多くは、道路運送法が改正され、需給調整規制が撤廃となる規制緩和が実施された2002年（平成14）2月の前後に、運行コストを下げるために分社化した事業者が多い。だが長野電鉄では、それ以前の1987年（昭和62）から1995年（平成7）にかけて、長電バス・信州バス・信濃交通の3つの事業者に分離され、2006年4月に長電バスに統合された。

　長電バスの稼ぎ頭は、何といっても高速バス事業である。東京池袋〜長野・湯田中線をはじめ、新潟交通と共同運行という形で長野〜新潟間、南海バスと共同運行という形で、湯田中駅・長野駅前〜京都駅八条口・大阪なんば高速バスターミナル間を運行している。東京池袋〜長野・湯田中線であるが、1997年に北陸新幹線が長野までフル規格で開業したため、最速列車は長野〜東京を約80分で結ぶようになった。高速バスは、速達性では新幹線にはかなわないが、低廉な運賃および池袋や湯田中へ足を延ばすことで、女性客や高齢者、スキー客を取り込み、新幹線を相手に善戦している。

　東京池袋〜長野・湯田中線および長野〜新潟線、湯田中・長野〜京都・大阪線ともに、座席は2-2の横4列である。

　高速バス事業は比較的好調であるが、貸切バス事業に関しては、規制緩和後は競争の激化の影響もあり、売り上げはあっても利益の出る事業ではなくなっている。

コミュニティーバスとしては、長野市内に循環バス「ぐるりん」「東北ぐるりん」「長沼線」、須坂市内に循環バス「ほほえみ」、高山村循環バス「ふれあい」、小布施町町内周遊シャトルバス「おぶせ浪漫号」を運行している。

（2）廃止代替バスの概要

　長野電鉄河東線の信州中野～木島間は、2002年（平成14）3月31日で廃止された。代替バスは、長野電鉄の直営の長電バスと系列の「信州バス」の共同運行として引き継がれた。当初は、駅の近くに停留所を配置して廃止前と同じ本数で運行するはずだった。

　だがバス化を実施するとなれば、沿線住民の高齢化が進展していたことに加え、通学輸送時に積み残しが生じることが懸念された。また豪雪地帯でもあることから、冬季輸送の定時運転に難点があることが分かった。そこで慎重に協議した結果、近隣の道路整備を行い、バス停も鉄道時代の8駅からほぼ倍の14カ所に増やした。それゆえ北信病院や若宮公民館などのバス停を設け、高齢者の利便性を図った。廃止された2002年4月には、同時に増便を行った。さらに1年間の暫定ではあるが、長野電鉄の運賃自体が高かったこともあり、運賃を鉄道時代とほぼ同等に据え置くことにした。

　しかし河東線の信州安田駅から千曲川を挟む形になるが、約3km離れた場所にJR飯山線の飯山駅（図4-9）がある。飯山線は単線非電化のローカル線であるが、長野まで直通することに加え、冷暖房完備の新型の高出力気動車（図4-10）に置き換えられ、サービスが向上した。そのため代替バスに置き換えた場合、利用者が飯山線に流れることが不安視された。木島駅と信州安田駅は飯山市に属しており、その他の駅は中野市に属していた。

　河東線の廃止区間は、現在は長電バスの中野木島線として運行しており、湯田中営業所と飯山営業所の共同管理路線となっている。旧木島駅の駅舎（図4-11）は、長電バスの事務所として活用されており、待合室もそのままの状態である（図4-12）。運行区間は、信州中野駅（図4-13）～北信病院～高社中学校～柳沢～田上～木島駅跡地が基本であるが、朝夕は若宮経由となり、昼間は高齢者の利便性を考慮して若宮公民館経由となる。そして一部の時間帯では信州中野駅から立志館高校まで延長運転される。

図4-9　JR飯山線の飯山駅。

図4-10　飯山線は、冷暖房完備の高出力気動車に置き換えられている。

図4-11　旧木島駅の駅舎は、長電バスの事務所として活用されている。

図4-12　旧木島駅の待合室は、そのまま活用されている。

図4-13　信州中野駅の駅舎は立派である。

図4-14　代替バスには、ワンステップ式車両が用いられている。

4 長野電鉄河東線の廃止代替バス

図4-15 せっかくのワンステップバスだが、タイヤハウスの上は、座りにくい。

　2009年8月末の運行状況であるが、平日の木島発は6:15から運行が開始され、最終が19:55である。信州中野駅発の平日は、7:05から運行が開始され、最終が20:55である。運行本数は、平日が15往復、土日祝日が12往復になり、木島発の始発時刻は平日と同じであるが、最終は17:55で終わってしまう。信州中野駅発の土日祝日は、始発時刻は平日と同じであるが、最終は19:00で終わってしまう。

　鉄道時代は、朝の6時台から運行が始まり、1時間間隔で運行され、夜の22時台まで運行されていた。転換された当初は、増便も行われたようであるが、利用者が減少したこともあり、運行本数は削減されている。また河東線の廃止された当時は、運賃は鉄道と同等程度に設定されたが、その後は値上げされて信州中野駅〜木島間は片道600円になった。車両は、高齢者の利用が多いことを考慮してワンステップ式が用いられている（図4-14、4-15）。

　飯山市から提供していただいたデータによると、長野電鉄木島線の1995年度の利用者は551,701人、1996年度は529,813人、1997年度は540,530人であった。一方、代替バスの2002年度の利用者は、231,333人、2003年度は215,248人、2004年度は

図4-16　木島〜飯山駅間に運行されるバス。

図4-17　飯山駅には、パーク＆ライド用の駐車場が設けられている。

175,537人、2005年度は180,046人であり、鉄道時代の4割程度の利用者しかいない。

長野電鉄木島線に限らず、全国的に見ても、鉄道を廃止してバスに転換された地域は、そのほとんどが利用者をさらに減少させている。さらに代替バス自体も、減便および運賃の値上げ、そして最終的には廃止せざるを得ない事態になる事例も多いという。その背景には、バスになれば定時運行ができないことや、乗り心地の低下、バス停に上屋やベンチがないことによる居住性の低下、降車した後の安全性の面で難があることから、自家用車へシフトしてしまう。さらに道路スペースの関係で、片側にしかバス停が設置できないような場所では、「片側循環のバスである」と誤解を招くこともある。

河東線の代替バスの場合は、長野電鉄と長電バスを乗り継ぐと、運賃が細切れになるため割高になる。長野～信州中野間の運賃が880円と割高なところに、信州中野駅～木島間のバス運賃600円が加算されると、長野～木島間の交通費は片道で1,480円になる。代替バスの利用者は、通院の高齢者か通学の中高生が中心であり、バスと鉄道を乗り継いだ通勤需要はほとんどないという。

図4-18　北陸新幹線の工事が進んでいる。

一方、木島〜飯山駅間には、平日・土日祝日問わず1日あたり10往復の路線バスが設定されており（図4-16）、運賃は160円である。JRの飯山〜長野間の運賃が570円であることから、木島〜長野間の交通費は片道710円である。
　ところで飯山駅には、パーク＆ライド用の駐車場が設けられている（図4-17）。そのため木島周辺に住む人は、自家用車で飯山駅に出て、飯山線で長野に向かうことが一般的である。また北陸新幹線が2014年の金沢開業に向けて工事が進められており（図4-18）、在来線の飯山駅にクロスする形で新幹線の飯山駅が設けられる。長野〜飯山間の自由席特急券は、隣の駅までの特定特急料金が適用されるであろう。料金が830円となるため、木島周辺の住民は、自家用車で飯山駅へ向かい、新幹線で長野へ向かう需要が増えるであろう。

〔注〕
1）南は甲府までの甲信連絡鉄道を計画し、建設中であった富士身延鉄道（現：身延線）と結んで清水港まで計画していた。
2）現在は、集団見合い型に座席が配置され、回転できなくなっている。そして登場時にはなかった冷房は、後年に取り付けられた。
3）現在のB特急に相当する。
4）運行が廃止される直前は、上りのみ1本であった。

5 京福電鉄（現：えちぜん鉄道）永平寺線の廃止代替バス

2度の正面衝突事故による運休を経て、第三セクター鉄道として復活したえちぜん鉄道の事例と、廃止された永平寺線の代替バスについて紹介したい。

1 京福電鉄から、えちぜん鉄道へ

（1）京福電鉄の正面衝突事故

えちぜん鉄道の前身は、京福電鉄という民鉄であった。ところが京福電鉄は、大証2部に上場している上場企業であるにもかかわらず、2000年（平成12）12月と2001年6月のわずか半年の間に、2度も正面衝突事故を起こすという前代未聞の事態を発生させた。

1回目の事故は、2000年12月17日の13時頃に、永平寺線の東古市駅（現在の永平寺口駅：図5-1）構内で発生した。この駅は、越前本線と当時は営業していた永

図5-1　現在の永平寺口駅で、正面衝突の事故が発生した。

平寺線の分岐駅であった。事故は、永平寺発の上り電車のブレーキ故障が原因であり、終点である東古市駅に停車できなかった。また安全側線がなかったため、列車は越前本線の福井方面にオーバーランしてしまった。京福電鉄のような地方鉄道では、列車の運行速度が低いため、安全側線があれば本線へ列車が進入することを防げた可能性が高い。不運なことに、そこへ福井駅発勝山行きの下り電車が進入したため、正面衝突した。その結果、上り電車の運転手1名が死亡、両方の電車の乗客を合わせて24名が重軽傷を負った。

このようなパターンは、1971年（昭和46）10月に近鉄大阪線の東青山駅構内で発生した特急電車の衝突事故に似ている。近鉄の場合、名古屋行きの特急電車が、東青山駅構内の安全側線に乗り上げて脱線したのだが、山側へ脱線するのではなく、本線を塞ぐ形で脱線した。運悪く、そこへ難波・京都行きの特急電車が進入したため、30人以上が死亡する大事故になった。

ブレーキ故障は、ブレーキを作動させるロッドが破断したのが原因である。この事故により、京福電鉄だけでなく、ブレーキロッドの溶接管理業務を受注・作業した、JR西日本の傘下の技術サービス会社の施工検査体制も問題視された。事故を起こした車両は、床下に装着された1個のブレーキシリンダから、ロッドによってブレーキ力を伝達し、各車輪のブレーキシューを車輪に押し付ける方式である。この方式は、ブレーキロッドが折損すると、すべての車輪のブレーキが利かなくなる欠点がある。

京福電鉄の場合、死亡した上り電車の運転手はブレーキの故障を察知して乗客を最後尾まで避難させ、さらに乗客を窓から脱出させる処置を採るなどしたため、乗客から死者を出さずに済んだ。運転手も避難は可能であったが、最後まで運転席で操作し続けたという。運転手も必死だったのだが、対向列車を止める旨を列車無線で伝えていれば、正面衝突を回避できた可能性もあるだけに残念である。

ところで列車事故というものは、1つの要因だけでは発生しない。必ず3～4つ程度の要因が絡んでいる。京福電鉄の場合も、ブレーキの故障、ATS（Automatic Train Stop＝自動列車停止装置）や安全側線の未整備、対向列車を止めないなど、最低でも4つの要因がある。国土交通省はこの事故の発生に伴い、ブレーキ系統を多重化するなどの対策を全国の鉄道事業者に指示した。このように1つの事業者が事故を起こすと、国土交通省は各事業者に安全対策の強化を求め

5 京福電鉄（現：えちぜん鉄道）永平寺線の廃止代替バス

る。経営が脆弱な地方民鉄や第三セクター鉄道などでは、設備投資するだけの体力がないため、事故を起こさないうちに経営を断念することもある。

　なお、現在の電車のブレーキシステムは、各台車の各軸に独立したブレーキシリンダを取り付けることが一般的である[1]。またこの事故が発生した時点では、京福電鉄にはATSといわれる自動列車停止装置や、東古市駅構内に安全側線が設置されていなかった。もしATSや安全側線が設置されていれば、正面衝突が回避できたかもしれない。

　正面衝突事故の余韻が残る中、2001年5月25日に、京福越前線活性化協議会は、この年の最初の会合を開き、第三セクター化して鉄道を存続させるか、それともバスへ転換を図るかを協議した。そして6月16日には、第三セクター化された場合は、県や市町村が10年間で負担する金額が、最大で114億円になることが報告された。こんな状態では、京福電鉄も安全対策に力を入れられない。

　そんな中、2001年（平成13）6月24日の18時頃、越前本線の保田～発坂間で、勝山駅発福井駅行きの上り普通電車と、福井駅発勝山駅行きの下り急行電車が、再び正面衝突する事故が発生した。幸い死者こそいなかったが、この事故で乗客と乗員の24名が重軽傷を負った。

　本来ならば普通電車は、発坂駅で対向する急行電車とすれ違うことになっていた。だが普通電車の運転手が、そのことを忘れていただけでなく、信号を確認せず発車させるという人為的ミスを犯したため、発生した事故であった。この時、普通電車の運転手は、二重のミスを犯したことになる。もし仮に普通電車の運転手が信号の確認を怠ったとしても、ATSが設置されていれば防げた事故である。そのためATSを設置していなかった京福電鉄の運行管理体制が問題となった。

　わずか半年の間に、正面衝突事故を2度も起こすという前代未聞の事態に、国土交通省は翌日から電車の運行を停止させた。そして2001年7月に、国土交通省は京福電鉄に対し、1987年に鉄道事業法が施行されてから初めて「安全確保に関する事業改善命令」を出した。

　だがこの事故の5年以上前から、福井鉄道部が単独で車両更新や信号系統の改良などを実施したくても、主要株主などの支持が得られない状態であった。京福電鉄は1992年2月に越前本線の東古市～勝山間と、永平寺線の全線をバスに転換する計画を発表した。それ以来、「バスで代替」を検討するようになった。そこ

で沿線住民に全線廃止を含めた提案を繰り返し行っていた。

　だが沿線住民からすれば、さらにサービスの低下を招き、最終的にはバス路線も廃止されてしまうという危機感があった。そのため県内でも有数の豪雪地帯である勝山市は、鉄道の存続を強く要望した。1997年からは、福井県と沿線市町村は、今後3年間は欠損補助を実施することにした。2000年が期限であったが、もう1年間の補助の延長が決定していたところに、事故が発生した。

　そのため事故が発生した要因として、京福電鉄の財務状態を指摘する意見も多かった。

　その当時も近代化補助などは国から支給されることになっていたが、抜本的な改善をするとなればその金額も莫大になる。また❷章の2項で述べたように、自治体などからも、経営を維持するための補助金が支給されていたが、期間限定であるなど、決して満足できるものではなかった。期間限定の暫定的な補助であれば、鉄道事業者は安全対策などの抜本的な投資を行うことが困難であるため、このような事故が発生する危険性が増す。

　京福電鉄は、鉄道営業を維持するための設備投資費用を捻出することは無理であるため、福井県内の鉄道の営業継続を断念し、2001年10月19日に「廃止届」を提出した。

　京福電鉄が運行を中止した日から、地元では混乱が生じた。輸送力不足で積み残しを出すだけでなく、代替バスは当初、幹線道路から鉄道駅に立ち寄る経路で運行していたが、鉄道時代と比較して約3倍の所要時間を要するようになった。そこで幹線道路を直行するように経路変更がなされたが、徐々に公共交通から自動車通勤にシフトした。

　2002年5月23日に、京福電鉄が2001年度の決算を発表した。2001年度の福井県内の鉄道事業の実績は、事故後の代行バスの利用者を含めても、年間利用者数は188万6,000人、運賃収入が5億8,700万円強であった。年間輸送人員は、2000年度と比較すれば37.7％も減少し、運賃収入は38.9％も減少した。さらに2002年7月から年度末の2003年3月までの9ヵ月間を見ると、利用者数は110万6,000人であった。この数値は、前年の同期比で50.2％の減少であり、京福電鉄の予想を大きく上回る経常損失を計上した。

　列車運行の停止が命じられたため、バスの運行を開始したのであるが、バスの

利用者数は京福電鉄自身が予想していた以上の落ち込みであった。結果をいえば、1年で利用者が半減し、2年で7割も減少したのである。

当初は、通学の高校生や通院の高齢者が影響を受けると考えられていたが、道路交通渋滞が激化したことにより、マイカー通勤のサラリーマンも被害を蒙ることになり、これにより地域全体の公共交通に対する意識が大きく変化した。

（2）えちぜん鉄道の誕生

京福電鉄が運営していた福井県内の3路線のうち、永平寺勝山線27.8kmと三国芦原線25.2kmの2路線が、図5-2で示すように第三セクター鉄道のえちぜん鉄道として復活した。永平寺線は、利用者が極端に少なかったことから、そのまま廃止となった。鉄道を復活させるために、京福電鉄から福井県に路盤と車両の譲渡が行われた。沿線自治体も資本金の70％にあたる3億7,500万円を出資して、第三セクター方式のえちぜん鉄道を設立した。そして10年間で27億4,000万円を上限とする赤字補填を行うことを決めた。第三セクター方式を採用してまで鉄道を復活させようとした背景として、以下の4点がある。

①福井県は自家用車の保有率が日本一である
②冬季は積雪や吹雪の影響で道路機能が麻痺するため、バスでは定時運行が非常に困難である
③鉄道が運行停止となったことで、福井市内の道路交通渋滞が激化した
④採算性よりも、社会的便益の方が重要であると市民が認識した

行政側の対応だけでなく、福井を拠点に活動しているNPO法人「ROBAの会（代表：内田桂嗣）」が、運休中であった京福電鉄の存続に向けた積極的な活動も大きく影響している。ROBAの会では、鉄道の必要性を積極的に広報活動することで、「鉄道が運休になると非常に不便であり、鉄道の重要性を改めて認識したため、ぜひとも復活して欲しい」という世論を形成した。これを形成するには、費用対効果の分析を行い、鉄道を存続させることによる社会的便益は、運行経費よりもはるかに大きいことを、一般市民にも分かりやすく説明することができた。それ以外に、えちぜん鉄道のサポーターの募集にも積極的である。

復活するに際し、京福電鉄時代に設置されていなかったATSを設置すると同時に、枕木なども安全性とメンテナンスコストを低減させるために、コンクリー

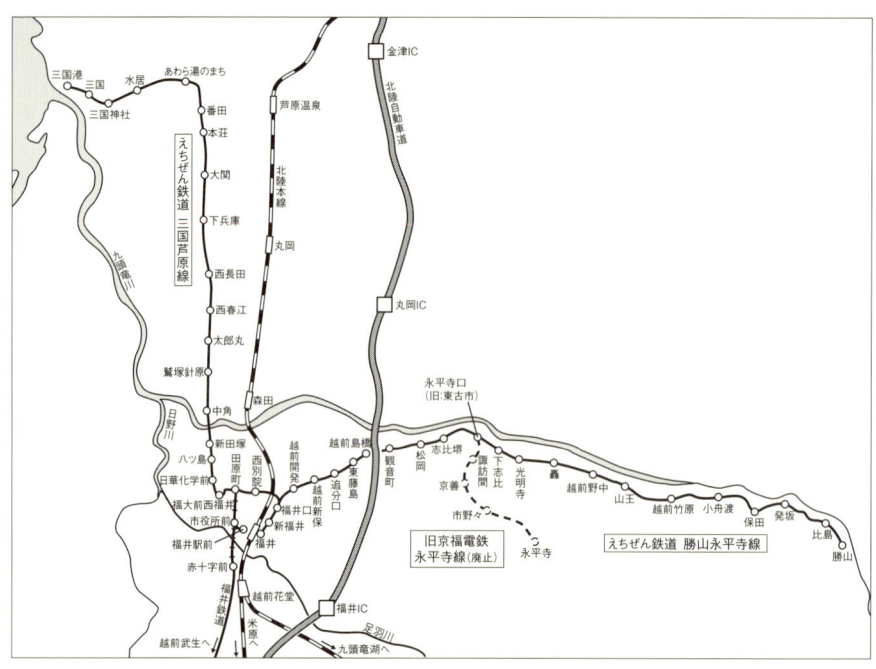

図5-2 えちぜん鉄道付近。

図5-3 えちぜん鉄道の駅のほとんどが、バリアフリー対応になっていない。永平寺口駅には、点字ブロックもない。

ト製のPC枕木を導入した。また車両の一部は、愛知環状鉄道から譲り受けた。2年ぶりに鉄道が運行するため、沿線の中高生やロータリークラブは、駅舎およびその周辺の掃除を行った。婦人会などは、線路脇の雑草を刈り取って花壇を作るなど、地域で鉄道を支えようとする意識が高かった。

　2003年（平成15）7月19日に、三国芦原線の全線と勝山永平寺線は、福井〜永平寺口間までの部分開業が実現した。部分開業に先立って、2003年7月18日に沿線自治体やサポート団体が出席して開業記念報告会・交流会が開かれた。えちぜん鉄道は、沿線自治体から補助金を支給されるといっても、運賃収入で鉄道事業を黒字化するには、京福電鉄の運賃で計算しても年間330万人の利用が不可欠であった。その席上で、開業から5年後の2008年度に達成することを目標にしていることを明らかにした[2]。

　えちぜん鉄道の社長は、設立当初は勝山市長である山岸正裕氏が暫定的に兼務という形で就任した。だが山岸氏が民間人の招聘を望んだこともあり、地元福井の繊維メーカーの常務であった見奈美徹氏が2004年6月に2代目社長に就任した。

　見奈美氏は、従来の鉄道会社社長のように要員合理化によるコスト削減を行うのではなく、「人材は投資であり、サービス要員である」という考えを打ち出し、民間人らしく営業・マーケティング重視の姿勢を鮮明にした。そこで、えちぜん鉄道は、京福電鉄時代に不評であった割高な運賃を是正するために、初乗り運賃を170円からバスよりも割安な150円へ値下げするだけでなく、普通運賃の15％の引き下げを決めた。これにより従来900円であった福井〜勝山間の運賃が、750円に値下げとなった。そして43駅のうちで26駅が無人駅であることに加え、プラットホームがバリアフリーでないことから（図5-3）、高齢者の乗車には難がある。そこで逆手の発想として、乗客への案内や乗降をサポートするアテンダントを乗車させることにした。今までローカル線では、コスト削減が最優先であり、ワンマン化が常識であった。そのため、えちぜん鉄道が導入したアテンダントの採用は世間を驚かせた。

　えちぜん鉄道の経営環境は厳しいことから、アテンダントは派遣社員という形態を採り、20〜30代の女性が主に昼間の時間帯に乗務する。アテンダントは車掌ではないため、扉の開閉作業は行わないが、無人駅から乗車したお客様への乗車券および記念グッズの販売、沿線の観光案内を行う。えちぜん鉄道が導入した

アテンダントは、利用者に好評であった。そのため青森県の津軽鉄道や、山形県の第三セクター鉄道の由利高原鉄道、山口県の第三セクター鉄道の錦川鉄道も、アテンダントの採用を開始した。

えちぜん鉄道は、通勤定期券を利用しやすくするために、ドイツのフライブルクのように同居する家族も使用可能にした。また1日フリー切符の20%値下げや、障害者用の回数券の価格を普通回数券の半額にした。新たに夏休み親子フリー切符を発売するなど、乗車券の見直しを行った。えちぜん鉄道が販売している企画乗車券は、表5-1に書いた。

自家用車から鉄道へモーダルシフトを実現させるには、駅へのアクセス手段を向上させなければならない。そうすることで福井市内の道路交通渋滞の緩和にも貢献する。そこで表5-2で示したように、えちぜん鉄道ではパーク＆ライド用の駐車場の整備を進めている。

また、えちぜん鉄道では、無料のレンタサイクルも表5-3で示す駅で実施している。自転車を借りるには、書類に必要事項を記入したうえで、免許証などの身分証明書の提示が求められる。

さらに、えちぜん鉄道では、4月下旬から10月下旬までの日曜・祝日には、7:00～19:00まで1台あたり200円を支払えば、車内に自転車を持ち込むことができるサービスを行っている。えちぜん鉄道と自転車を利用して永平寺や勝山周辺、九頭竜川の周辺を探索する人には、お薦めである。

以上のように、えちぜん鉄道は積極的な利用促進策を実施している。筆者は、2009年5月に浜松で開催されたシンポジウムで見奈美社長と話をする機会を得た。第三セクター鉄道では、「枕木オーナー制」を導入している会社があるため、筆者はその制度の導入を提案したところ、「新たな収入源の確保も重要であるが、弊社は1人でも多くのお客様に利用してほしい。枕木オーナー制を導入しても利用者が増えるわけではなく、枕木が電車のブレーキオイルなどで汚れたりすると、出資者に失礼であるため、導入する考えはない」という回答を得た。つまり1人でも多く利用していただいて、鉄道事業の活性化を図る考えである。

鉄道経営が健全化するためには、事業者であるえちぜん鉄道が一生懸命に努力することは当然である。しかしそれだけでは利用者を大幅に増やすことは難しい。そこで沿線自治体が駅周辺に公共施設を設け、とりわけ高齢者用の住宅や商店が

立地するような中長期的な都市計画が必要である。短期的な視点としては、民間にも働きかけて徹底した通勤手段の転換を図るMM（モビリティー・マネジメント）[4]を実施する、など、乗客増に直結する具体的な施策を実行する必要がある。

MMについては、9章で説明するが、交通行動の変更を促すための「コミュニケーション」を用いることで、インフラへの投資が不要であるにもかかわらず、

表5-1　えちぜん鉄道が販売する企画乗車券の一覧。

乗車券の種類	価格	備考
カーセーフデー回数券[3]	13枚綴りで普通運賃10回分	毎週金曜日のみ使用可能
身障者用回数券	健常者の半額	
１日フリーきっぷ	大人800円、子供400円	土日祝日、年末年始（12/30～1/3）
春・夏・冬休み親子フリーきっぷ	大人１人と子供１人：1,200円 大人１人と子供２人：1,600円 大人２人と子供１人：2,000円	春・夏・冬休み限定

えちぜん鉄道販売促進パンフレットをもとに作成

表5-2　えちぜん鉄道の駐車場の整備状況。

駅名	駐車可能台数
三国港	46
三国	52
水居	17
あわら湯のまち	40
本荘	15
大関	8
下兵庫	7
西長田	115（そのうち100は要申込）
太郎丸	10
鷲塚針原	15
中角	8
越前新保	9
永平寺口	46（そのうち17は要申込）
山王	25
越前竹原	21
小舟渡	15
保田	15
発坂	22
勝山	190

表5-3　えちぜん鉄道の無料自転車貸出状況。

駅名	貸出可能台数
三国	10
あわら湯のまち	5
新田塚	5
福大前西福井	30
田原町	5
福井口	8
越前新保	30
松岡	4
永平寺口	5
勝山	20

表5-2、5-3は、「駐車場の案内」えちぜん鉄道発行パンフレットをもとに作成（2009年7月現在）

自家用車から公共交通へのモーダルシフトを促すことが可能である。MMは、潜在需要と顕在需要の乖離が大きい福井市のような地方都市で実施するのが、最も効果的である。また過疎地でも、学校MMおよび居住者MMを実施することで、利用者を増やすことが可能となるため、MMを活用した廃止代替バスの活性化に期待したい。

2　廃止代替バス

(1) 京福バス永平寺・東尋坊線

　2001年（平成13年）に旧京福電鉄の永平寺線の運休（正式には廃止）に伴い、運行を開始した路線バスである。永平寺口駅〜永平寺（一部は永平寺門前）間に京福バスが、1日あたり平日は19往復の路線バスを運行している。一部の便は、東尋坊および芦原温泉発着である。土日祝日は、永平寺口駅と永平寺の間に路線バスが15往復運転される。平日は、東尋坊や芦原温泉を発着するバスもあるが、土日祝日は永平寺口発着のみである。また永平寺口の最終が、17:52と平日よりも

図5-4　東尋坊や芦原温泉発着の便は、大型車が使用される。

2時間も繰り上がる。

　路線バスに使用される車両は、東尋坊や芦原温泉に発着する便は、観光客の利用も多いことから、大型車が使用される（図5-4）。この便で使用される車両は、坂井営業所が管理している。一方の永平寺口～永平寺間で使用される路線バスは、中型車が使用される（図5-5）。だが路線バスは、東尋坊や芦原温泉発着の便を含めても低床式車両は導入されていない。永平寺口～永平寺までの運賃は、大人410円である。

　一方、平日は永平寺口～永平寺間に、9往復のシャトルバスも運行している。シャトルバスは、えちぜん鉄道が旅行パックの一環として設定したこともあり、高志観光に運行を委託している。そのためシャトルバスを利用するには、「大本山永平寺参拝セット券」および「バス乗車券と大本山永平寺拝観料券」が必要であり、これらの乗車券を持っていない人は利用できない。一方、これらの乗車券を持っている人は、どちらのバスも利用することが可能である。

　シャトルバスで使用される車両は、普通の路線バスで使用される中型車であるが、低床車は導入されていない。

図5-5　永平寺口～永平寺間では、中型車が使用される。

（2）永平寺特急バス

　JR福井駅東口～永平寺門前（福井駅東口行きのバスは、永平寺が起点）間に、京福リムジンバスが平日は6往復の特急バスを運行している。京福リムジンバスという会社は、京福電鉄の子会社である京福バスが、石川県内で貸切バス事業の拡大を目的に設立した会社である。その後、京福バスから福井市内にある京福バスターミナル発の小松空港行きの路線を譲り受けた。

　この特急バスは、2001年に京福電鉄が正面衝突事故を起こして運行停止となり、これに伴い開設された「永平寺特急」がルーツである。当時は、福井市内にある京福バスターミナルを起点に運行され、平日は1日あたり4往復、土日祝日は6往復運行していた。2009年5月22日に、福井駅東口にバスターミナルが供用開始になったことから、発着地が変更になった。福井駅東口が発着地になったことから、JR線の利用者には便利になった。3月1日から11月30日までの土日祝日は、福井駅東口発が1本増発されて7本、永平寺発が2本増発されて8本運行される。所要時間は約30分であり、運賃は片道720円である。

図5-6　特急バスの座席は、リクライニングシートである。

5 京福電鉄（現：えちぜん鉄道）永平寺線の廃止代替バス

図5-7　特急バスで使用する車両には、車体に「道」という文字がラッピングされているものもある。

図5-8　復路のバスは、永平寺門から300m離れた永平寺が起点となる。

車両は、福井駅東口から福井北IC経由の小松空港行きの高速バスとしても使うため、トップドアー式であり、座席はリクライニングシートとなっている（図5-6）。乗車時間が短いため、車内にトイレは設置されていないが、補助椅子は設けられている。一部の車両は、若草色の車体に「道」という文字がラッピングされている（図5-7）。

　福井駅東口を出ると吉野までノンストップであり、トンネルを抜けてけやき台に停車する。けやき台を出ると、ローカルバスと同様に京善、南校前、市野久、荒谷、永平寺、永平寺門前と停留所が設けられている。だが福井駅東口を出ると、途中のバス停での乗降はほとんどなく、実質的にノンストップである。

　福井駅東口発の往路のバスは、永平寺門前まで運行されるが、復路は300m程度離れた永平寺が起点である（図5-8）。これは永平寺門前に駐車スペースがないためである。永平寺門前に到着したバスは、降車が終わるとすぐに、永平寺へ向けて出発する。永平寺のバス停のある場所が、旧京福電鉄の永平寺駅があった場所である。永平寺バス停には、出発の5分前に入線する。

　福井駅東口から乗車する場合は、ターミナルの傍に切符売場があり、そこで購入すればよい。一方、永平寺から乗車する場合は、永平寺バス停の傍にある「一休」という喫茶店で、乗車券を購入することになる。

　福井駅から永平寺へ行く場合、えちぜん鉄道で永平寺口まで行き、そこで路線バスに乗り換えた場合、えちぜん鉄道が440円、バスが410円であるから、合計で850円と特急バスよりも割高になる。

〔注〕
1) これは安全性向上のための多重化ではなく、ブレーキの応答性を高めて高加減速性能を確保するためである。この技術は、国鉄および大手私鉄のカルダン駆動方式の新性能電車によって確立した。
2) 京福電鉄時代には、年に2％ずつ利用者が減少していた。その傾向で推移すると、2008年には乗客は、年間240万人にまで減少すると見込まれた。目標を達成するには、これに90万人上乗せしなければならない。
3) かつて販売されていたノーマイカーデー回数券は、そのまま使用することができる。
4) MMとは、藤井聡・谷口綾子著『モビリティー・マネジメント入門』によれば、「当該の地域や都市を、過度に自動車に頼る状態から公共交通や徒歩などを含めた多様な交通手段を適度に（＝かしこく）利用する状態へと少しずつ変えていく一連の取り組みを意味する」と定義している。

6 可部線の廃止代替バス

　可部線の可部～三段峡間は、2000年（平成12）に鉄道事業法が改正されてから、JR線で最初に廃止された区間である。可部線の非電化区間の廃止により、全国で不採算路線や区間の廃止が進むようになった。

1　可部線の概要

　可部線の横川～可部間は、民鉄により建設され、国に買収された時点で、既に直流で電化されていた。そして1968年（昭和43）に可部線は当時の「赤字83線」に指定されたが、加計～三段峡間が1969年に開業した。このように可部線の歴史は複雑であり、「可部線を極める者は、大学教員になれる」とまでいわれた。事実、可部線の歴史しか研究していなくても大学教員になった人物がいるのである。

（1）可部線の歴史

　可部線の現在区間である横川～可部間は、1909年（明治42）に大日本軌道という民鉄により軽便鉄道規格で開業した。そのため開業時のゲージは、762mmであった。その後は、1919年3月11日に可部軌道へ譲渡され、1926年5月1日から広島電気の路線となり、1931年（昭和6）7月1日から広浜鉄道となる。広浜鉄道に買収される前年の1930年までに、横川～可部間は1,067mmゲージへの改軌と同時に、直流600Vで電化されていた。そして1936年9月1日に国に買収された。国に買収されて国鉄となったのは、民間では経営が成り立たなかったためである。民鉄として開業しながら戦前に国に買収された路線として、飯田線や身延線、富山港線などがある。飯田線と身延線は、民間では経営が成り立たないのが理由であったが、富山港線は岩瀬浜港があることから、軍事的な理由であった。富山港線も国有化されたが、やがては貨物輸送も廃止され、利用者の減少に歯止めがかからなかった。そこで2006年（平成18）4月29日からは、第三セクターの富山ライトレールに移管され、低床式のLRVが導入され、大幅な増発が行われた。その結果、JR時代と比較して2倍以上に利用者が増えた。

横川〜可部間は、大日本軌道という民鉄が建設したが、可部以遠は国により建設された。本路線は、改正鉄道敷設法の別表第94号の予定線であり、広島市から加計を経由して、島根県の浜田を結ぶ計画であった。可部以遠は、輸送量が少ないうえ、太田川の川沿いに線路が敷設された関係上、電化はされなかった。

ところが1968年（昭和43）9月に国鉄諮問委員会が提出した意見書では、可部〜加計間が、鉄道としての使命を終えバスへの転換が妥当な路線とする赤字83線に挙げられ、国から廃止勧告を受けた。選んだ基準は以下の3点であった。

①営業キロが100km以下で、鉄道網全体から見れば機能が低く、沿線人口が少ない。

②定期旅客の片道輸送量が3,000人以内で、貨物の1日あたりの発着量が600t以下である。

③輸送量の伸びが対抗輸送機関を下回り、旅客・貨物とも減少している。

この基準により、83線（2,590.6km）が選定されたが、この当時は国からの転換交付金がもらえなかったこともあり、沿線住民の反対は根強かった[1]。そのため実際に廃止された路線は、北海道の根北線など11路線（116.0km）だけであった。追加すると、赤字83線に選ばれなかった4線（19.0km）も廃止されている。

だがそれにもかかわらず建設は続けられ、翌1969年7月27日に、三段峡までが開通した。「赤字83線」としてバス化が妥当とされながらも、建設が継続された理由は、三段峡までの工事がほぼ完成していたからではないかと考える。その後、1972年に田中内閣が発足すると、「列島改造論」を打ち出し、「ローカル線は国土の均衡ある発展のために必要」と位置づけた。田中角栄は、国鉄が赤字ローカル線の建設に消極的であったことから、日本鉄道建設公団を設立し、ローカル線の建設を進めた。三段峡より以遠は、日本鉄道建設公団の今福線として、山陰本線の浜田を目指して建設が進められた。

1980年に国鉄再建法が成立し、輸送密度4,000人未満のローカル線の建設は凍結となったことから工事は中断した。その時、輸送密度が4,000人未満の路線は、特定地方交通線と位置づけた。特定地方交通線と位置づけられた路線は、鉄道の使命は終わったとみなされ、国鉄から経営分離を行い、バスへの転換が望ましいとされた。しかし輸送密度は4,000人未満であっても、以下の路線は廃止対象から除外された。

6 可部線の廃止代替バス

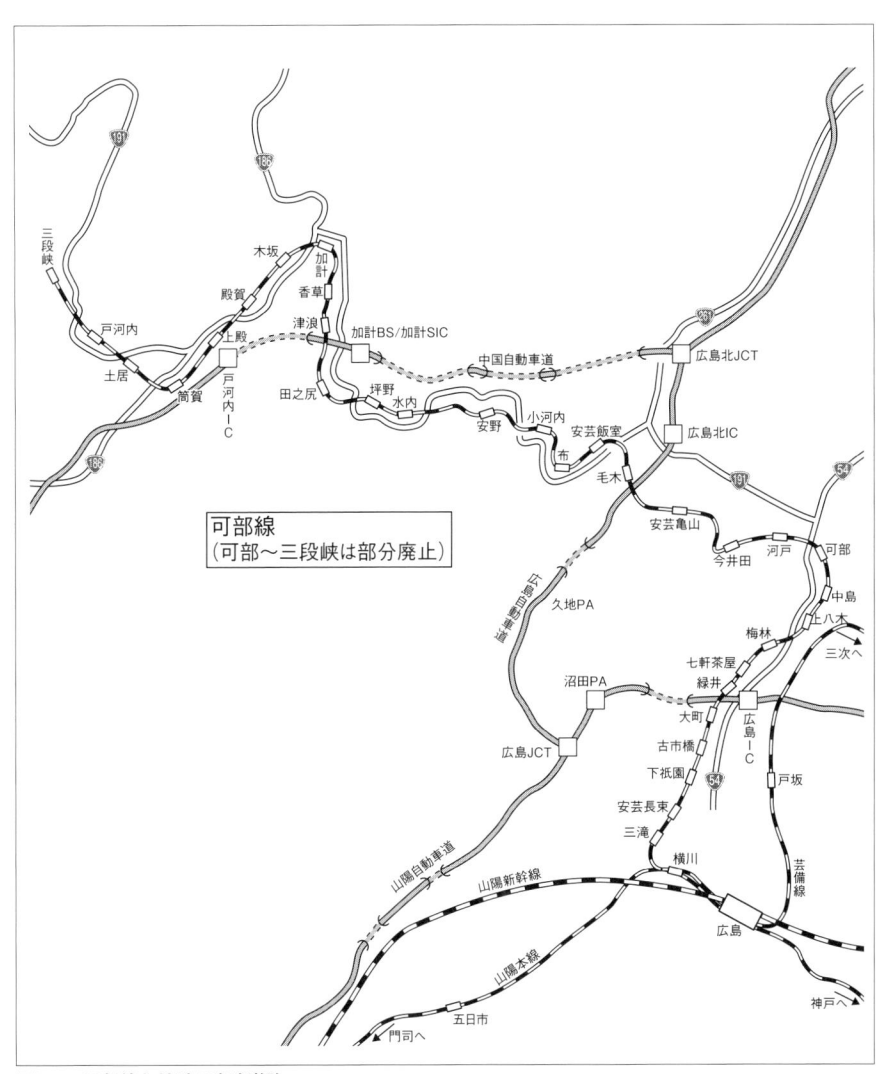

図6-1 可部線と付近の高速道路。

①代替輸送道路が未整備の路線
②年に10日以上、積雪によりバスの運行が不可能となる路線
③ピーク時に片道1時間あたりの輸送量が1,000人以上あり、バスでは対応が不可能だと判断した路線
④1人平均乗車距離が30km以上で、輸送密度1,000人以上の路線

　可部線の場合、全線で見た輸送密度は特定地方交通線並みであった。だが1980年当時は可部以遠でバスのすれ違いなどが難しい個所があったことや、横川～可部間はピーク時に片道1,000人以上の輸送量があり、バスでは対応が困難であることに加え、利用者を増やすことが可能であるとの判断などもあり、特定地方交通線には選ばれなかった。工事が中断した今福線は、現在でも遺構が残っている。

　1987年4月1日に国鉄の分割民営化が実施され、可部線はJR西日本が担当するようになった。横川～可部間の電化区間は、広島都市圏ということもあり、JR西日本は積極的に増発を行うなど、通勤・通学の利便性を向上させた。しかし可部以遠の非電化区間は、ワンマン化や減便を行うなど、効率化経営を進めた。廃止直前の2000年（平成12）頃からは、広島発三段峡行きの臨時快速を運行するなどの試験的な増発を行ったが、15％程度の利用者の増加では、焼け石に水の感は否めなかった。図6-1で示すように、中国自動車道、山陽自動車道などの高速道路の整備が進んでいたこともあり、三段峡から高速バスを利用すれば、長大トンネルで直線に結ぶということもあり、広島市内の中心部に位置する広島バスセンターまで1時間20分で到着することが可能である。このような場所に、JR西日本が広島～三段峡間に所要時間が約2時間の臨時快速を設定しても、青春18きっぷが発売される頃でなければ、利用する価値は低かった。

　JR西日本は、輸送密度が800人/km/日をクリアすれば、存続も検討するとしていたが、試験増発などを行っても輸送密度は、480人/km/日であった。この程度の輸送密度であれば、バスで充分に輸送することが可能である。沿線の自治体も、バスで輸送しても赤字が免れられないが、4～5億円の年間の赤字は、最大でも8,000万円程度に抑えられるようになる。さらに国や広島県から交付税措置も活用できるため、バス化した方が有利であると考えた。そのため2003年11月末で、非電化区間の可部～三段峡間の46.2kmが廃止された。

（2）横川～可部間の現状

　可部線の起点は横川であるが、全列車が広島発着である。車両は、105系の2両編成（図6-2）および115系の4両編成が使用される。105系の2両編成では、昼間のオフピーク時であっても、車内は立ち客が出る状態である。ラッシュ時などは、105系を4両編成にして運行したり、4両編成の103系を使用することがある。大町で、新交通システムであるアストラムラインを接続している。横川～可部間は、「地方交通線」という扱いになっているが、実質的には広島近郊路線である。そのような状況であるから、広島（横川）～緑井間は、朝のラッシュ時は10分間隔で運行される。緑井～可部間は、終日20分間隔の運行にならざるを得ない。これは梅林～可部間に列車交換設備のある駅がないからである。そのため可部に列車が到着すると同時に、広島行きの列車を発車させている。筆者が乗車した限りにおいて、早急に10分間隔の運転を実現させる必要性を感じる。

　4章の長野電鉄のところで触れたが、長野線の長野～湯田中間の輸送密度は、6,081人/km/日であるが、日中の普通電車は30～60分間隔であり、ほとんどの列車が2両編成で運転される。長野市という人口40万人弱の地方都市圏ですら、

図6-2　可部線では、105系も活躍している。

6,000人以上の輸送密度があることから、人口100万人を超える広島市内を走る可部線の横川～可部間は、8,000人/km/日を超えている公算が高い。JR西日本は可部～三段峡間は切り離したかったが、横川～可部間は手放したくなかった。『鉄道統計年報』は、民鉄であれば各路線の輸送密度まで掲載されているが、JRに関してはJR各社全体の輸送密度しか掲載していない。広島県庁に聞いても、可部線の輸送密度に関する調査などは行っていないという回答を得た。またJR西日本の広島支社に聞いたところ、「もう国鉄ではないから、教えることはできない」という回答であった。

　輸送密度が8,000人/km/日を超えると、幹線として扱われるため、本来ならば割安な幹線系の運賃が適用されなければならない。JR西日本の広島支社が、可部線の横川～可部間の輸送人員や輸送密度を知らないはずがなく、事実を公表すれば値下げを要求されるため、隠蔽していると疑わざるを得ない。

　可部駅は、三段峡方面へ列車が運行されていた時代の名残で2面3線の駅構造である。横川～可部間は、ICカードであるICOCAが使用できるようになっている。廃止代替バスなどが出るバス乗り場は、駅に隣接して設けられている（図6-3）。

図6-3　バス乗り場は、駅に隣接して設けられている。

2　廃止代替バス

（1）急行バス・在来バス

　2003年（平成15）11月末で、JR可部線の可部〜三段峡間が廃止となった。2009年9月30日までは、廃止代替バスは図6-4で示すように、広島電鉄が可部駅を起点に旧可部線の駅に立ち寄る急行バスと、広島バスセンターを起点に可部駅を経由して三段峡まで運行する在来バスが運行されていた。急行バス、在来バスともに一般的な乗合バスである（図6-5）。可部〜三段峡までの運賃は、急行バス、在

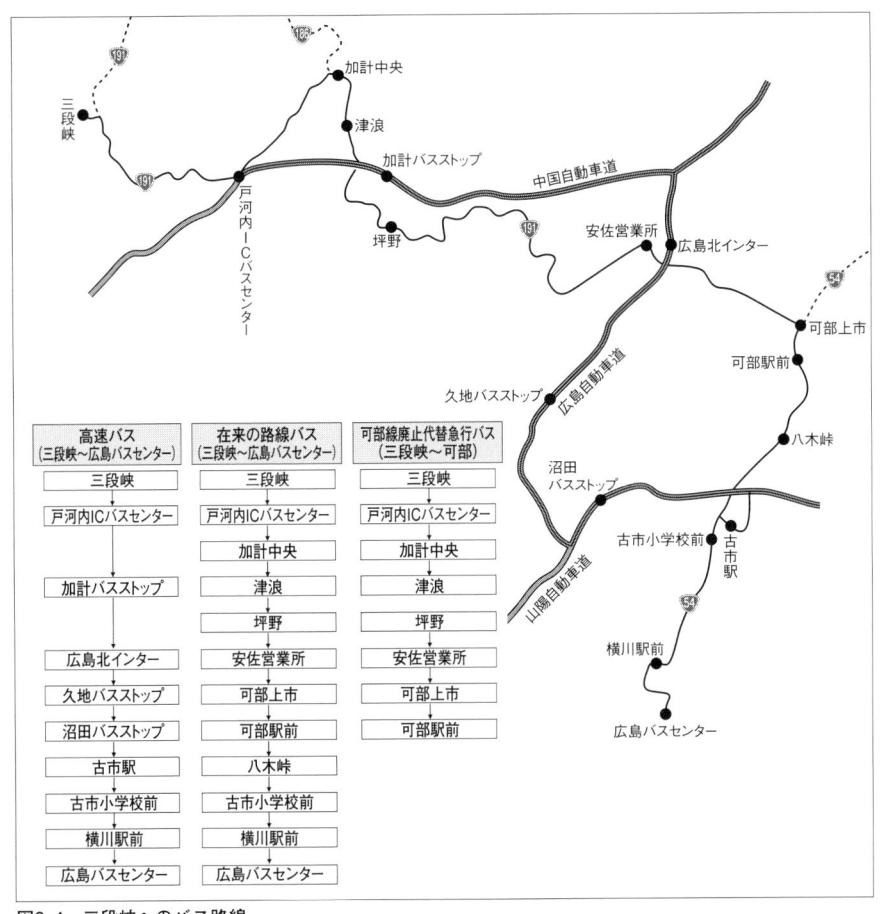

図6-4　三段峡へのバス路線。

来バスともに同じで960円である。ただし通学定期の代金は、鉄道時代と比較して2.5倍に値上げされた。

　急行バスは、廃止された旧可部線の代替バスとして新設されたため、可部以北は国道191号を運行していた。可部線の廃止代替バスとして補助金をもらうために、旧可部線の駅のあった場所以外には、バス停は設けられていない。在来バスとは別路線であるとすることで、急行バスも補助金の支給対象になるようにした。

　可部周辺は広島市内の郊外であるため、信号待ちや渋滞に遭遇することもあるが、広島電鉄の安佐営業所を過ぎると山間部に入るため、信号待ちや渋滞に遭遇することはない。乗降がなければ通過となるため、可部駅～三段峡間の所要時間は、急行バスで1時間21分となっている。旧可部線の可部～三段峡間は、単線で急曲線などが多かったこともあり、所要時間は1時間30～40分であった。そのためバスの方が10～20分程度所要時間が短い。しかし可部周辺の信号待ちや渋滞などの影響もあり、急行バスは10分程度の遅延が生じた。

　在来バスは、可部線が三段峡まで運行されていた当時から、広島バスセンター～三段峡間に存在していた。広島バスセンター～可部駅間は、国道54号を走行し、可部駅からは国道191号を走行する。可部線の可部～三段峡間の廃止に伴い、増発ならびに戸河内止まりであった便を三段峡まで延伸させたことにより、廃止代替バスとしても機能している。これにより戸河内にあった車庫を三段峡へ移転させた。可部駅～三段峡間の所要時間は、1時間28分であり、急行バスと大差がない。

　かつて可部線は、並行する国道などの道路状況が悪く、対向車の行き違いが困難であることも、廃止を免れた要因であった。だが道路の改良が進み、現在は対向車とも円滑にすれ違える。また国道191号は、追い越し禁止となっており、バスが道路交通渋滞の元凶になってしまうこともあり、山間部などでは50km/h以上の速度で円滑な運転を行う。

　ただ急行バスは、旧可部線の駅があった場所を中心に停車することや、可部駅が起点であるため、利用者が少なかった（図6-6）。そのため2009年10月1日のダイヤ改正では、それまで3.5往復あった急行バスは、各バス停に停車するバスに統合される形で廃止された。そして可部駅前発着は、1往復だけになった。

　一方の在来バスは、可部駅から国道54号を走行して広島市内の中心部にある広

6 可部線の廃止代替バス

図6-5　2009年9月末までは、急行バスも運行されていた。

図6-6　急行バスの車内。市内中心部まで行かなかったため、利用者は少なかった。

島バスセンターへ直通することや、山間部でも停留所の数も多いため利便性が良く、急行バスよりも利用者が多かった。また文教女子大学の近くにバス停があることから、通学にも便利である。広島近郊区間を過ぎると山間部を走行することから、利用可能性が高い在来バスの方がサービス上、望ましいといえる。表6-1に鉄道時代と比較した、可部〜三段峡間のサービスの状況を示した。

表6-1 鉄道時代と比較した可部〜三段峡間のサービス状況。

	運行本数	運賃	所用時間	備考
JR可部線	可部〜加計上下8往復、加計〜三段峡上下5往復	820円	1時間30〜40分	直通は2往復
路線バス	10往復	960円	1時間30分	1往復は、可部駅〜三段峡間のみの運行

JR時刻表、広島電鉄ホームページをもとに作成

　可部〜安芸飯室間は、国道191号から離れる。この区間には、図6-7で示すように広島交通が飯室〜可部駅〜広島バスセンター〜広島駅間の勝木線と、広島交通が上原〜可部駅〜飯室間の宇津・可部線という代替バスを運行している。勝木線は、平日は1日に15往復、土曜は10往復、日曜・祝日は11往復運行している。可部駅〜飯室間の所要時間は18〜20分であり、運賃は大人片道340円である。宇津・可部線は、小型バスを用いて別ルートを運行する。こちらは平日に8便、休日に5便運行されている。宇津・可部線は、河戸地区へ迂回することから、可部駅〜飯室間の所要時間は約35分、運賃は大人片道380円である。

　鉄道時代の可部〜安芸飯室間は、運行本数が1日あたり8往復、所要時間は約20分であった。代替バスは、勝木線と宇津・可部線を合わせると、1日あたり約20往復あるため、運行本数は倍以上に増加した。そして運賃は、大人片道230円であったことから、バス化されて値上げされた。表6-2に鉄道時代と比較した路線バスのサービス状況を示した。

表6-2 鉄道時代と比較した路線バスのサービス状況。

	運行本数	運賃	所用時間	備考
JR可部線	8往復	230円	20分	
路線バス（勝木線）	15往復	340円	18〜20分	土曜10往復、日曜・祝日は11往復
路線バス（宇津・可部線）	8往復	380円	35分	小型バス使用、休日は5往復

JR時刻表、広島交通のホームページをもとに作成

6 可部線の廃止代替バス

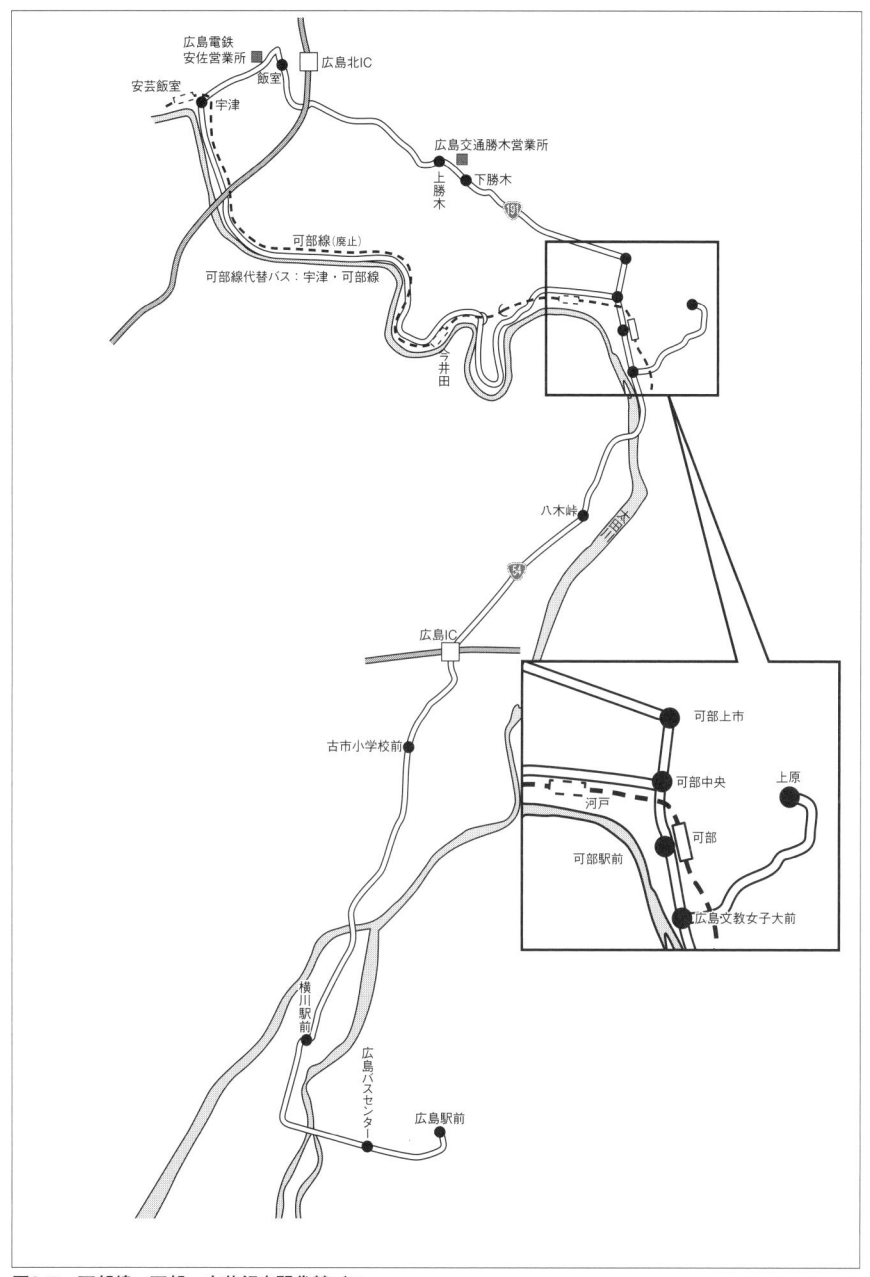

図6-7 可部線 可部～安芸飯室間代替バス。

（2）高速バス

　廃止代替バスというわけではないが、三段峡や戸河内地区に住む住民が、広島市内へ出かけるのに便利なように、高速バスが1日あたり広島バスセンターから三段峡へは5本、三段峡から広島へは3本運行されている。高速バスは、可部線の可部〜三段峡が存在している時から運行されていたが、その当時は上下2往復程度と現在よりも本数は少なかった。

　現在は、上りと下りで運行本数が異なるが、車両の効率的な運行を行うため、往路は高速バスで使用した車両を、復路は在来バスに使用したり、または往路は在来バスとして使用した車両を、復路は高速バスに使用している。

　高速バスで使用する車両（図6-8）にはトイレはないが、ハイデッカー車両が用いられ、座席はリクライニングシートである。速達性に優れることから、三段峡〜広島市内間の運賃は、1,380円と急行バスや在来バスよりも割高である。三段峡〜戸河内ICバスセンターまでは、在来バスの停車する停留所に停車する。高速バスの場合、起点付近は乗車のみ、終点付近では降車のみ可能という事例が多いが、広島バスセンター〜三段峡間を結ぶ高速バスは、乗車と降車の両方を認

図6-8　高速バスの外観。座席は、リクライニングシートである。

6 可部線の廃止代替バス

めている。そのため整理券箱が設けられており、乗車時に整理券を受け取り、降車時に運転手に運賃を支払う仕組みになっている。この場合、在来バスに乗車しても高速バスに乗車しても運賃は同じであるため、高速バスに乗車した方が、居住性が優れているために得である。戸河内ICバスセンターでは、パーク＆ライド用の駐車場が設けられており、自家用車から高速バスへ乗り継ぐ人が多く、交通結節点として機能している（図6-9）。

　戸河内ICから中国自動車道に入り、高速運転を開始するため、シートベルトの着用の案内が入る。急行バス、在来バスは旧可部線の加計駅の付近に立ち寄るが、高速バスは高速道路上に加計というバス停が設けられている。広島北JCTで広島自動車道に入り、途中の広島北ICで一度、高速を降りて広島北インターのバス停に停車する。高速バスは可部駅を経由せず、直接、広島バスセンターへ向かうことになるが、ここで可部方面に向かう路線バスと接続している。再び高速道路に戻り、広島JCTで山陽自動車道に入り、広島ICで高速道路を下りる。広島市内に入ると、在来バスと同じ停留所に停車する。途中の古市駅バス停で、アストラムラインと接続し、横川駅前でJR山陽本線と接続する。

図6-9　戸河内ICバスセンターには、パーク＆ライド用の駐車場が設けられている。

広島バスセンター〜三段峡までの高速バスの所要時間は、1時間20分程度であるが、広島市内で渋滞に遭遇すると、もう少し所要時間が延びる。だが三段峡から広島市内まで1時間半程度で到着するため、早朝6:20と6:55に三段峡を出発する高速バスは、通勤・通学の需要が高く、車内は満員になるという。また広島バスターミナルは、広島市内の中心部の紙屋町に位置することに加え、福山や他の都市へ向かう高速バスや市内バスと接続するため、利便性が高い。広島から新幹線に乗車する人は、横川駅前で下車して広島駅までJRの在来線で向かうという。三段峡を15:00に出発する高速バスは、広島へ帰る観光客向けであるため、平日の利用者は比較的少ないという。

(3) 可部線廃止後の廃止代替バス（急行バス・ローカルバス）の現状

　国土交通省中国運輸局が行った2003年度（平成15）の広島バスセンター〜三段峡間と、可部駅〜三段峡間のバスの利用者の合計が183,521人であった。可部線の可部〜三段峡間が廃止された翌年の2004年度は、340,864人に増加している。

　一方、国土交通省中国運輸局は、可部線の可部〜三段峡間の輸送密度も調査している。これによると2000年度は479人/km/日、2001年度は487人/km/日、2002年度は375人/km/日であり、この数値だけを見ればバス化が妥当となる。もし鉄道で存続させるとなれば、DMVを用いなければならないレベルである。

　JR西日本の広島支社は、可部〜三段峡間の各駅の乗車客数の調査を、2003年度に実施している。その調査結果は、表6-3に示した。

　可部以遠の駅では、三段峡、加計、河戸の3駅の乗車数が際立って多い。事実、河戸駅の周辺は宅地開発が進んでいることもあり、河戸まで電化する計画があったほどである。

　2004年1月21日の毎日新聞によれば、中国運輸局が2003年2月13日に行った調査と、廃止から1カ月間の平日の平均を比較したところ、広島電鉄が運行しているバスの利用者は527人であった。可部線が運行されていた時には、鉄道が502人、バスが189人であったことから、合計で691人が公共交通を利用していた。そのため公共交通全体では、当時の76.3％の水準になった。当時の鉄道利用者がバスに乗り換えた数は338人と推定され、乗り換え率は67.3％になっているという。

　三段峡という観光地への入り込み数であるが、可部線の可部〜三段峡間が廃止

表6-3　2003年度の可部線の可部より先の各駅の乗車数（人）。

駅名	乗車数	駅名	乗車数
河戸（こうど）	29,000	津浪（つなみ）	2,500
今井田（いまいだ）	2,300	香草（かぐさ）	1,600
安芸亀山（あきかめやま）	4,600	加計（かけ）	34,000
毛木（けぎ）	4,600	木坂（きさか）	600
安芸飯室（あきいむろ）	9,900	殿賀（とのが）	2,000
布（ぬの）	3,000	上殿（かみとの）	3,800
小河内（おがうち）	4,700	筒賀（つつが）	5,000
安野（やすの）	9,900	土居（どい）	2,300
水内（みのち）	6,500	戸河内（とごうち）	8,000
坪野（つぼの）	3,800	三段峡（さんだんきょう）	49,000
田之尻（たのしり）	2,000		

JR西日本広島支社広報課提供資料をもとに作成

された後は、70%も減少したという（図6-10）。広島市内～三段峡まで、高速バスがいくら便利であるといっても、広島都市圏以外の人にとれば、高速バスの乗り場や乗車方法が分かりにくい。鉄道であれば、地図に路線が書き込まれることから、運行本数が少なくて少々不便に感じても、三段峡まで到着できるという安心

図6-10　鉄道の廃止に伴い、三段峡への観光客は大幅に減少した。

感があるのだろう。

　鉄道会社が廃線計画を持ち出す時には、代替バスになっても鉄道時代の運転本数を維持すると同時に、所要時間でも大差がないと説明することが多い。そしてバスになれば保線費用やトンネルや橋梁のメンテナンスが不要であるため、「バスならば採算が取れる」と説明する傾向にある。

　しかし鉄道沿線の住民は、バスになれば普通運賃の値上げだけでなく、通勤・通学定期券の大幅値上げを心配する。事実、バス化された路線は、値上げされる傾向にある。可部線の場合も、代替バスの通学定期の代金は、鉄道時代の2.5倍になった。また最初は自治体が、鉄道時代との通学定期の差額を補助することも行うが、財政事情が厳しい昨今では、補助が削減されたり、打ち切られたりすることもある。さらにバスの遅延や乗り心地の低下、頻繁にルート変更されることによる分かりにくさ、バス停には上屋やベンチがないなど、鉄道時代よりもサービスが低下する。「鉄道時代と運賃を据え置く」と説明しても、普通運賃は据え置かれるかもしれないが、通勤定期および通学定期は大幅に値上げされることが多い。そのため鉄道時代よりも、利用者が減少する傾向にある。

　地域住民が最も危惧しているのが、代替バスもやがては廃止される可能性があることである。事実、鉄道が廃止されてバス化された地域では、代替バスも廃止されてしまい、公共交通空白地域となってしまった場所が、日本の至るところに存在する。

3　鉄道復活に向けた市民の動き

（1）太田川鉄道

　廃止された可部線の可部〜三段峡間を、鉄道として復活させるために、2003年（平成15）12月1日から「太田川流域鉄道再生基金」として1口1,000円の寄付金を募ることにした。目的は、廃止された可部〜三段峡間を、官民が一体となって鉄道の復活を支援するためである。半年間で1億円の寄付を集めることが目標であった。上下分離により、インフラ整備と所有は自治体が行い、列車運行は第三セクター鉄道を設立して実施させる考えであった。この時代は、「公有民営」の上下分離経営は認められていなかったため、もし行うとすれば和歌山電鐵と同様

に、軌道敷は沿線自治体が所有し、メンテナンスは第三セクター鉄道が行うようになっていただろう。

　自治体側は、第三セクター鉄道を設立することも検討したようであるが、年間赤字額が最低でも2億1,000万円、最大で3億8,000万円になることが予想され、とても沿線自治体で支えられるレベルではなかった。

　JR西日本は、可部線の可部〜三段峡間を廃止した後、2004年3月から車道部分を中心に踏切を撤去する作業を始めていた。理由は、踏切があると自動車の円滑な走行に支障をきたすためである。

　これに対し市民側は、可部線の可部〜三段峡間の復活を目指し、「太田川流域鉄道再生協会」や「新可部線とまちづくり女性会」を設立していた。そして2004年3月5日に、「太田川流域鉄道再生協会」や「新可部線とまちづくり女性会」のメンバーら6名が広島市役所の都市交通部を訪れ、JR西日本と自治体が予定している廃止区間の踏切や線路の撤去に反対の意思を示した1,350人の署名を添え、要望書として提出した。これに対し広島市は、「自動車の円滑な通行および脱輪防止のために踏切の撤去は致し方ないが、軌道敷の活用策は未定である」と答えたという。

　太田川流域鉄道再生協会は、第三セクター方式で鉄道を復活させる運動をしていた住民団体「可部線再生運動団体合同会議」がもとである。「可部線再生運動団体合同会議」は、自治体の協力が得られず、第三セクター方式をあきらめた。理由は、第三セクター鉄道として経営したとしても、2042年度までの40年間で見ると、年間で平均して3億1,600億円の赤字になると予想された。踏切の整備などの初期投資が9億1,000億円必要であり、10年ごとに30億円程度の経営安定基金が必要であった。そのうえ、沿線の人口の減少に歯止めがかかりそうもない状況を考慮すると、予想よりもさらに厳しくなる可能性が高かった。

　「可部線再生運動団体合同会議」は、2004年1月21日に「太田川流域鉄道再生協会」と名称の変更を行った。そして2004年4月12日に株式会社太田川鉄道が設立された。太田川鉄道の資本金は1,000万円であり、代表取締役社長には町議会議員である山根弘司氏が就任した。株式の発行枚数は200株、株主は協会のメンバー18名からなり、1人5万円から200万円の出資を行った。

　太田川鉄道は、2004年6月に鉄道技術者のボランティアスタッフを募り、可部

〜三段峡間の踏切を中心に調査を行った。その結果、線路や橋梁は良好に保全されていた（図6-11）。そのため踏切の整備を行えば、列車の運行が充分に可能なことが判明した。当初の予定では、2004年8月に観光を目的とした特定目的の鉄道事業免許の取得の申請を行い、早ければ2004年9月から観光鉄道として復活させる考えであった。観光に目的を特化した鉄道の方が鉄道事業免許の取得が簡単であるため、国土交通省の中国運輸局もそのように指導したと聞いている。計画では、運賃はJR線時代の1.5倍に設定し、可部〜三段峡間に各駅停車を1日あたり2往復、急行を1往復設定する予定であった。

そんな中、2004年10月に安芸太田町の町長選挙が行われた。この選挙には、町議会議員で株式会社太田川鉄道の代表取締役社長の山根弘司氏（当時59歳）も、鉄道再生をマニフェストに掲げ、立候補した。

結果は、無所属新人で旧加計町の町長であった佐々木清蔵氏（当時59歳）が当選した。佐々木氏は、最初は「地域住民が運行するのであれば、協力してもいい」と含みを持たせた発言を行っていたが、結局は鉄道再生に反対であった。そのため同年の12月に佐々木清蔵町長は、議会に「可部線廃線跡地利活用計画」に

図6-11　2009年7月末の時点では、レールは撤去されていたが、橋梁は残っている。

従って、戸河内駅と三段峡駅の駅舎の撤去（図6-12）と、安野駅構内の線路と枕木の撤去に対する予算案を提出した。結果は、賛成多数で可決された。その後、2005年3月の議会では、旧可部線の線路と枕木については、2005年度の早い時期に全線の撤去工事に入りたいという旨の発言を行った。そして2005年度の予算の中に、全線にわたる廃線跡地の線路と枕木の撤去工事費を計上した（図6-13）。こちらも賛成多数で可決された。

その間に、2004年12月2日に株式会社太田川鉄道は解散し、太田川鉄道有限会社になった。そして安芸太田町では、予算が成立したことから、踏切や駅舎だけでなく線路や枕木も撤去することになった。当然のことながら、太田川流域鉄道再生協会の会長であった伊藤稔氏や、鉄道インフラの撤去に反対の住民は、住民の意見も聞かない一方的なやり方の行政に抗議を行った。

しかし抗議も空しく、線路や枕木も撤去されてしまった。これにより可部線の再生計画は断念せざるを得なくなり、2005年5月25日に太田川流域鉄道再生協会は、集まった寄付金を出資者に全額返還することにした。そして太田川鉄道のホームページは閉鎖され、可部線を太田川鉄道として再生する計画が消滅した。再

図6-12　三段峡駅の駅舎は、撤去されていた。

生基金には1,590件の応募があり、722万4,000円の寄付金を集めたが、当初の目標の1億円には遠く及ばなかった。

　太田川流域鉄道再生協会のやり方は、行政などに廃止反対をお願いする旧来のやり方であった。もし加越能鉄道を第三セクター鉄道万葉線として復活させる原動力となったRACDA高岡のような活動を行えば、寄付金も多く集まり、違った展開になったかもしれない。RACDA高岡は、行政に対して廃止反対の陳情をするのではなく、ラクダキャラバンを結成して出前講座という形で、町内会や婦人会、老人会などへ出向き、万葉線の必要性を説いた。そして「なくすな万葉線」のポスターを各家庭だけでなく、集会所や街の掲示板などに掲載してもらうように求めた。さらに鉄道から10km沿線から以上も離れた集落にも出向き、同様のことを行った。このようにして「万葉線は、これからの街づくりに不可欠である」という世論を形成したのである。

　広島市や安芸太田町などの沿線自治体は、可部線の可部〜三段峡間が廃止される時にJR西日本から10億円の地域振興協力金を受け取っている。もしこの協力金を活用して、観光を核にした街づくりを模索していたならば、観光目的に特化

図6-13　一部の駅などは、レールと枕木は撤去されても、プラットホームは残っている。

した太田川鉄道として復活していた可能性もあった。沿線自治体の消極的な姿勢および今後の街づくりに対するビジョンのなさには落胆させられる。

(2) 可部～河戸駅間を電化・復活

　2006年（平成18）3月に、広島市が可部～河戸までの1駅間を電化して、復活させる計画を発表した。これは河戸付近が新興住宅地として開発が進んでいることが影響している。可部～河戸間の電化計画は、今回が最初ではない。1984年（昭和59）に当時の国鉄が、可部線の非電化区間の廃止の方針を示していた。その時に廃線の代替案として、可部～河戸間の1.3kmは電化して存続させる計画を示したのが最初である。だが当時は、並行する道路の状況が悪く、バスの行き違いに難があったこともあり、地元は可部（河戸）～三段峡間の廃止に猛反対した。これにより、非電化区間の廃止は棚上げになった。そして可部～河戸間の電化の話も立ち消えた。

　2000年に、JR西日本が可部線の非電化区間の廃止を表明した時、「可部駅・河戸駅間電化促進期成同盟会」（会長：平盛儀範）が結成された。だが沿線住民は、可部～河戸間を電化すれば、河戸～三段峡間が廃止されてしまうと危機感を持った。そのようなこともあり、次第に可部～三段峡間の存続へ向けた住民運動の勢いが増した。

　広島市が、可部～河戸間を電化させて復活させる計画を発表したことから、2006年11月26日に、JR可部線の旧河戸駅周辺の広島市安佐北区亀山の住民たちが、可部駅から旧河戸駅まで電化延伸を要望してみこしパレードを行った。可部～三段峡間は、2003年11月末で廃線になったが、安佐北区の住民からすれば、可部～河戸間の1駅間の延伸という形の復活は、1956年に河戸駅が開業して以来の悲願である。広島（横川）～可部間が電化されていることから、可部～河戸間の1区間も電化という形で延伸してほしいと願っている。JR西日本の考えは、地元が全額を負担する考えがあり、さらに広島市から電化延伸の協議があれば応じたいとしている。これは廃線となった広島市内の可部線の軌道敷（図6-14）は、JR西日本から広島市へ無償譲渡の協定で決まっている。

　だが問題は、財源確保と地元の利用促進策である。電化延伸という形で復活させ、広島（横川）～河戸間を朝のラッシュ時に10分間隔で運転するには、可部～

河戸間の軌道を整備し、架線を張るだけでは駄目である。それを実現するには、可部〜緑井間に列車交換設備を設けなければならなくなる。これには土地買収を伴うため、総額で30〜40億円程度を要するという。これらの費用は、地元が全額負担しなければならない。国鉄時代であれば陳情すれば、地元が負担しなくても実現できたが、JR西日本は民間事業者であるため、不採算路線の設備投資には消極的である。山陰本線の出雲市〜益田間の高速化事業や、因美線や津山線の高速化事業も、地元自治体が資金を負担したから実現できた。

しかし広島市は、財政難を理由に出資する意思はない。一方の住民側も、資金集めなどの具体的な活動を行っていないため、白紙の状態であった。

そんな中、2008年9月末に可部〜河戸間の電化延伸事業は、国の補助対象事業に選ばれた。これにより、調査費や計画の策定に関しては、国から補助金が支給される。2008年10月には、同区間を電化して復活させることの議論が、広島市と沿線住民の間で本格化することになった。それでもJR西日本は、自社の費用負担を回避したいために、事業化に関しては慎重である。可部〜河戸間を電化して復活させた場合、河戸駅もホームのかさ上げや車止めの設置、駅舎の新設などの

図6-14　可部〜河戸間のレールは、撤去されていない。

抜本的な改良が必要となるなど、河戸駅構内の改良も課題である。可部線の可部～河戸間の復活に関しては、「都市鉄道整備」の範疇に入ることから、まちづくり交付金[2]を活用した「低炭素型の街づくり」という名目で、復活を模索する方法もある。

（3）鉄道として復活させるには、何が必要か

　我が国で鉄道が廃止された後で、復活を非常に困難にさせていることが、レールや枕木がすぐに撤去されることである。事業者とすれば、清算活動としてレールを売却したいのである。レールだけでなく、軌道敷まで売却されてしまうと、鉄道としての復活はほぼ絶望的である。細長い軌道敷は、生活道路かサイクリングロードとして活用されることが多い。最近では、BRT（Bus Rapid Transit）として活用しようとする動きも見られる。

　一方、太田川鉄道の事例で示すように、市民（地域住民）が自ら鉄道事業者となって復活させようとする動きは今後、活発化するであろう。鉄道事業者が路線を廃止した場合、国がインフラを買い取り、地方自治体にインフラ管理させる制度の構築が必要になる。

　廃止されてしまった鉄道を復活させるには、筆者は「鉄道公園」という形でトロッコ列車のような観光鉄道として復活させることから始めなければならないと考える。この場合、集中豪雨により廃止を余儀なくされた高千穂鉄道を、株式会社高千穂あまてらす鉄道として復活させようとする試みが参考になる。

　株式会社高千穂あまてらす鉄道では、高千穂鉄道から鉄道資産が沿線自治体に譲渡された後、高千穂駅から天岩戸駅を経て、高千穂橋梁までの約3kmを、高千穂町議会に鉄道公園としての認定を申請した。まずは公園内を遊具という形で、低速で運行するトロッコ列車として復活させる。これは、鉄道事業のノウハウの習得と旅行・観光関連の事業者と連携して、新しい観光スポットへの集客が目的である。

　トロッコ列車の運行が始まれば、株式を公募して増資を図ることにしている。そしてトロッコ列車の魅力を向上させるため、列車内や沿線でさまざまなイベントを展開する。トロッコ列車の魅力を向上させながら実績を上げ、資金面で充実を図るとしている。高千穂～槇峰間は、トンネルが多かったため、被害が少なか

図6-15　JR北海道は、線路と道路の両方走れるDMVという車両を開発した。

図6-16　DMVの運転席の様子。

ったことから、トロッコ列車で実績を上げ、鉄道として復活させる計画がある。

　被害が大きかった槇峰から延岡までの区間は、2006年（平成18）9月に高千穂鉄道は「廃止届」を提出したが、当初はデュアル・モード・ビークル（以下DMVと略する）による運行も検討しているという。DMVは、JR北海道がマイクロバスをベースに開発した車両であり（図6-15、6-16）、線路以外に一般道をバスとしても走向することが可能である。そのため鉄車輪とゴムタイヤの双方が装備されている。モードチェンジする場所では、鉄車輪からゴムタイヤに転換を行うが、鉄車輪の収納は油圧を用いて行う。

　ところが高千穂あまてらす鉄道の将来計画では、廃止された高千穂鉄道の全線復活プランを策定し、国土公通省へは特定目的鉄道、または第一種鉄道事業者免許の申請を行う形で、全線の復活を目指す方向にある。

　高千穂あまてらす鉄道の事例で示すように、鉄道の運行はバスとは異なり、より専門的な技術とノウハウが必要である。トロッコ列車のような低速で運行する列車であれば、ノウハウの取得も比較的簡単ではある。だがそれ以上の規格の鉄道となれば、運行を重ねながら実績とノウハウを蓄えなければならない。

〔注〕
1）国鉄は、この頃には既に赤字経営に陥っていたが、国鉄再建法が成立した1980年に比較すれば、単年度赤字および累積赤字の絶対額は少なかった。そのため沿線住民も、国鉄は地域住民の日常生活の足を守ることが当然と考えられていた。
2）2004年度に創設された国土交通省所管の制度である。地域の歴史・文化、自然環境などの特性を活かし、地域主導の個性あふれる街づくりを実施することで、全国の都市再生を推進することを目的とする。

7 名古屋鉄道三河線の廃止代替バス

　2000年（平成12）3月の鉄道事業法の改正は、名鉄のような大手民鉄であっても、従来の内部補助に依存した不採算路線や区間の存続を困難にした。本章では、三河線の中でも利用者が少なく不採算を理由に廃止された「山線」「海線」区間について紹介したい。

1　名鉄三河線

（1）三河線の現状

　三河線は、豊田市の猿投（さなげ）から、豊田市の知立（ちりゅう）を経由して碧南市（へきなん）の碧南までを結ぶ、全長64.8kmの路線である。営業キロ数は、名古屋本線に次ぐ名鉄で第2位である。現在の三河線の輸送密度は、『平成18年度鉄道統計年報』によれば16,180人であり、この数値は国鉄・JRの基準でいえば幹線に該当する。

　だが知立でスイッチバックしなければならないため、猿投～碧南まで直通する列車は設定されていない。乗り換えを強いられる知立は、交通の結節点であることから乗降客も多い。だがエスカレーターやエレベーターが設置されておらず、高齢者などには利用しづらい駅である。猿投方面へ向かう北側を山線、碧南へ向かう南側を海線と呼ぶことがある。

　猿投～知立間には、自動車産業が盛んな豊田市を抱えている。豊田市駅が豊田市の玄関駅であり、名古屋市内へ直通する豊田線の列車も出発するため、豊田市～梅坪間の1駅間1.4kmは複線である。豊田市～知立の間にある上挙母（うわごろも）からは、挙母（ころも）線が1973年（昭和48）まで分岐していた。

　猿投～知立間の有人駅は、知立・若林・土橋（つちはし）・豊田市・猿投の5駅である。そのうちの若林は、朝のみの配置であるため、実質的には無人駅に近い。

　豊田市から越戸（こしど）付近までは、市街地を走行するために高架である。だが越戸を過ぎるとローカル色が濃くなり、越戸の次が平戸橋（ひらとばし）であり、そして終点の猿投である（図7-1）。それゆえ2001年（平成13）に合理化を進めるべく、名鉄の中でもいち早くワンマン運転を開始した。

7 名古屋鉄道三河線の廃止代替バス

　山線の駅構内であるが、スプリングポイントが使われており、駅への進入は25〜35km/h程度に減速せざるを得ない。また島式ホームの駅では、右側通行で列車交換を行う。これはタブレット閉塞を実施していた頃の名残である。長野電鉄も島式ホームの駅では、右側通行で列車交換を行っている。三岐鉄道に移管された北勢線も、近鉄時代は相対式のホームでも右側通行で列車交換を行っていた。しかし三岐鉄道への移管に伴い、左側通行に改められた。

　三河線の山線の利用者の流れは2つある。1つ目は、知立駅から名古屋本線で名古屋・金山に向かうパターンである。もう1つが、豊田市駅から豊田線を経て、名古屋市営地下鉄鶴舞線で名古屋市内に入るパターンである。また豊田市内にはトヨタの下請け企業などが多いことから、通勤にも三河線が利用されている。

　知立〜碧南間の海線は、知立〜重原の1駅間と刈谷〜刈谷市間の1駅間が複線である。それ以外は単線であり、交換設備を有する駅は、小垣江、三河高浜、北新川、新川町だけである。小垣江、三河高浜、新川町は左側で列車交換を行うが、北新川は右側で列車交換を行う。小垣江と三河高浜は島式ホームであるが、新川町は相対式のホームである。複線区間も2区間と距離が短いため、平日は6時台

図7-1　現在の山線の終点は、猿投である。

143

から22時台まで15分間隔で運行されているにもかかわらず、複線区間でのすれ違いはほとんどない。刈谷～刈谷市間は、刈谷市内の中心部を通るため、刈谷を出るとすぐに高架になる。

　乗客の流れは、知立から名古屋本線で名古屋へ向かう利用が多い。だが刈谷～碧南間の乗客は、刈谷からJR東海道本線で名古屋へ向かう傾向が強くなっている（図7-2）。これはJR東海が特別快速や新快速を設置するなど、サービスを向上させた結果、名古屋へ向かう場合、刈谷からJRを利用した方が所要時間が短くなった。また運賃も乗車駅によっては、JRを利用した方が安くなる。そのため、知立まで三河線を利用して名古屋本線に乗り換えて名古屋へ向かう利用者が減少した。そこで名古屋方面への直通電車を段階的に取りやめた[1]。

　刈谷～刈谷市間は、刈谷市内の中心部を通るため、刈谷を出るとすぐに高架になる。刈谷市は、海線で唯一の高架駅である。橋上駅は、刈谷と三河高浜の2駅である。刈谷の場合、JRも橋上駅舎であり、名鉄とは連絡通路で繋がっている。

　車両は山線と共通運用であるが、海線のワンマン運転は山線よりも遅く、2006年から開始された。知立、刈谷、碧南中央の3駅に駅員が配置されている。壁南

図7-2　海線の場合、刈谷からJRで名古屋へ向かう傾向にある。

中央は、碧南市の中心部の近くに位置しており、乗降客数も多い。そのため駅員が配置されているのだが、片側ホームの駅である。三河高浜は、高浜市の中心部に位置することもあり、駅舎は橋上駅と立派であるが、無人駅である。終点の碧南は、島式ホーム2面2線の無人駅である（図7-3）。

山線・海線ともに、無人駅であっても自動券売機と自動改札機が導入されている（図7-4）。

（2）廃止された区間

2004年（平成16）3月末で、山間部を走る西中金〜猿投間の8.6kmと、海沿いを

図7-3　碧南駅は、無人駅である。

図7-4　三河線は、山線、海線ともに自動改札機が導入されている。

145

走る碧南〜吉良吉田間の16.4kmの両方の末端区間が廃止された。これらの末端区間は、特に利用者が少なかったため、信号も自動化されていなかった。名鉄はほとんどの線区が直流1,500Vで電化されているが、三河線の末端区間は合理化のために、架線を外してレールバスで運行していた。このような事例は、2007年3月末で廃止されたくりはら田園鉄道でも実施されていた。また富山ライトレールに移管される直前の富山港線も、昼間の閑散時はレールバスが単行で運行されていた。

しかし経営合理化を実施しても、利用者の減少に歯止めがかからなかったことから、2000年に名鉄は西中金〜猿投間と、碧南〜吉良吉田間の両区間の廃止届を提出する旨を表明した。そこで沿線自治体は、赤字補填をしながら存続させる努力を行っていた。名鉄は、2004年9月末で廃止することを望んでいた。

ⅰ）西中金〜猿投間

廃止された猿投〜西中金間は、輸送量が少ないために、1985年（昭和60）3月からレールバスを用いて運行されていた。猿投〜西中金間には、三河御船、枝下、三河広瀬の3駅があり、三河広瀬〜西中金駅の2.8kmには、力石トンネルと広瀬トンネルがあった。だが2つのトンネルの老朽化が進んでいたことも影響して、名鉄は当初の予定よりも猿投〜西中金間の廃止時期を2004年3月末に繰り上げた。そして学校の新年度に合わせる形で、2004年4月1日から代替バスの運行を開始した。

西中金〜猿投間の山線区間の廃止後は、豊田市から委託された名鉄東部交通・東栄交通により、当初はさなげ足助バスが、愛知環状鉄道の四郷駅を起点に猿投駅〜西中金を経由して香嵐渓〜足助〜百年草を結んでいた。その後、豊田市は周辺の町村を吸収合併したこともあり、サービスを統一する必要性が生じた。現在は、とよたおいでんバスさなげ足助線として、豊田厚生病院を起点に猿投駅、西中金、足助を経由して百年草まで運行している。「おいでん」とは、三河地方の方言であり、「おいでよ」を意味する。

鉄道時代は、ほぼ一直線であったが、代替バスは頻繁に曲がり角を曲がるため、乗り心地が悪くなった。そのため2009年7月末の時点でも、廃止された猿投〜西中金間のレールや路盤（図7-5）、西中金駅の駅舎（図7-6）は撤去されていないことから、力石トンネルと広瀬トンネルを補修し、DMVを活用して猿投〜西中金

7 名古屋鉄道三河線の廃止代替バス

図7-5　山線の猿投〜西中金間は、廃止になったが、レールは撤去されていない。

図7-6　西中金駅は駅舎が残っている。

間の復活も検討してもよいと感じる。特に紅葉のシーズンには、足助方面へ向かう車で道路が渋滞するため、道路混雑の緩和に貢献するように感じる。この場合は、愛知県がインフラの改修費を負担し、インフラは名鉄が所有するようにしたい。軌道区間は、名鉄が運行委託を受け、バス部分は名鉄東部バス、東栄バスが担当すればよい。

ⅱ）碧南～吉良吉田間

　碧南～吉良吉田間も輸送量が少ないため、山線区間よりも5年遅れの1990年（平成2）7月より、レールバスで運行されていた。海線で廃止された碧南～吉良吉田間は、代替バスは主に幹線道路を走行する。鉄道は、碧南市から西尾市に入る時に矢作川を渡るが、この部分は海沿いを走行していた。碧南～三河旭間は、図7-7で示すように市街地の外側を大きく迂回する形で線路が敷設されていた。これは碧南～三河旭まで直線で線路を敷設してもよかったが、当時は玉津浦の周辺は海水浴場であった。そのため中間に玉津浦駅を設けて、利便性を図ったともいわれる。図7-7で見る限りは、海から離れているが、戦後に埋め立てられたことをうかがい知ることができる。

　廃止された海線の区間のほとんどの駅は、片側ホームの無人駅であったが、三河平板のみ島式ホームの2面2線の駅構造であり、列車の交換が可能であった。

　海線の三河楠～寺津間に鉄道高架橋があったが、これは衣浦と岡崎を結ぶ県道の改良の一環で設けられた。この県道は、2005年に常滑沖に開業予定だった中部国際空港へのアクセス道路になることから、改良を行うことになった。中部国際空港へのアクセス道路となれば交通量は多くなり、従来のように踏切で自動車を遮断することは望ましくない。そこで約21億円の費用をかけて、高架橋を建設したのである。

　しかし1998年に供用を開始したにもかかわらず、名鉄は2000年に廃止を表明した。それゆえ2～3年しか使用されない高架橋工事への批判が噴出した。名鉄が廃止の表明を行ったことから、沿線の碧南市、西尾市、一色町、吉良町は、年間2億円の赤字補填を実施して、鉄道の存続を図ることにした。

　だが赤字補填を継続しても、矢作川鉄橋の老朽化が問題視された。矢作川鉄橋は三河旭～中畑間にあるが、架け替えに150～160億円程度の莫大な費用がかかることが分かった。そのため沿線自治体の一部が、存続を断念する旨の表明を行

7 名古屋鉄道三河線の廃止代替バス

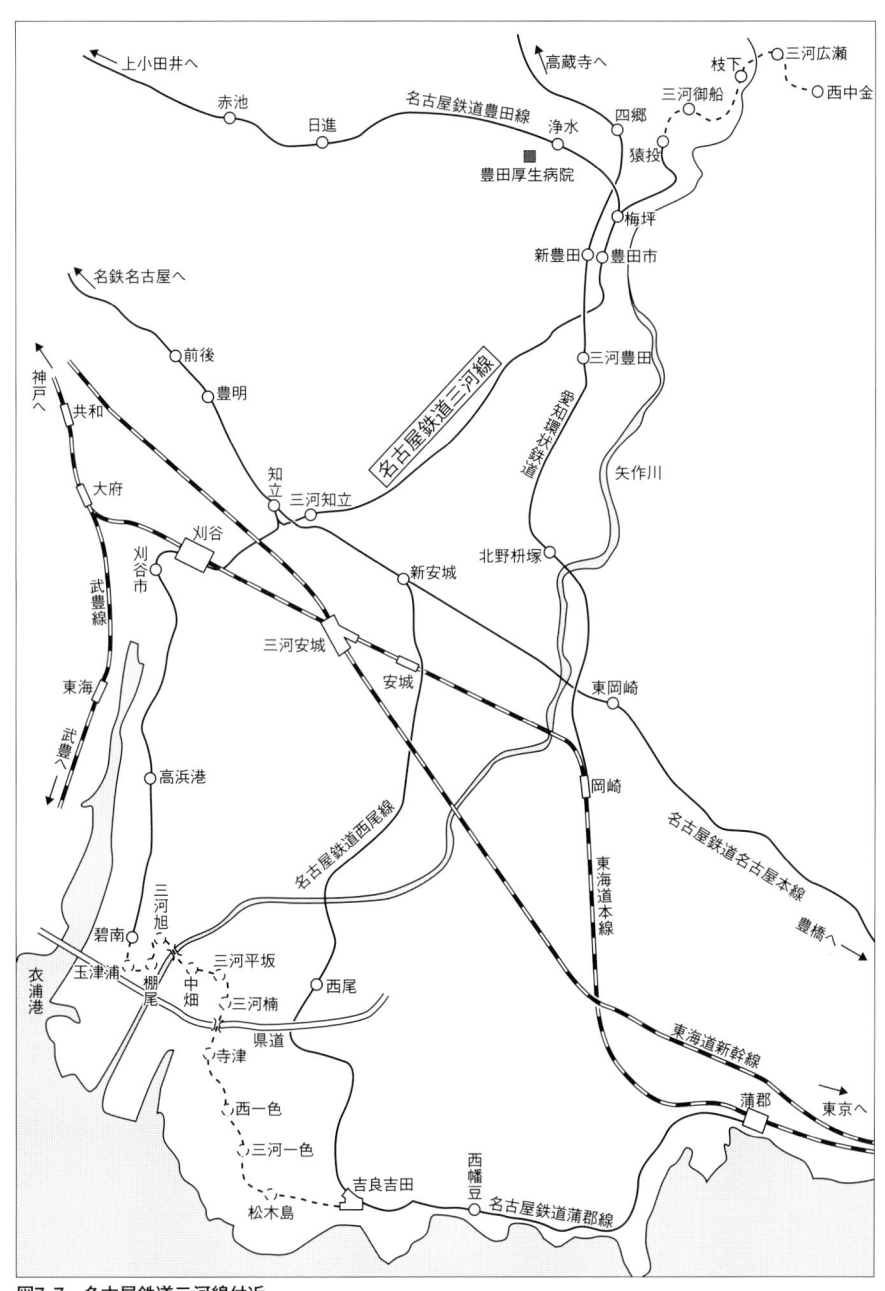

図7-7 名古屋鉄道三河線付近。

ったことで、海線側の廃止が決まった。そして山線側も追随する結果となった。現在、海線で廃止された区間は、矢作川鉄橋をはじめ、線路や駅舎も撤去され、敷地だけが残っている。

　廃止後は、沿線自治体が「ふれんどバス運行協議会」を結成した。「ふれんどバス運行協議会」は、碧南市、西尾市、一色町、吉良町の2市2町で構成される。名鉄三河線は、碧南〜吉良吉田の運行であったが、これを吉良高校前まで延伸する形で、名鉄バス東部が「ふれんどバス」という名称で、代替バスの運行を開始した。

2　とよたおいでんバス

(1)　とよたおいでんバスの概要

　とよたおいでんバスは、豊田市の「豊田市公共交通基本計画」に基づき、2007年（平成19）11月1日から運行を開始した。それまで豊田市内には、名鉄バス渋谷線以外に、コミュニティーバスである「旭バス」と「稲武バス」が運行されており、これらを再編させて「とよたおいでんバス」という名称のコミュニティーバスとして再スタートした。

　とよたおいでんバスには10の路線があり、幹線部分を受け持つ。名称は市民の公募により決定した。車両の外側のデザインは、JR九州の車両や岡山電気軌道のMOMO、さらに和歌山電鐵の「いちご電車」「おもちゃ電車」「たま電車」を手がけた水戸岡鋭治氏が担当した。水戸岡氏の車両内部のデザインは非常に奇抜であることが多く、通勤電車などは高齢者も利用することから、もう少し落ち着いた無難な内装が望ましいと感じているが、今回は車両の外装が担当であった（図7-8）。水戸岡氏が担当した白とオレンジ色の日野のポンチョ、日野のレインボーⅡやリエッセは、無難に仕上がっているが、地域住民にいつまでも利用してもらいたいのであれば、水戸岡氏のような著名なデザイナーではなく、地元の中高校の美術部の生徒にデザインを担当させた方がよいのではなかろうか。そうすることで親を含めた地域住民が、路線バスに関心を持つだけでなく、自家用車の使用を控える動機づけになる。また小原・豊田線と下山・豊田線には、2009年4月1日の改正で日野のブルーリボンシティのハイブリッド仕様車が導入された。

前者が2台、後者が1台である。

　とよたおいでんバスの初乗り運賃は100円であり、100円刻みで上がり、最高は700円である。回数券は、50円券、100円券、200円券、300円券が11枚綴りで販売されており、さらに定期券まで設定されているため、通学で利用する高校生には便利である。

図7-8　車両の外観のデザインは、水戸岡鋭治氏が担当した。

（2）廃止代替路線であるさなげ足助線の現状

　開業当初は、さなげ足助バスとして、愛知環状鉄道の四郷駅を起点に、猿投駅、西中金、足助を経由して百年草まで運行されていた。ところが2008年（平成20）1月に、豊田厚生病院は浄水へ移転した。これにより起点が四郷駅から名鉄豊田線の浄水駅へ延伸される。さらに2009年4月1日からは、図7-9で示すように起点を浄水駅から豊田厚生病院へ延伸し、通院患者の利便性を向上させた。

　現在は、とよたおいでんバスさなげ足助線として、豊田厚生病院を起点に猿投駅、西中金、足助を経由して百年草まで運行している。運行は、今でも名鉄東部交通と東栄バスに委託している。とよたおいでんバスは、7時台から21時台まで60分間隔で運行されている。車両は、日野のリエッセかポンチョという小型車を使用している。リエッセには、補助椅子が設けられている。運賃は、初乗りが100円で、以後100円刻みで上がり、最高が500円である。そのため豊田市内から足助まで行く場合、運賃が400円であるため、鉄道とバスを乗り継ぐよりも割安

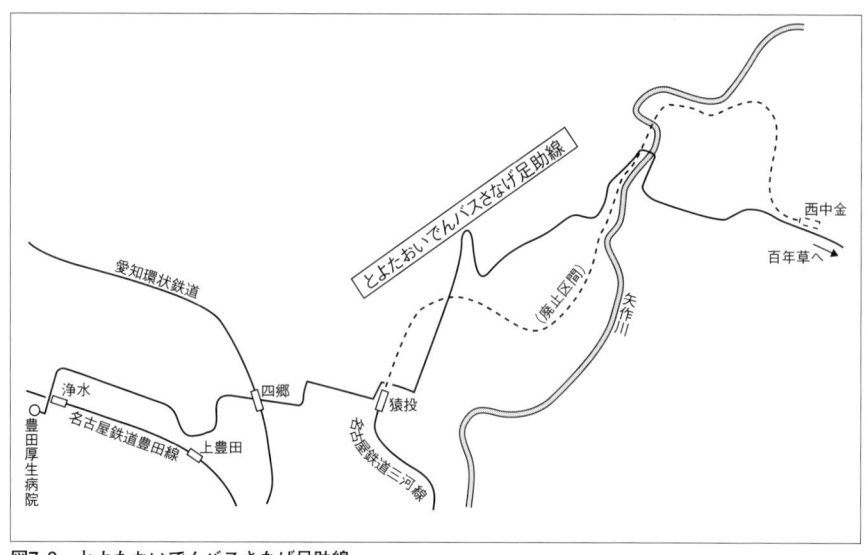

図7-9　とよたおいでんバスさなげ足助線。

になった。

3　ふれんどバス

（1）ふれんどバスの概要

　碧南市、西尾市、一色町、吉良町の2市2町で構成される「ふれんどバス運行協議会」が、名鉄東部交通に運行を委託している名鉄三河線の廃止代替バスである（図7-10）。名鉄三河線の碧南～吉良吉田間が廃止された翌日の2004年（平成16）4月1日から運行を開始した。鉄道時代は、吉良吉田で終点であったが、吉良高校への通学の利便性を確保するため、図7-11で示すように、朝夕の時間帯は吉良高校まで延長運転される。そのため路線長は、鉄道時代の16.8kmから17.1kmに伸びており、19のバス停を有する。鉄道時代は、碧南～吉良吉田間の駅数は9であったことから、約2倍以上に増えた。車両は低床式の12m級の大型車両が用いられ、低床式車両が導入されている。

　運賃は18歳以上が200円均一であり、18歳未満が100円均一であるため、高校生には利用しやすくなっている。ただし自治体の委託運行であるため、名鉄バスなどで使用可能なトランパス、SFパノラマカード、名鉄バスカードなどは使用で

きない。

　大人の通勤定期券は、「持参人方式」を採用しているため、たとえ定期券を持参した人が名義人でなくても、利用可能である。また通学定期券も、18歳以上であっても大学などへ通学する場合は、購入することが可能である。ただしこの場合、通学証明書が必要である。

図7-10　海線の廃止区間には、「ふれんどバス」が運行されている。

（2）ふれんどバスの現状

　現在は、名鉄東部交通が「ふれんどバス」という名称のコミュニティーバスを運行している。朝の6時台から運行が始まり、22時台までほぼ60分間隔で運行される。通学時間帯は、吉良高校まで延伸運転され、通学の利便性が考慮されている。

　運賃は大人が200円均一で、18歳未満の人は100円均一で

図7-11　三河線廃止代替のふれんどバスは、吉良高校まで延長して運転されている。

図7-12 吉良吉田では、西尾線、蒲郡線に接続している。

図7-13 「ふれんどバス」は、地域の足として利用されている。

ある。そのため満17歳以下の高校生は、100円で利用することが可能である。

　鉄道時代の碧南〜吉良吉田間の所要時間は30分程度であったが、バスは40分程度要する。通学時間帯は、吉良高校の前まで延伸されるために便利であるが、バス化されて所要時間は長くかかるようになった。またバスは、吉良吉田駅で鉄道と連絡をとる必要があるため、最大で15分程度停車することもある。さらに国道などの幹線道路を運行され、かつての鉄道駅の周辺に立ち寄るような運行を行うため、曲がり角を曲がることが多く、鉄道よりも乗り心地が悪くなった。

　ふれんどバス運行協議会による運行費用の負担割合は、各自治体の均等割と市町域内の運行距離割、停留所数割を按分して算出すると決めている。そのため自治体が希望して自らの市町域内にバス停留所を増設した場合は、その自治体が運行費用の増加分を自己負担することになる。もし他の市町が、路線延長や停留所の増設を希望した場合は、それを希望した自治体が負担する。

　吉良吉田では、名鉄西尾線・蒲郡線に接続していることもあり（図7-12）、「ふれんどバス」は利用者も比較的多く（図7-13）、30分間隔で運行してもよさそうに感じた。

〔注〕
1）2005年1月のダイヤ改正では、昼間の直通を廃止した。2006年4月のダイヤ改正では、名古屋本線から碧南に向かう直通列車が廃止された。そして2008年12月のダイヤ改正では、碧南から名古屋本線に向かう直通列車が全面的に廃止された。

8 日立電鉄の廃止代替バス

　日立電鉄は、2005年（平成17）3月末で残念ながら廃止されてしまったが、地元高校生による存続運動などは、後の鹿島鉄道の存続運動やJR水郡線の存続運動などに受け継がれた。輸送密度では、第三セクター鉄道のひたちなか海浜鉄道として存続することになった茨城交通湊線と大差がなかった。日立電鉄が廃止になった理由と代替バスの現状を紹介したい。

1　日立電鉄と地元の存続運動

（1）日立電鉄の歴史

　日立電鉄は、1927年（昭和2）7月30日に株式会社常北電気鉄道として設立した。設立当時の資本金は100万円であり、社長には太田町（現在の常陸太田市）出身の竹内権兵衛が就任した。竹内権兵衛は、水浜電車（後の茨城交通）の創業者でもあった。

　地元である太田町には、有力な産業がなかったため、2万枚の株式の全部を消化することは非常に困難であった。そこで日本レールと大阪電気工業所が、約1/3の7,000株を購入した。これにより資金調達が可能になったが、その見返りとしてレールは日本レール製を納入し、土木工事などは大阪電気工業所が担当することになった。

　建設は、1928年1月29日に大甕（おおみか）から常北太田（じょうほくおおた）に向けて工事が始まった。大甕〜久慈（後の久慈浜）間が、1928年12月27日に開通する。そして翌年の1929年7月3日に、大甕〜常北太田間の11.5kmが開通した。『日立電鉄の75年』によれば、常北太田〜小沢間にある里川橋梁158.1mと、川中子（かわなかご）〜大橋間にある大橋架道橋195.8m、南高野（みなみこうや）〜久慈浜間にある久慈浜トンネル38.6mが難工事だったと記されていた。現在の技術であれば、これらの橋梁やトンネルの工事は難なくこなせるが、資金的にも乏しかった当時のローカル鉄道会社にとれば、大変だったのだろう。

　この時代に開業した地方鉄道は、蒸気機関車牽引の客車列車や、ガソリンカー

が主流であったが、常北電気鉄道は開業当初から電化されていた。

　1941年3月19日に、日立製作所が常北電気鉄道の株式の84％を取得したため、日立製作所の傘下に入った。そして日立製作所の傘下にあるバス事業者の合併を行う。1944年3月29日に日立バスを合併した後も、7月27日に多賀郡、日立市内のバス事業者8社を買収して編入させた。そして1944年7月31日に、株式会社日立電鉄となった。この当時の資本金は400万円であった。

　1940年代は戦時下であったために、陸運統制令という国策に基づき、交通事業者の合併を進めた。この時代は、鉄道事業者の統合を進めて経営合理化を行い、それによりあふれた人員を兵隊として活用することを意図していた。それによれば茨城県は、常総鉄道、鹿島参宮鉄道、水浜電車の3社体制になる予定だった。常北電気鉄道と水浜電車は、竹内権兵衛が創業者だった。だが戦時中に国策として統合される以前に、常北電気鉄道は既に日立製作所の傘下に入っていた。そこで軍事物資の製造を請け負っていた日立製作所への通勤輸送が、当時の国策として最重要視されていたことや、日立製作所側の意向もあって、茨城県は常総鉄道、鹿島参宮鉄道、水浜電車、常北電気鉄道の4社体制に変更された。

　戦争が激化した1944年3月15日に、大甕〜日立間の免許線の中で、大甕〜鮎川間の建設工事が開始された。多賀には、日立製作所の多賀工場があり、大甕駅で乗り換えを強いられていたため、建設は急ピッチで進められることになった。しかし多賀から日立にかけては、日立製作所の工場があったことから、米軍による空襲や艦砲射撃で工場は壊滅的な打撃を受けることになった。1946年4月から工事は再開したが、当時は急激な悪性インフレにより、物価の高騰は著しかった。そんな中で、1947年9月1日に大甕〜鮎川間が開業して、図8-1で示す路線が全通したのである。

　当然のことながら、日立市内の中心部までの延伸も検討されたが、常磐線を乗り越える方法や、日立市の中心部における土地の取得が困難であることも加わり、1959年8月25日に、免許が失効している。

　戦中、戦後は経営が良好であった鉄道事業は、1962年には年間の利用者が717万人とピークに達する。だが1960年代の半ばになると自家用車の普及もあり、経営状態が悪化する。そこで要員合理化による経営合理化を行うことになった。1966年6月16日に、全線で単線自動閉塞化が完成し、1968年3月8日にはCTC

の導入も行われた。その後は、1970年5月にPRC（Progrmmed Route Control＝自動進路制御装置）を導入し、1971年10月からはワンマン運転を開始した。このように日立電鉄は、他の民鉄よりも先駆けて経営合理化に取り組んでいたのである。

　鉄道事業の合理化と並行する形で、ショッピングセンターやレストランの経営を行うなど経営の多角化を行うと同時に、不採算のバス路線から子会社へ移管することを始めた。そして1999年（平成11）6月1日からは、バス部門は日立電鉄バスという子会社を設立させ、経営を移管した。それと並行する形で、関連事業も子会社へ移管させるか、撤退するなどの合理化を実施した。

　だがこのように経営合理化を行っても、少子高齢化やモータリゼーションの進展などにより、利用者の減少に歯止めがかからず、2004年2月1日に、橋梁などの設備更新の経費がかさむことなどを理由に、2005年3月末に廃止したい旨を表明した。そして2004年3月26日に、国土交通省に廃止届を提出することになった。2005年3月末で鉄道事業は廃止され、バスによる代替輸送を行っている。バスでは、定員が少ないことから、バスによる代替路線の新設・既存路線の増発が行われている。

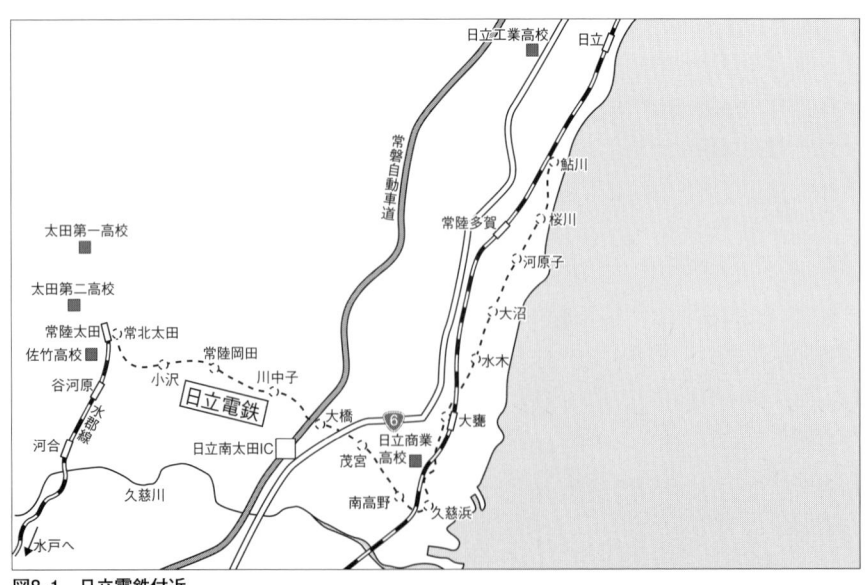

図8-1　日立電鉄付近。

（2）日立電鉄当時の状況

　日立電鉄は、図8-1で示すように常陸太田市と日立市との都市間輸送を担っていた。常北太田駅（図8-2）は、JR水郡線の常陸太田駅の向かい側で、現在の日立電鉄交通サービスの営業所の傍にあった（図8-3）。常北太田～大甕間の途中駅の乗降は、少なかった。これは周辺が農地で人家が少なかったためである。その

図8-2　かつて常北太田駅は、この付近にあった。

図8-3　日立電鉄交通サービスの営業所。

ため常北太田〜大甕間を通しての利用が中心だった。また久慈浜〜大甕までの1駅間も利用者が多かった。要因として、久慈浜は日立港の最寄駅であり、市街地が駅周辺に立地していたことが影響していた。

日立電鉄の特徴として、高校生の通学利用が非常に目立ったことが挙げられる。常陸太田市内には全日制高校が3校（分校を含まず）、日立市内は8校がある。茨城県の県立高校は、全県1区制を採用している。そのため学力さえあれば、自分の希望する学校に入学することができる。それゆえ日立電鉄を利用する高校生は多かったのである。高校のほかに、日立市内には茨城大学がある。

一方の大甕〜鮎川間は、南北方向へ走行する。大甕駅（図8-4）は、JR常磐線のホームの西側にあったが、それを出て常磐線を乗り越えた後は、常磐線から200〜800mの間隔を維持しながら並走していた。さらに山側に国道6号があり、海側に国道245号が並走している。沿線は日立市の密集した市街地で、日立製作所および関連企業の工場が多く点在している。また太平洋が間近であることから海水浴場も多い。

終点が鮎川駅であったため、沿線の人口が多いにもかかわらず、利用者は伸び

図8-4　大甕駅は、常磐線と日立電鉄の結接点であった。

悩んだ。日立電鉄の鮎川駅のあった位置であるが、常磐線の常陸多賀駅と日立駅のほぼ中間であった。鮎川駅のあった場所の傍を、JR常磐線が通っている（図8-5）。日立駅は鮎川駅から3km先であり、もし計画通りに日立市内の中心部まで線路が伸びていたならば、利用者も多かったであろう。

　工場への通勤輸送は担っていたが、バブル崩壊後は日立製作所が大幅なリストラを実施した影響から、関連の下請け企業も大幅に人員削減のリストラを断行した。これは通勤輸送の大幅な減少だけでなく、沿線人口の著しい減少に繋がり、日立電鉄の利用者も減少する結果となった。

　廃止された2005年（平成17）3月末の時点の運行本数であるが、常北太田〜鮎川間の上りが平日22本、土日祝日が17本、下りが平日で22本、土日祝日で16本であった。それ以外に大甕〜鮎川間や、久慈浜〜鮎川間や常北太田〜大甕間でも1日あたり数本の運転が実施されていた。運行は、2002年12月1日からは2両編成を基本とし、ラッシュ時には4両編成になったり、昼間の閑散時に単行で運転されることもあったが、全列車がワンマン運転であった。大甕駅と常北太田駅以外は、基本的に無人駅であったため、先頭車両の後ろ側の扉から乗車し、運転手に

図8-5　この付近に鮎川駅があった。傍を常磐線が通る。

運賃を支払って、前側の扉から降車するシステムであった。2004年度の『鉄道統計年報』によれば、1日あたりの輸送密度は1,303人であった。この数値は、旧国鉄でいえば第一次廃止対象路線並みであり、第三セクター鉄道として存続することになった、ひたちなか海浜鉄道と同程度である。

　ひたちなか海浜鉄道の場合、PC枕木化がほぼ完了している以外に、信号も自動化されていたことから、設備更新のための投資費用が少なくて済むこともあり、鉄道として存続することになった。だが日立電鉄の場合は、車両だけでなく踏切などの更新に莫大な投資が必要であった。設備投資に対しては、国や茨城県が補助を行っており、最近の10年間の平均は、年間で1億2,000万円の補助を行っていた。常陸太田市は存続に熱心であったが、日立市は消極的であったため、2005年3月末で廃止されることになった。

　廃止の1カ月前からは、利用者への感謝の意をこめて、沿線の幼稚園児が描いた絵を車内に展示した「アートトレイン」を運行した。そして各駅の構内や、通常の車両の車内には、旧在籍車両などの懐かしい写真を展示した。さらに5種類のさよならヘッドマークが用意され、最後の華を添えるようにした。

　日立電鉄の沿線に多くの高校を抱えていたことから、日立電鉄が廃止を表明した際、高校生たちが同鉄道の存続を訴えたニュースが話題となった。

（3）地元高校生の存続活動

　日立電鉄が廃止届を提出した2003年（平成15）10月16日の当時は、日立市から常陸太田市の高校へ通学する高校生は、日立電鉄を利用していた。常陸太田市にある高校へ通学する高校生や、反対に常陸太田市から日立市の高校へ通学する高校生にとれば、日立電鉄が廃止されると通学手段が奪われるため、切実な問題である。日立電鉄が廃止届を提出したため、翌年の1月31日に、佐竹高校・里美高校・太田第二高校・日立商業高校・日立工業高校の5つの県立高校が集まり、「日立電鉄線の維持存続をもとめる高校生徒会連絡会」を結成し、日立電鉄存続に向けた署名活動を実施するようになった。佐竹高校[1]が存続運動の中心的な存在であったこともあり、常陸太田市が公的支援による存続を主張した。

　だが日立製作所の子会社である日立電鉄がかたくなに廃線を主張し、日立市も公的支援を拒否したために、高校生たちの努力のかいもなく、2005年3月末で廃

止された。日立電鉄や日立市が、廃止にこだわった理由として、日立電鉄の設備の老朽化が進んでおり、鉄道として維持するには、莫大な設備投資が必要であったことは無視できない。

　高校の生徒会が鉄道存続に対して熱心に活動したのは、「教育を受ける権利」を認識したことに始まる。教育を受ける権利は、憲法第26条で保障されているが、その中でも「学校へ通学する権利」があるということに気づいたことが大きい。それまでは高校生はもちろんであるが、教職員も「鉄道はあるのが当然」と考えており、平素から問題として考えていなかった。だが日立電鉄が廃止されると、常陸太田市内の高校へ入学したくても、別の高校へ行かざるを得なくなる。一方、常陸太田市に住む中学生も、日立電鉄が廃止されたために、日立市内の高校への入学ができなくなる。「教育を受ける権利」は、「学校へ来る足」が確保されていて初めて、活きてくる権利である。そのことを知ったのが、運動の原点であったといえる。

　日立電鉄廃止後は、復活を求める運動や活動が開始されていた。「日立電鉄線の維持存続をもとめる高校生徒会連絡会」は、「日立市～常陸太田市間の鉄道の復活を求める高校生徒会連絡会（当時の会長は、佐竹高校生徒会長の小室早紀子氏）」と名称の変更を行い、高校生の通学手段を確保する目的もあり、2005年6月10日から3カ月間、佐竹高校、太田第二高校、日立工業高校の3高校のホームページで鉄道の復活を支援する応援団や事業者を募集していた。

　鉄道事業者に限らず応募者があれば、茨城県、日立、常陸太田市に紹介し、行政に協力を要請する方針であった。高校生たちを力づけていたのが、2005年秋に廃線予定であった和歌山県の南海電鉄貴志川線の地元自治体（和歌山県、和歌山市、旧貴志川町）が、後継事業者の公募を行い、岡山電気軌道100％出資の和歌山電鐵が経営を引き継いだことである。岡山電気軌道も、日立電鉄の後継事業者として名乗りを上げていた。しかし2005年4月から、日立電鉄は線路・設備などの撤去を行い、一部の備品を売却するなどした。当然のことながら、佐竹高校の生徒会は、そのような行為に対して抗議活動を行った。

　齋藤康則著「5年後、10年後の私たちの後輩」のための運動論─「ちん電守ろう会」から「水郡線サポーターズ」への展開と課題、『いなぎ』NO15によれば、表8-1で示すようにその後、常陸太田市にある佐竹高校、太田第一・太田第二高

校がそれぞれ調査を行っており、日立市内から佐竹高校へ通う生徒数は、1998年度は5校38人であったが、2007年度は3校で11人にまで減少した。太田第一高校では、1998年は11校232人が2007年には7校47人に、太田第二高校では1998年度は12校114人であったが、2007年には7校40人にまで減少したという。通学に片道2時間かかる生徒も出ているため、日立工業高校でも常陸太田方面からの受験者が減ったとの報告があったと聞く。

表8-1　日立電鉄廃止後の廃止後の日立市から常陸太田市の通学生徒数の変化

	1998年度	2007年度
佐竹高校	5校38人	3校11人
太田第一高校	11校232人	7校47人
太田第二高校	12校114人	7校40人

齋藤康則「5年後、10年後の私たちの後輩」のための運動論 —「ちん電守ろう会」から「水郡線サポーターズ」への展開と課題、『いなぎ』NO15、茨城県立佐竹高校2007年発行をもどに作成

　茨城県は、全県1学区制という制度を採っているが、通学の足を確保・充実させるのではなく、2005年3月末の日立電鉄の廃止にとどまらず、2007年3月末で鹿島鉄道も廃止になるなど、当時は全く矛盾した政策を採用した。

　日立電鉄廃止後に、沿線10校を対象に行ったアンケート調査では、「代替バスの遅延が目立つ」「運賃が高くなった」などの回答が目立ったという。このため「日立市〜常陸太田市間の鉄道復活を求める高校生徒会連絡会」では、2005年5月30日に常陸太田市長である大久保太一氏に、鉄道復活の再検討や廃線に伴う実態調査などを求める要請書を提出した。そして日立市長である樫村千秋氏へも同様に提出した。

　だが廃止直後から、レールや駅舎などの設備の撤去作業が開始され（図8-6）、その後は軌道敷のアスファルト舗装を行った個所もある。そのため日立電鉄を復活させることは、今となっては非常に困難となった。

　茨城県北部の路線バスは危機的な状況にあり、公共交通の空白地域も多い。水郡線よりも輸送密度の高かった日立電鉄が廃止されてしまったため、県立佐竹高校・県立太田第二高校・県立那珂高校は危機感を持ち、「水郡線サポーターズ高校生徒会連絡会」（以下SSKと略す）を組織し、廃線の噂が絶えない水郡線の存続を求める運動を展開するようになった。そしてSSKの中でも中心的な役割を担っているのは、佐竹高校の生徒会である。

図8-6　レールや枕木は、撤去されている。

2　日立電鉄交通サービスバスの現状

(1) 会社の概要

　日立電鉄交通サービスは、1999年（平成11）3月1日に設立したバス事業を中心とした自動車運送事業を行う会社である。設立当時の名称は、日立電鉄バスであったが、2005年10月1日からは、日立電鉄バス、日立電鉄観光、日立電鉄サービスを統合して、株式会社日立電鉄交通サービスに社名を変更した。資本金は9,000万円で、筆頭株主は日立製作所である。従業員は521名である。

　日立電鉄交通サービスには、大甕駅、常陸多賀駅、日立駅、高萩駅の4つの主要ターミナルがある。そして2007年10月1日からは、全国初のIC整理券が導入された（図8-7）。紙式の整理券であれば補充しなければならないが、IC整理券であれば再利用が可能であるため、コスト削減につながるからである。そしてIC整理券には、日立製作所の製品がデザインされており、宣伝効果も期待できる。バスカードもIC化されており、「でんてつハイカード」という名称である。

　日立電鉄交通サービスの稼ぎ頭は、何といっても高速バス事業である。その中でも東京駅〜日立駅間に、JRバス関東と共同運行で1日あたり18往復設定して

いる「ひたち」号が目玉である。車両はハイデッカー車を用いており、座席は2-2の横4列のリクライニングシートであるが、トイレも完備している。運行開始当初は、座席定員制を採用していたが、現在では全席座席指定となっている。上下便ともに谷田部東パーキングエリアで10分程度の休憩を行う。

そのほか、いわき駅前〜東京ディズニーランド間を結ぶ昼行の高速バスも、新常磐交通、東京ベイシティ交通と共同運行している。

高速道路を経由して、日立駅〜羽田空港を結ぶ空港リムジンバスと、「ローズライナー」という日立駅前〜成田空港を結ぶ空港リムジンバスを運行している。羽田空港行きのリムジンバスは、日立駅中央口を出ると東海駅東口、勝田駅西口、水戸駅南口を経由して羽田空港を結んでいる。運行は、茨城交通、羽田京急バス、東京空港交通との共同運行である。

「ローズライナー」は、茨城交通、千葉交通と共同運行を行っており、1日あたり9往復設定されている。定員制であるため必ず座れるだけでなく、トイレも完備されている。またリムジンバスらしく、スーツケースなどの大型荷物の収納スペースも設けられている。日立駅前〜成田空港間の片道運賃は、大人が3,200円

図8-7 代替バスの整理券は、再利用が可能なようにICカードが導入されている。

である。

　日立駅中央口を出ると、東海駅東口、勝田駅西口、水戸駅南口、鹿島臨海鉄道の新鉾田駅前を経由して成田空港に到着する。そして成田空港の第1、第2の両方の出発ロビーまで乗り入れるため、到着したらそのまま航空会社のチェックインカウンターに向かえばよい。日立駅中央口の始発は4:10であり、このバスに乗車すれば成田空港の第2ターミナルには7:23、第1ターミナルには7:28に到着するため、9時台に出発する便に間に合う。復路は、到着ロビーから乗車するために、往復路ともに階段の昇降を伴わないために便利である。復路の始発は、成田空港第1ターミナルが7:30であり、成田空港に早朝着の便に接続している。そして最終が20:45であり、このバスに乗車すれば日立駅前には23:41に到着するため、その日のうちに帰宅できる。

（2）廃止代替路線8、9、90系統の現状

　日立電鉄の廃止後は、大甕駅を起点に常陸太田方面に向かう8、9、90系統と、常陸多賀駅を起点に鮎川を経由して神峰営業所へ向かう環1、環2に分断された。

図8-8　代替バスも60分間隔で運行されている。

大甕駅〜常陸太田駅前間は、鉄道時代は久慈浜方面に迂回をしていたが、バスでは山を越える直進ルートとなったため、距離的には短くなった。運転本数も、日立電鉄時代は60分間隔であったが、バス化されても大甕駅〜常陸太田駅前間は、60分間隔が維持されている（図8-8）。日立電鉄時代の大甕〜常北太田間の所要時間は、ほぼ30分であった。大甕駅〜常陸太田駅前間のバスの所要時間は、30分となっているが、朝のラッシュ時などは遅延が生じていると聞く。一部にバスが行き違うには、幅員が狭い道があることも影響している（図8-9）。運賃は、590円と割高である。また車両が古いこともあり、振動がひどかった。

　一方、大甕〜鮎川間であるが、2009年（平成21）5月のダイヤ改正後は、大甕〜鮎川間を運行するバスは69系統のみであり、平日に2往復しかない。このバスは、久慈コミセンを起点に大甕駅・多賀駅・鮎川を経由する日立駅行きである。久慈コミセンを7:00と7:18に出発する便は、鮎川に7:41と7:59に到着して、日立駅には7:49と8:07に到着する。復路は、8:35と17:55に日立駅を出発する便がある。8:35に出発する便は、鮎川発が8:43で、多賀駅に8:49、大甕駅に9:12に到着

図8-9　幅員の狭い個所もある。

する。17:55に出発する便は、鮎川が18:03、多賀駅に18:12、大甕駅には18:32に到着する。

　かつての大甕〜鮎川を結ぶバスは、大甕よりも1駅いわき寄りの常陸多賀駅を起点に運行される（図8-10）。常陸多賀〜日立駅間を結ぶバスは、比較的運行本数が多いが、その大半は国道6号経由で運行されるため、鮎川を経由しない。鮎川へ行く場合、常陸多賀駅から海沿いの国道245号を経由する神峰営業所行きの環1、環2系統を利用しなければならない。この系統は運行本数が少なく、環1は平日が5本、環2は6本であり、特に土日祝日は環1と環2合わせて1日に2本しか運行されない。

　常陸多賀〜鮎川間の所要時間は、10〜12分程度であり、運賃は250円である。鮎川の傍にはJR常磐線が通っており、日立電鉄の廃止に伴い、大甕〜鮎川間は非常に不便になった。もしJRが常磐線に新駅（仮称：鮎川駅）を設けたならば、日立や大甕、水戸へ向かう利便性は大幅に向上するだけでなく、国道245号の渋滞緩和にも貢献すると考える。

図8-10　鮎川へ向かうバスは、常陸多賀駅を起点に運行される。

(3) 廃止後の利用状況

　日立電鉄バス（現在は日立電鉄交通サービス）が明らかにしたところによると、2005年（平成17）3月31日の日立電鉄線の廃止と同時に新設された代替バス計4路線の利用者は電鉄線の4割強にとどまっている。同社は、バスが通勤・通学時間帯を中心に、2005年4月は4路線で平均して1～9分の遅延が目立つことが理由と考えた。そこで2005年7月9日のJRのダイヤ改定に合わせて、午前6～7時台の計5本について出発時刻を5分早めた。

　新設4路線の4月の平日の利用者数は、1日平均1,277人であり、電鉄線沿線を走る既存路線のバス利用者は廃止前後で1日平均365人増えていた。そこで同社は、合計の1,642人が電鉄線からバスに切り替えたと見ていた。2004年8月の平日1日あたりの日立電鉄の利用者数は、夏休み期間中であるにもかかわらず3,946人であった。2005年4月と2004年8月の単純比較することは少々難があるが、この場合の切り替え率は42％である。

　沿線の3つの県立高校の生徒会連絡会が実施したアンケートの結果によれば、佐竹高校では日立電鉄を利用していた生徒が26人いたが、そのうち代替バスへシフトした人が15人であった。残りは、保護者によるマイカー家族送迎と自転車へのシフトが各5人であり、水戸経由のJRが1人だった。日立市から常陸太田市へ行く場合、JR線を利用すると水戸を経由しなければならず、大幅に迂回を要するだけでなく、運賃も790円となる。この価格は、日立電鉄を利用していた時よりも高くなるだけでなく、代替バスの運賃590円と比較しても割高である。

〔注〕
1）現在では、水郡線の存続・活性化運動の中心的な存在である。創立は1973年と比較的新しく、「自律・創造・協和」を校訓に定めている生徒数は約600名の県立高校である。

9 鹿島鉄道の廃止代替バス

 鹿島鉄道も、日立電鉄と同様に、地元高校生などが存続運動を展開した。しかし、つくばエクスプレスの開業に伴い、親会社である関東鉄道の利用者の減少および航空自衛隊の百里基地への航空燃料輸送の廃止により、2007年（平成19）3月末で廃止された。9章では、かしてつバス応援団の活動と軌道敷を活用したBRT（Bus Rapid Transit）構想も踏まえて紹介する。

1 鹿島鉄道の歴史とかしてつ応援団

（1）鹿島鉄道の歴史

 鹿島鉄道は、JR常磐線の石岡～鉾田間を結ぶ27.2kmの全線非電化のローカル民鉄であった。鹿島鉄道は、1924年（大正13）に鹿島参宮鉄道として発足した。参

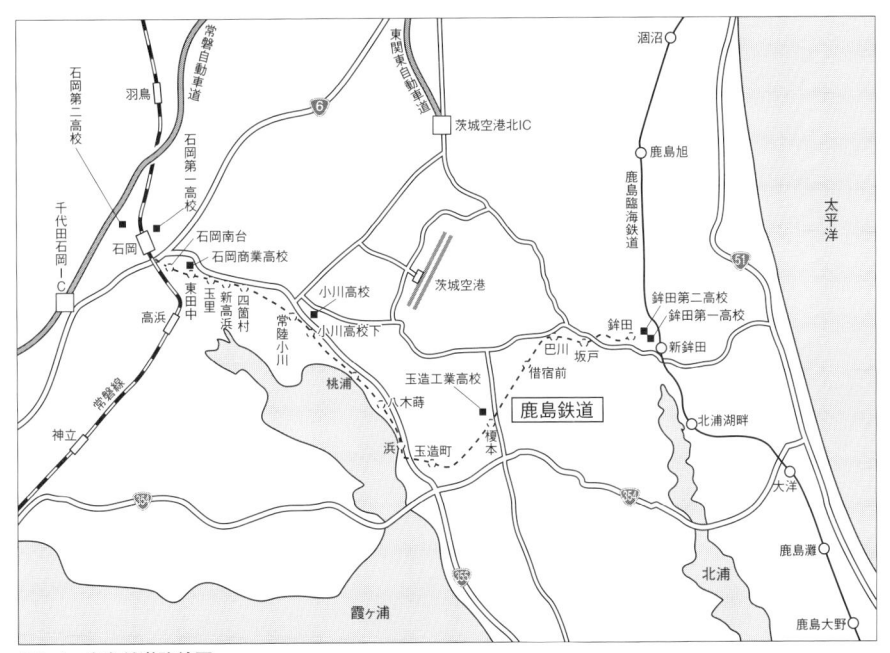

図9-1 鹿島鉄道路線図

宮鉄道の名称があるように、鹿島神宮の参詣も目的の1つであった。そして1926年に、石岡～常陸小川間が開業した。開業当時は、蒸気機関車が客車を牽引していた。1929年（昭和4）5月に、図9-1で示す石岡～鉾田間の17.2kmが開通し、そのまま2005年3月末まで営業が行われた。鹿島神宮への参詣を目的に鉄道が建設されたが、霞ケ浦の浜～大船津間の航路は、鉄道の全通よりも早く、1927年5月17日に開業している。霞ケ浦の航路には、鹿島丸、参宮丸、霞丸の3隻の船を就航させた。鹿島丸は50.5tで定員98名、参宮丸は25.94tで定員55名、霞丸は8.57tで定員22名であった。大船津より先は、バスで連絡を行っていた。

　第二次世界大戦中の交通事業の統合により、1943年11月に、竜ヶ崎鉄道を合併した。後に京成電鉄の傘下に入り、1965年に、常総筑波鉄道と合併して関東鉄道になった。この当時の関東鉄道は、全線非電化ではあったが、総延長は120kmを超えていた。

　ところが関東鉄道の水海道線と竜ヶ崎線は関東鉄道、鉾田線は鹿島鉄道、筑波線は筑波鉄道とする会社の分割が1979年4月1日に行われた。分社化した理由は、慢性的な赤字であった鉾田線を鉄道として存続させるためである。資本金は1億円であり、関東鉄道が100％株式を保有していた。同時に分社化された筑波鉄道は、鹿島鉄道線よりも20年も早く、1987年3月末で廃止になっている。筑波鉄道は鉄道事業を廃止したが、会社は関鉄筑波商事という名称で存続している。

　鹿島鉄道の主要な収入源は、航空自衛隊の百里基地への航空燃料の輸送であった。そのための貨物列車が、1日あたり石岡～榎本間に2往復運行されていた。榎本駅構内には、4つの石油貯蔵タンクがあり、ここに蓄えられた石油はパイプラインで百里基地まで輸送されていた。だが2001年（平成13）8月に、パイプラインが老朽化したことを理由に燃料輸送が列車からトラックに変更されたため[1]、経営が深刻に悪化した。そして2001年12月に貨物輸送の廃止が決まり、沿線自治体は存続に危機感を持った。そこで茨城県と石岡市、玉里村（現：小美玉市）、小川町（現：小美玉市）、玉造町（現：行方市）、鉾田町（現：鉾田市）の沿線自治体の首長と議会議長で組織する鹿島鉄道対策協議会が発足した。

　2002年9月に沿線自治体と茨城県も、鹿島鉄道の5カ年計画を了承し、5年間で総額2億円の公的支援を行うことになり、当面の廃線の危機は回避されることになった。貨物輸送は2002年3月末で廃止になったが、これに対し親会社である

関東鉄道は、経営支援を行うことになった。

　そこで2002年度からの5年間は、経営改善5カ年計画に基づき、軌道強化、パーク＆ライド用の駐車場整備、自転車を車内に持ち込めるサイクルトレインの運転、65歳以上を対象とする格安定期券を販売するなど、鹿島鉄道の活性化に向けた取り組みを実施した。

　このような施策により経営状態の向上が期待された鹿島鉄道であったが、2005年に秋葉原～つくば間を最速45分で結ぶつくばエクスプレスが開業した。これにより関東鉄道の常総線の利用者が減少しただけでなく、関東鉄道一のドル箱路線であった東京駅～つくば間の高速バスの利用者が激減した。つくばエクスプレスが開業する前の東京駅～つくば間の高速バス路線は、メガライナーという15mの2階建てバスを導入しなければならないくらい需要が多かった。ところが、つくばエクスプレスの開業に伴い、定時性に優れる鉄道へ利用者がシフトしたため、ドル箱路線ではなくなった。そこで関東鉄道は、高速バスの利益で鹿島鉄道の損失を内部補助できなくなったことを理由に、2007年度以降の経営支援を行わない旨を伝えた。鹿島鉄道は、親会社の支援なしでの経営存続は無理であると判断し、2006年3月30日に「廃止届」を提出した。鹿島鉄道は2006年3月末時点で、約2億5,500万円の累積赤字を抱えていた。

　鹿島鉄道は2006年の夏、2007年度以降も鉄道事業を継続する場合、5年間で車両の新造、設備更新を含めて約11億円の支援が必要となると試算した。これに対し鹿島鉄道対策協議会は、老朽化した車両の更新は他社の中古車両の導入を提案した。そして寄付金の受け入れなどで、11億円の支援額を削減することは可能であるとし、上限として約6億5,000万円を提示した。鹿島鉄道の経営状態が良くなかったことから、沿線の中高校生たちが「かしてつ応援団」を結成して、存続運動を展開するようになった。だが彼らの努力も空しく、鉄道は2007年3月末で廃止となった。

　廃線直近のダイヤは、全列車が各駅停車であり、通常は1両編成であったが、ラッシュ時などは2～3両の列車もあった。昼間は、石岡～鉾田間がおおむね60分間隔で運転されていた。都市公団が石岡南台という住宅地の開発を行ったこともあり、常陸小川あたりまでは宅地開発が進んでいたため、石岡～常陸小川間の列車も、おおむね60分間隔で設定されていた。早朝と夜には、石岡～玉里間の列

車も運転されていた。石岡から2つ目の東田中には県立石岡商業高校があり、ここへ通う生徒の利便性も考慮して設定されていた。そのため石岡〜常陸小川間は、日中は1時間あたり1〜3本運転されていた。石岡で接続するJR常磐線の普通列車は、20〜30分間隔である。そのため時間帯によれば鹿島鉄道の方が、運行本数が多かったのである。

鹿島鉄道を存続させるためにDMVを導入する話もあった。DMVを導入すればオフピーク時は確かに運行経費が下がるかもしれないが、ピーク時には積み残しを出すため、鹿島鉄道では現実的な話ではなかった。

(2) 沿線住民による存続運動

公的支援の正式決定前の2002年(平成14)7月、県立小川高校の生徒の呼びかけで、沿線の中学校と高校の8校の生徒が集まり、「かしてつ応援団」を結成した。そして存続に向けて署名活動を展開するようになった。同応援団は、公的支援が正式決定された後も、署名運動や募金活動、さまざまな存続運動を盛んに展開した。その努力が評価され、2003年10月に「地方鉄道の活性化に貢献した」として、日本鉄道賞の表彰選考委員会特別賞を受賞した。最初は沿線の中学校と高校の8校が集まって発足した「かしてつ応援団」であったが、最終的に16校が参加するようになった。鹿島鉄道の存続運動が盛り上がったのは、同応援団の存在が大きかった。

2005年11月に、地元のNPO法人と沿線住民有志が「かしてつブルーバンドプロジェクト」を立ち上げた。このプロジェクトの事務局も、県立小川高校の生徒会内に設けられた。ブルーバンドは、霞ヶ浦の青をイメージした青色のバンドである。これを1つ100円で、石岡市内や鉾田市内、小美玉市内にある食品スーパーの「カスミ」の3店舗や駅舎で販売した。ブルーバンドの売り上げは、2006年8月に開催された「かしてつ祭」などの鹿島鉄道を盛り上げるイベントなどの運営資金に充当した。

2006年8月、「かしてつブルーバンドプロジェクト」などの支援団体がまとまって、住民団体「鹿島鉄道再生存続ネットワーク」が発足した。

しかし状況は好転せず、2006年3月30日に鹿島鉄道が国土交通省に廃止届を提出した。これにより鹿島鉄道対策協議会は、2006年11月中旬をめどに支援策をま

とめた。また第三セクター鉄道としての存続を模索するが、駄目な場合は代替バスへの転換も検討する方針が対策協議会で確認された。そして2006年11月19日に第3回の会合を開き、協議会および沿線の市が単独での財政支援を行うことを、今年度限りで打ち切ることが決定した。これにより、11月27日から12月11日の間に、輸送人員や公的支援額などを公表したうえで、新事業者を公募することにした。もし応募がない場合は、代替バスを運行する方向で準備が進められた。

公募には2件の応募があった。1つ目は、市民団体の鹿島鉄道再生存続ネットワークが株式会社霞ヶ浦市民鉄道（仮称）を設立したうえ、運行を岡山電気軌道に委託する形であった。もう1つは、旅行代理店のトラベルプランニングオフィスが、鉄道事業への新規参入を表明する形で応募した。この2つの事業者は、12月17日に鹿島鉄道対策協議会へのプレゼンテーションを行った。協議会は審査の結果、トラベルプランニングオフィスの場合は、「鉄道事業の免許を持っていない」ことを理由に不採用になった。

一方の岡山電気軌道による運行は、主に以下の2点で不採用になった。
①2007年度から5年間で、6億5,000万円の支援を予定しているが、踏切などの設備更新が必要であり、そうなればこれを超える負担が必要になる
②鹿島鉄道から施設の無償譲渡を受けるのが難しい

これにより鹿島鉄道の廃止が2006年12月24日に決定した。廃止後は、関鉄グリーンバスが代替バスの運行を行っている。

2　関鉄グリーンバスの現状

（1）運賃・運行本数

鹿島鉄道の廃止に伴い、翌日の2007年（平成19）4月1日からは関鉄グリーンバス（図9-2）が石岡駅を起点に石岡商業高校、小川駅、玉造駅、玉造工業高校、鉾田駅間を結んでいる。関鉄グリーンバスは、関東鉄道が100％出資して設立した子会社である。関東鉄道は、自社の自動車部の経営効率化を目的に、石岡地区を拠点とする地域子会社を2002年3月15日に設立した。資本金は、3,000万円である。

石岡市周辺の一般バス路線をほぼ独占している以外に、水戸市から土浦市、つ

くば市までの主要都市を含んだ茨城県南部の広範囲の輸送を担っている。当初は、石岡市周辺のみであったが、2005年に関東鉄道から先に分離して設立された関鉄メロンバスを統合した結果、鉾田市などの鹿行地域も受け持つようになり、茨城県南部に路線が広がった。また鉾田駅～東京駅間に、高速バス「あそう」も運行している（図9-3）。「あそう」は、鉾田駅を出ると潮来駅、佐原駅、香取神宮を

図9-2 関鉄グリーンバスが、代替バスの運行を担っている。

図9-3 関鉄グリーンバスは、鉾田駅～東京駅間の高速バス「あそう」も担当している。

経由して、東京駅の八重洲口に到着する。関鉄グリーンバスの営業している地域は、農村などが多いローカル路線が多いため、高速バス事業は関鉄グリーンバスにとっては、利益率の高い路線である。

　平日の代替バスは、石岡駅の始発が6:05の鉾田駅行きから始まり、最終が21:30の鉾田駅行きである。平日の運行本数は、石岡駅〜鉾田駅間に16往復設定されている。それ以外に石岡駅〜玉造駅間に5往復、石岡駅〜小川駅間に16往復の折り返し便が設定されている。平日の6時台の石岡駅発が3本、7時台が3本、8時台が4本運行されている。そして石岡駅〜小川駅間は、オフピーク時でも30分間隔で運行される。

　休日は、石岡駅の始発が6:20の玉造駅行きから運行が始まり、最終は21:30の鉾田駅行きである。石岡駅〜鉾田駅間に13往復、石岡駅〜玉造駅間に5往復、石岡駅〜小川駅間に10往復運転される。

　石岡駅〜鉾田駅までの片道運賃は1,040円であり、鹿島鉄道時代は1,050円であったことから10円安い。そして石岡駅〜石岡商業高校間の運賃は170円であり、鹿島鉄道時代の最寄駅であった東田中までは160円であったことから10円値上げになった。通学定期券は、1カ月あたり100円値上げになった。

　一方の所要時間であるが、石岡駅〜鉾田駅までの所要時間は、1時間15分となっているが、石岡商業高校〜小川駅間を走行する国道355号は、茨城県内でも有数の通行量を誇っており、定時運行を行う際の支障となっている。そこで鹿島鉄道の石岡駅〜小川駅間の7.1kmをバス専用レーンとして整備し、BRTとして活性化させる計画もある。

（2）かしてつバス応援団
「かしてつ応援団」は、2007年（平成19）3月末で鹿島鉄道が廃止されたことにより、本来の活動を終えた。だが代替バスの利用者数は、鉄道時代の4割しかない。沿線の高校からすれば、「代替バスも廃止されるかもしれない」という危機感がある。そこで代替バスを存続・活性化させるため、「かしてつバス応援団」として活動を引き継いでいる。「かしてつバス応援団」は、2007年7月26日に発足し、中心的な役割を担うのが、県立石岡商業高校の生徒会である（図9-4）。

　かしてつバス応援団には、石岡第一高校、石岡第二高校、石岡商業高校、小川

高校、玉造工業高校、鉾田第一高校、鉾田第二高校の7校が加盟している。「かしてつ応援団」には、沿線の中高校の16校が加盟したことから、それと比較すれば後退した感は否めない。それでも定期的に各高校の生徒会の代表が集まり、代替バスの存続と活性化に向けたミーティングを行っている。ミーティングでは、一般市民や生徒に代替バスの利用を呼びかける、フリーマーケットの開催、活動を継続させるための募金活動、バス停周辺の清掃活動、応援団のキャラクターである「かしてつバスくん」のイラスト入りのティッシュを配るといった案が出ている。

「かしてつバス応援団」では、各高校から出た意見をもとに、現状に不満をいったり、何でも一方的にバス会社にお願いするだけでなく、自分たちでできることは自分たちで行う方針である。そのためバス会社への要望すべきことと、自分たちでできることに分けて整理している。

　バス会社へ要望すべきこととして、
　①バス停の案内を分かりやすくすること
　②通学時間帯の増便
　③中高生に限定した割安な企画乗車券の販売など
　を提案している。

図9-4　かしてつバス応援団の中心的な役割を担う県立石岡商業高校。

確かに増発や割安な企画乗車券、およびバスシムテムなどのハード面は、高校生たちでは無理であるため、バス会社および行政の協力が必要である。
一方、自分たちでできることとして、
①バス停周辺の清掃活動の実施
②代替バス沿線の名所・旧跡などを紹介したガイドの発行
③利用を呼びかけるポスターを作成し、駅などで一般市民への配布
④「かしてつバス」の応援歌を作る（自分たちでできない場合は、音楽の先生に作ってもらう）
⑤校内に最寄りのバス停の時刻表や、路線図などを設置する
⑥募金活動を行う
などであった。

かつて「かしてつ応援団」は、鹿島鉄道の運賃が割高であったことから一般市民から募金を集め、運賃の値下げ運動を行ったことがあったが、10万円程度の補助金では、通学定期券への補助を実施する原資にならない。そこで応援団のキャラクターである「かしてつバスくん」が描かれたシールを作成することにした。「かしてつバス応援団」では、茨城県の公共交通活性化協議会へ利用促進活動助成金の申請を行い、県から補助金として10万円をもらい、2007年度は「かしてつバス応援団」のシールを15,000枚作成した。これは「かしてつバス応援団」という組織の存在を知ってもらうためである。シールは、沿線にある19の小中高校へ配布する以外に、石岡市内のお祭りなどで一般市民にもバスの利用促進を促すチラシと一緒に配布した。

そして2008年度も、茨城県の公共交通活性化協議会に利用促進活動助成金の申請を行い、「かしてつバスくん」のイラストが入ったティッシュを作成した。これはより多くの人に、「かしてつバス応援団」の存在を知ってもらうため、花粉症の季節である2009年3月に石岡駅で一般市民に配布した。またティッシュは、石岡商業高校周辺の幼稚園にも配っている。さらに沿線にある幼稚園や保育所、小中学校に対し、ギャラリーバスへの絵画作品の展示を呼びかけたり、石岡駅前で開催される七夕祭りに参加し、公共交通の利用を呼びかけている。「かしてつバス応援団」が行うこれらの活動は、かしてつ代替バスがあるということも、一般市民に知ってもらうことができるため、高校生が行うMM（モビリティー・マ

ネジメント）であるといえる。MMは心理学的な「コミュニケーション」という手法により、自家用車から公共交通へのモーダルシフトを促すことを目的としている。MMの先進国であるオーストラリアのパースでは、コミュニケーションだけで自家用車の利用が1割減少するなどの効果が見られる。

そのほか、かしてつ沿線地域公共交通戦略会議にも参加している。これは、鹿島鉄道の軌道敷をBRTとして活用する計画があり、地域の公共交通体系などを考える会議を開催している。そこに沿線の利用者代表として参加し、積極的に意見を述べている。

(3) 乗車した感想

鹿島鉄道の廃止後は、関鉄グリーンバスが石岡駅〜鉾田駅間を運行する。利用者の減少を極力回避するため、運賃および所要時間、運行本数は鉄道時代と同等になるように設定している。それでも鉄道時代と比較して、利用者は4割程度であるという。

筆者は、そのことを確認する意味もあり、平日の16:10分に石岡駅発の鉾田駅行きに乗車した。代替バスの石岡駅は、JR常磐線の石岡駅の西口に隣接している。つまり旧鹿島鉄道のホームの反対側である。乗車時は、夕方の下校時間などと重なったこともあり、車内は立ち客が出る混雑であった（図9-5）。石岡駅を出発したバスは、常磐線を高架橋で乗り越えると、石岡南の住宅地へのアクセスも兼ねているため、一時、国道355号を離れる。そして石岡商業高校を出ると右に曲がり、再び国道355号と合流する。この頃になれば、車内に立ち客の姿はなくなった。国道355号を眺めると、道路沿いにホームセンターや飲食店などの商業施設が林立している。

小川駅は、旧常陸小川駅の前に停車するが、駅舎は既に撤去されていた（図9-6）。小川駅ではまとまった降車があり、座席には半分程度の乗客しかいない。この様子を見ると、石岡から常陸小川の1つ鉾田よりの小川高校下までは、鉄道として存続させてもよかったように感じる。これならば沿線自治体も支えることが可能であったかもしれない。

小川駅を過ぎると国道355号の沿線も、水田などが目立つようになる。やがて車窓の右側に霞ケ浦が現れる（図9-7）。代替バスは、廃止された鹿島鉄道に沿っ

9 鹿島鉄道の廃止代替バス

図9-5　石岡駅を出発する時は、立ち客が出る混雑である。

図9-6　常陸小川駅の跡地。駅舎は、既に撤去されている。

て運行されるため、玉造を経由する。玉造駅も鹿島鉄道の旧玉造駅の前まで乗り入れるが、既に駅舎は撤去されていた（図9-8）。玉造駅を出ると、車内はさらに閑散とする。玉造工業高校にもバスは停車するが、車内から校内を見ると駐輪場にはバイクが駐輪している（図9-9）。

茨城県は公共交通の便が悪いために、旧鹿島鉄道の沿線では石岡商業高校などの一部を除き、バイク通学を許可している。石岡商業高校の場合、国道355号の通行量が多いことや周辺に住宅地があるため、小学生などの通学路になっていることも影響して、バイク通学は認めていない。しかし周辺の高校が許可していることに加え、バイク通学の方がコスト的にも割安であるため、父兄からバイク通学を認めさせる圧力があるという。

一方、バイク通学を許可している学校も無条件に認めているのではなく、公共交通が皆無であり、片道5km以上の距離があるなどの条件を設け、50ccの原付に限定して実施している。やはり許可する高校側も、事故の増加を心配するのである。

終点の鉾田駅に到着する時には、筆者を含め車内には2人しか乗客はいなかった。鉾田駅は、旧鹿島鉄道の鉾田駅に隣接している。鉾田駅の駅舎は撤去されて

図9-7　小川駅バス停を過ぎると、田園風景となる。

図9-8 玉造駅も、駅舎は撤去されていた。

図9-9 茨城県内では、バイク通学を許可している学校が多い。

いたが、プラットホームと鹿島鉄道で使用された車両は、放置されていた（図9-10、9-11）。またここは関鉄グリーンバスの営業所でもあることから、車両基地も兼ねている。高速バス「あそう」も、鉾田駅が起点である。

　鉾田駅から約1km離れたところに、鹿島臨海鉄道の新鉾田駅があるが、鉾田駅と新鉾田駅を結ぶバスは運行されていない。筆者としては、代替バスは終点の鉾田駅に向かうにつれて利用者が減少することから、もし鉾田駅から鉾田第一高校、鉾田第二高校を経由して新鉾田駅まで乗り入れていたならば、水戸や鹿島神宮方面へ向かう人の利便性が向上すると考えた。そしてその旨を関鉄グリーンバスに提案したところ、「かつては鉾田駅から新鉾田駅を経由して、鹿島神宮へ向かうバスはあった。しかし利用者が少ないこともあって廃止した。もし新鉾田駅まで延伸したとしても、周辺の高校生はバイクで通学するため、はたしてどの程度の利用があるか疑問である」という回答を得た。

　確かに高校生の利用は見込みにくいかもしれないが、⓫章で紹介するくりはら田園鉄道の代替バスは、雨天の日には高校生がまとまって乗車することや、少子高齢化が進展している今日では、自動車を運転できなくなる高齢者の増加が予想される。そのため代替バスを、鉾田第一高校、鉾田第二高校経由で新鉾田駅まで延伸させ、公共交通のネットワークを確立させることが重要ではなかろうか。

（4）BRT構想
　鹿島鉄道の軌道敷をBRTとして活用する計画がある。これは国道355号の石岡〜小川間は、県内でも有数の交通量が多い道路であるため、道路交通渋滞が慢性化しており、バスの定期運行に支障をきたしている。そこで放置されている鹿島鉄道の軌道敷に注目が集まる。2009年（平成21）8月の時点でも、一部レールを剥がした場所はあったが、東田中付近や鉾田付近では、レールはそのまま残っていたため、LRTとして走らせることは可能であった。鹿島鉄道は非電化の鉄道であったが、技術革新が進み蓄電池式のLRTも可能となっている。堺市が2011年に導入を計画していたLRTも、蓄電池式であった[2]。

　だがLRTを導入するとなれば、踏切が必要なことや、筑波山周辺に地磁気観測所があるため、直流では地磁気観測に悪影響を与えることになる。また2010年3月に開港する茨城空港への乗り入れといった弾力的な運行が組めない。

図9-10　終点近くになると、車内は閑散とする。

図9-11　鹿島鉄道鉾田駅は、プラットホームは残っており、かつて使用された車両も静態保存されている。

計画は、石岡市と小美玉市が共同で進めており、石岡駅～小川駅間の7.1kmをバス専用道として、BRTを運行したいとしている。バス専用道路の幅員であるが、バスの車幅は約2.5m程度なので、ゆとりを持たせて、道路の幅員を4mとする。ただし交差点やバス停付近は、バスのすれ違いができるように、6mを予定している。この場合、軌道敷へのバス以外の自動車の進入を回避させることが不可欠となる。その件で石岡市役所にヒアリングすると、バス専用道と交差する個所には、入口付近に障害物を設置することで対応したいとしている。

　BRT事業は、沿線住民や沿線の高校生の日常生活の足を確保するだけでなく、中心市街地の活性化という視点からも期待されている。そのため「かしてつ沿線地域公共交通戦略会議」にも、団長である石岡商業高校生徒会長の松本沙良氏が、高校生の立場から参画している。BRTの運行により、郊外へ低密度で広がっていた都市構造も、石岡駅やBRTのバス停を中核にしたコンパクトな街に生まれ変わらせたいのである。

　さらに茨城空港の開港により、石岡駅は空港の玄関口となる。茨城空港は首都圏の第三空港として期待する意見もあるが、当初は日本航空が関西および福岡線の就航を予定していたものの、再建問題もあり、不採算路線からの撤退を表明した。2009年9月末の時点では、定期便は韓国のアシアナ航空によるソウルを結ぶ1日1便だけであった。そんな中、2010年1月19日に、日本航空は会社更生法を申請したことから、今後は大幅なリストラが実施される。そのため茨城空港は、開港しても日本の航空会社による定期便が就航しなくなる[3]危険性が高かった。だが、2010年4月16日からはスカイマークが、神戸～茨城間に1日1便の定期便を就航させることになった。茨城空港に定期便が就航して、首都圏の第三空港として有効に機能するようになれば、石岡駅は公共交通の結節点としての機能が強化され、茨城県南部地域全体の公共交通の活性化にも繋がるだろう。

　鹿島鉄道の軌道敷をバス専用道路として整備する計画は、石岡市の都市計画道路として計画を進めており、測量調査は完了している。茨城県警とは、石岡市内に9カ所ある交差点の安全性に関する協議を行いながら、実施設計に入っていたが、これも2009年7月に完了した。石岡市の計画では、2009年度にはバス運行システムを構築したいとしていた。

　石岡市としては、地域公共交通の活性化を図るため、市内の延長約2,600mを

バス専用道路として都市計画決定を行う。残りの約4.5kmの区間は、小美玉市が担当する。石岡市では、2009年8月初旬に市の都市計画審議会に諮り、8月中旬に知事の同意を得ている。

　BRTを運行するには、用地が必要である。石岡市・小美玉市と鹿島鉄道、関東鉄道と協議した結果、石岡市には軌道敷の約30,000㎡、延長約2,600mが無償で譲渡されることになった。ただし駅構内の用地は、石岡市および小美玉市が、鹿島鉄道から買い取らなければならない。駅構内の用地は20,700㎡あるが、そのうち約4,000㎡はバスターミナルを予定している。

　石岡市と小美玉市は、「かしてつ沿線地域公共交通戦略会議」という法定協議会を設立し、そこで運行計画を検討している。計画では、本数は朝夕の通勤通学で混み合う時間帯は10分間隔で運行するため、5台のバスを用意するという。そしてバス停は、利便性や他の公共交通への乗り換えを考慮して鉄道駅があった場所や交差点付近を予定している。そして約300mの間隔で石岡市内は9カ所程度設置する。

　都市計画道路として計画されるため、BRTの運行は民間事業者に委託する。俗にいう「公設民営」方式である。運賃などの詳細も、「かしてつ沿線地域公共交通戦略会議」で行うことになっているが、こちらに関しては未定である。

〔注〕
1) 在日米軍から、もし敵からピンポイント攻撃を受けた場合、鉄道輸送では百里基地の機能が麻痺するという指摘があったともいわれている。
2) 当初、堺市では架線レストラムの導入を検討していたが、2009年9月27日の堺市の市長選挙により、LRT建設反対派の竹山修身氏が当選したため、LRTの建設中止を阪堺電気軌道および親会社の南海電鉄に、正式に伝えた。。
3) 茨城空港は、年間81万人の利用が見込まれていた。だが定期便は、韓国のアシアナ航空による1日1便しかないため、チャーター便や不定期便なども加えたとしても、年間利用者は3万人程度になるといわれた。スカイマークが定期便を就航させることになったため、年間の利用者はもう少し増えそうである。

10 西鉄宮地岳線 (現：貝塚線) の廃止代替バス

　西鉄宮地岳線の西鉄新宮～津屋崎間は、2007年（平成19）3月末で廃止されてしまった。JR九州は、快速の増発やスピードアップ、新駅の設置などの積極策を採用したため、鹿児島本線と並行する宮地岳線には分が悪かった面は否めない。西鉄新宮～宮地岳間の廃止に伴い、線名が貝塚線に変わるなど、名称の変更も行われている。本章では、代替バスと都市高速経由の天神直通バスを紹介したい。

1　西鉄貝塚線の現状

（1）宮地岳線の廃止区間

　西鉄宮地岳線は、貝塚～津屋崎間を結ぶ20.9kmのローカル線であった。宮地岳線の歴史は、1901年（明治34）6月に、博多湾鉄道として開業したことに始まる。博多湾鉄道が建設された目的は、粕谷炭田から産出される石炭を西戸崎港へ輸送することであった。一方で、1904年には現在のJR香椎線となる西戸崎～香椎間と、香椎～須恵間を開業させていた。

　1920年（大正9）3月に、博多湾鉄道汽船に名称が変更になった。そして1924年1月には、当時914mmゲージで福間～津屋崎間に馬車軌道を運営していた津屋崎軌道を買収し、軌道を1,067mmに改軸した。同年5月に新博多～和白間の10.5kmが開業した。開業当初は、蒸気機関車が客車を牽引していた。そして宮地岳へは、1925年7月に延伸された。1929年（昭和4）8月には、新博多～宮地岳間が直流1,500Vで電化した。

　西鉄になるのは、1942年9月であり、戦時中の交通事業者の統合により、福岡県内の5つの民鉄が合併して西鉄（正式名称は、西日本鉄道）が誕生した。西鉄は、1,435mmの標準ゲージを採用しているが、宮地岳線（現在は貝塚線）の全線で1,067mmゲージが採用されているのは、以上のような理由からである。津屋崎まで鉄道が延びたのは、戦後の1951年7月である。1954年3月からは、福岡市内の路線電車を乗り入れさせるために、新博多～西鉄多々良（後の貝塚）間の3.3kmは、1,435mmに改軸された。これにより宮地岳線は、多々良～宮地岳間となった。

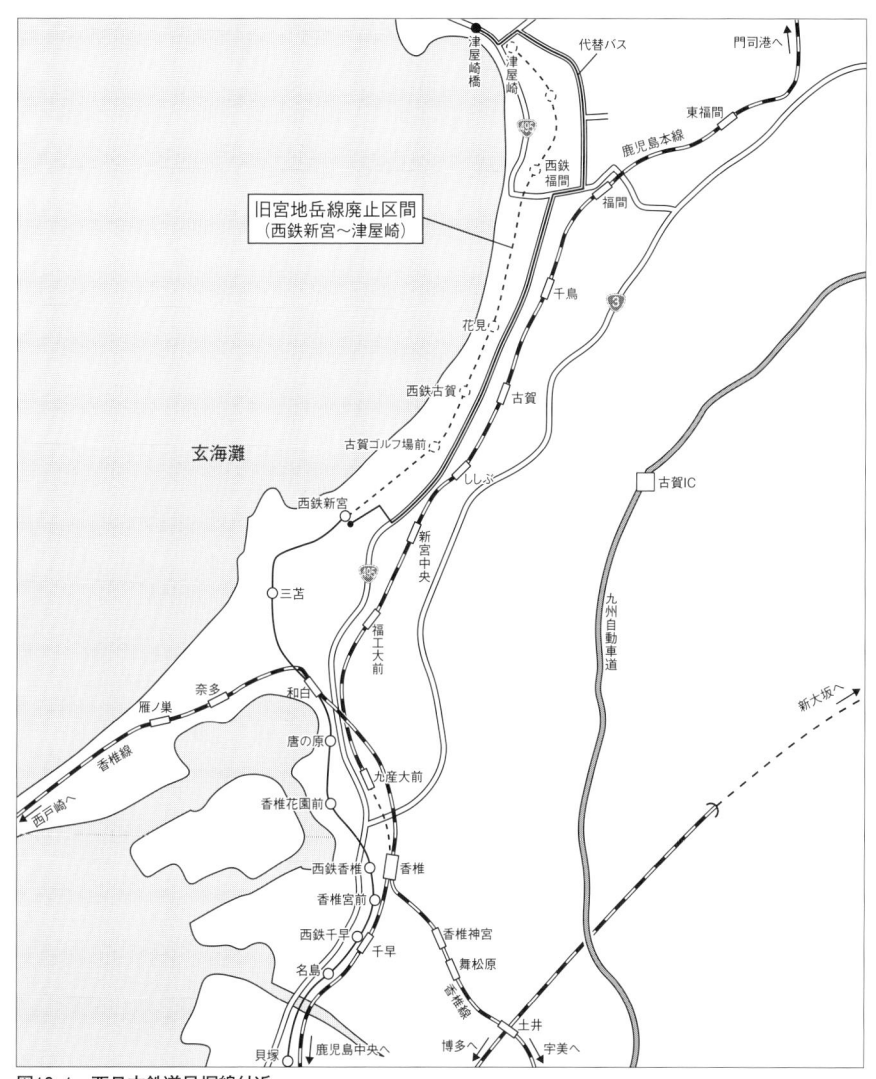

10 西鉄宮地岳線（現：貝塚線）の廃止代替バス

図10-1　西日本鉄道貝塚線付近。

だが2007年（平成19）3月末で、宮地岳線の中でも西鉄新宮～津屋崎間は、利用者が少ないという理由から廃止された。西鉄新宮から福間までの区間は、図10-1で示すようにJR鹿児島本線と並行しており、条件的には恵まれていなかった。ただし三苫は、他の交通機関との接続もなければ、高校・大学などもないが、住宅地を抱えているため乗降客が多い。

　終点の津屋崎は、位置的にも中途半端であり、もし北九州や飯塚方面へ線路が伸びていたら、廃止にはならなかったかもしれない。2004年度の貝塚～西鉄新宮までの輸送密度は9,557人であるのに対し、西鉄新宮～津屋崎までの区間の輸送密度は2,201人であった。この区間の数値だけ見れば、旧国鉄の特定地方交通線並みであった。

　2005年1月に、西鉄が福岡県および沿線自治体に経営改善の協力要請をしていることが明らかになった。沿線自治体は西鉄と共同で経営改善策を検討したが、利用者は増加しなかった。そのため2006年3月に西鉄は、2007年3月末で西鉄新宮～津屋崎間の廃止を決定した。

　鉄道が廃止される区間は、沿線の人口が少ないため、利用者が少なくて廃止されることが一般的である。だが宮地岳線の廃止された区間は住宅街であった。そのため西鉄甘木線や完全子会社である筑豊電鉄よりも沿線人口は多かった。西鉄甘木線は、運行本数は少ないローカル線であるが、久留米へ直通しているため、通勤・通学に利用されている。また筑豊電鉄の黒崎駅前～熊西間0.6kmは、路盤などのインフラは西鉄が保有している。そのため筑豊電鉄は、この区間は第2種鉄道事業者として運営しており、「民有民営」による上下分離経営が行われている。筑豊電鉄はこの区間の固定資産税の支払いに関しては免除されている。

　津屋崎から博多・天神方面へ向かう場合、貝塚から福岡市地下鉄箱崎線を利用することになる。だが西鉄宮地岳線（現在は貝塚線）と地下鉄箱崎線は、ゲージは1,067mmで同一であるが、相互乗り入れは行っていない。これを行うには、西鉄側の車両の耐火構造を強化する以外に、全車貫通型（地下鉄には貫通扉が必要）にする必要がある。使用している車両が老朽化しているため、車両を新製しなければならず、費用対効果を考えた場合、西鉄には負担が大き過ぎるため実現していない。貝塚駅で乗り換えを強いられるうえ、運賃面で乗り継ぎ割引もあったが、それでもJRよりも割高であった[1]。

⑩　西鉄宮地岳線（現：貝塚線）の廃止代替バス

　一方、並行しているJR鹿児島本線は、新駅の設置だけでなく、新車の導入や快速・普通列車を増発するなど、サービス改善を進めた。その結果、福間から博多まで快速で23分で到着するようになり、西鉄宮地岳線の西鉄新宮〜津屋崎間の利用者が急激に減少した。

　沿線の福津市・古賀市・新宮町の住民は、宮地岳線の存続を訴えるために6万人の署名を集めた。そこで西鉄新宮〜津屋崎間は、西鉄から経営分離させて第三セクター鉄道として存続させることも検討された。だが仮に第三セクター鉄道が設立されたとしても、西鉄は第三セクター鉄道との直通運転を行う意思がなかった。また第三セクター鉄道を設立するには、多額の費用がかかることもあり、断念せざるを得なかった。

　2007年2月20日に、宮地岳線の西鉄新宮〜津屋崎間の廃止に伴う路線名変更と、それに関連する概要が発表された。これは同区間にあった宮地岳駅が廃止されるため、宮地岳線から貝塚線に改称せざるを得なくなったためである。その内容を、以下に示す。

　①路線名称を「宮地岳線」から「貝塚線」に改称する
　②貝塚〜西鉄新宮間の運行本数を平日83往復、土休日73往復とする
　　（これにより平日の三苫〜西鉄新宮間以外は減便）
　③運行間隔を平日ラッシュ時10分、オフピーク時と土休日は、終日15分
　④貝塚〜香椎宮前間の高架化と保安機器の改良により、所要時分を短縮
　⑤10〜17時台は、地下鉄箱崎線の西新方面への直通列車と接続させ、利便性を
　　向上させる

　最終日の2007年3月31日は、今までの利用者への感謝の気持ちも込めて、西鉄新宮〜津屋崎間は終日、運賃が無料となった。宮地岳線の最終電車は、津屋崎発の臨時電車であった。これは西鉄新宮発の最終電車は、津屋崎に到着後は明朝の始発電車として使用するため、それまでは津屋崎駅に留置されていた。だが2007年3月末で廃止になるため、津屋崎駅で留置させることが難しいことや、津屋崎まで最後のお別れ乗車を行った乗客を、福岡方面へ輸送する必要性もあり、臨時電車を設定することにした。

　出発式は、日付が変わった4月1日午前0時過ぎに津屋崎駅にて行われた。出発式では、今まで宮地岳線の利用者への感謝の意味も込めて、西鉄の社長があい

さつを行った。社長のあいさつが終わると、運転士が花束を受け取って乗車した。そして特製のヘッドマークが取り付けられた最終電車は、整理券を持参した最後の乗客を乗せて貝塚へ向け発車した。出発の合図を出したのは、貝塚電車営業所長であった。午前0時を過ぎた津屋崎駅は、全国から訪れた鉄道ファンなどで最後の賑わいを見せ、西鉄宮地岳線は有終の美を飾った。

(2) 貝塚線への名称変更

2007年（平成19）3月末で、宮地岳線の西鉄新宮～津屋崎間の9.9kmが廃止された。これに伴い、貝塚～西鉄新宮間の路線名称を「貝塚線」に改称すると同時に、老朽化が著しかった300系や313系という吊り掛け駆動の旧型車両を淘汰した。そのため現在では、ほとんどが600系で運行しているが、2両編成である（図10-2）。

貝塚線は、全線電化単線の11.0km、総駅数10駅となる。同線は、全列車がワンマン運転を実施する。西鉄千早～西鉄香椎間の高架化および駅構内のポイントなどの改良により、若干ではあるが所要時分を短縮した。西鉄千早～西鉄香椎間の高架化は、香椎地区副都心整備事業の一環として実施され、2004年に貝塚～香椎

図10-2　貝塚線は、2両編成で運行される。

宮前間が新線に切り替えられた。その時にそれまでの名香野駅は、高架化と同時に名称を西鉄千早に改称した。そして2006年5月14日に、西鉄千早〜香椎花園前間の高架化が完成し、高架事業は完了した。

　高架駅などは、将来、地下鉄との相互乗り入れに備え、ホームの有効長が6両編成対応になっており、一部区間では複線用の用地も確保されている。在来駅のホームの有効長は、3両編成のままであるため、もし貝塚から西鉄香椎までの全駅が6両編成に対応したホームになり、かつ貝塚駅構内で地下鉄と接続工事が完成したならば、直通運転が実現できなくもない。現在は、日中の10時〜17時までは、福岡市地下鉄箱崎線の西新方面への直通列車と接続することで利便性の向上を図っている。

　貝塚線の各駅には、自動券売機が設置されているが、高架化された千早駅などの駅であっても、改札は自動化されていないため、「よかねっとカード」「NIMOCA」などのICカード式乗車券は使用できなかった。そのため貝塚線だけが取り残されていた。また、福岡市地下鉄は「はやかけん」というICカード式乗車券を発行しているが、「NIMOCA」やJR九州が発行する「SUGOCA」など

図10-3　津屋崎駅の駅舎および線路は撤去されていた。

と相互利用はできなかった。そこで2010年3月13日からは、これらの相互利用ができるようにした。貝塚線の全駅で「NIMOCA」の使用が可能となり、これによって西鉄の全駅が「NIMOCA」対応となった。

そしてインフラ面では、西鉄香椎と香椎花園前間に新駅を設置する計画がある。これは博多湾の沖合に建設中の人工島を結ぶ鉄道を建設する計画があるため、新駅から人工島に鉄道を敷設するのである。人工島は、1994年7月から埋め立てが始まり、和白干潟前面の浅海域401haをアイランドシティとして造成している。港湾整備以外に工場用地の分譲なども行われる計画である。そして人工島には、福岡市立こども病院を移転させる計画がある。当初は、この新線は2010年に完成させる計画であった。しかし現時点では、人工島がある和白地区は渡り鳥の重要な中継地になっており、環境問題だけでなく予算的な面からも、新線建設が白紙に近い状態である。

2009年8月の時点では、廃止された区間の路盤はそのままであったが、駅舎や線路は撤去されていた（図10-3、10-4）。

図10-4　鉄道開通の記念碑が旧津屋崎駅の傍に建っている。

2 代替バスの現状

(1) JR福間駅経由

西鉄新宮駅（図10-5）から花見、JR福間駅（図10-6）、津屋崎を経由して津屋崎橋までを結ぶ路線が、2010年（平成22）2月末の時点では平日は1日あたり39往

図10-5　貝塚線の終点となった西鉄新宮駅。

図10-6　代替バスは、JR福間駅を経由する。

復設定されている（図10-7）。車両は、ワンステップ型の大型車を使用する。運行開始当初は、JR古賀駅前へ乗り入れていたが、2009年3月末で中止になった。代替バスの西鉄新宮〜津屋崎間の運賃は、460円である。鉄道が存在していた時の同区間は260円であったことから、運賃は値上げされている。

　代替バスは図10-1で示すように、西鉄新宮を出てしばらくすると右折して新宮

図10-7　代替バスの外観。

図10-8　現在の津屋崎バス停。

高校を経由し、左折して旧宮地岳線に並行する形で北上し、福間局前で右折してJR福間駅に立ち寄り、宮地岳宮前を経由して津屋崎（図10-8）から津屋崎橋へ向かう。

　宮地岳線の一部区間の廃止に伴い、代替バス路線が新設されたことから、新たに旧西鉄福間駅周辺で7カ所、そして起点の西鉄新宮と新宮高校前の2カ所のバス停が設置された。

　鉄道時代の西鉄新宮～津屋崎間は6駅であったことから、バス化されたことで停留所の数は26カ所に増えた。その結果、300～400mごとにバス停がある。また津屋崎地区の4カ所で、バス停の名称変更を行った。

　代替バスの利用者数については、鉄道が廃止されてから約半月後の2007年4月17～20日にかけて西鉄が調査を行っている。代替バスは、1便当たり平均で23.3人の利用があった。運行開始当初は、西鉄新宮～津屋崎間の本数は、1日60往復（120便）であったことから、現在よりも3割程度運行本数が多かった。運行開始当初の本数をもとにして計算すると、1日当たり2,796人が利用したことになる。2004年度の鉄道の輸送実績は、3,480人であったことから、バス化したことで結果的に利用者は2割減少した。普通運賃が鉄道時代と比較して2倍近くになったことを考慮すると、当初の代替バスはよく健闘していた。試乗も兼ねて利用した人もあるが、西鉄は乗り放題などの企画乗車券が多いことから、これらを利用すれば割高感が解消されることもあったと考える。しかし転換から3年が経過すると、運行本数が当初よりも3割削減されていることから、乗り心地の低下および渋滞などによる定時運行率の低下などにより、自家用車および自転車へシフトしたと考える。

（2）都市高速経由天神行き

　西鉄は、福岡都市圏で都市高速を活用した路線バスを積極的に運行している。高速道路を経由するといっても、都市高速であるから最高速度は60km/hである。そのため車両は、普通の乗合バスが使用されるため、高速バスとはいえない。この場合、都市高速活用型BRT（Bus Rapid Transit）というのが妥当である[2]。

　西鉄宮地岳線が廃止された翌日の2007年（平成19）年4月1日より、平日の朝の6～7時台に、津屋崎発の天神3丁目行きが1時間あたりに3本、そして平日

の夕方の17〜19時台に天神3丁目発の津屋崎行きが1時間あたりに2本、都市高速を経由して運行される。系統は26−Aであり、西鉄宮地岳線の代替バスと位置づけられており、津屋崎側のバス停は、旧津屋崎駅前に設けられている。都市高速活用の代替バスは、土日祝日は運休となる。都市高速は、呉服町ランプから香椎ランプ間を走行するため、バス停でいえば蔵本〜女子大前間である。当然のことながら、この区間にはバス停は設けられていない。

津屋崎〜天神3丁目間の所要時間は1時間14分であり、運賃は760円である。このバスは、天神への速達性を維持するためJR福間駅は経由しない。

天神側の終点は天神のバスターミナルではなく、少し離れた天神3丁目である。一方、天神の始発は中央郵便局前である。天神3丁目と中央郵便局前というように、26−A系統は始発と終点のバス停が異なるが、これは天神3丁目付近にある交差点の混雑が激しいためである。利用者からすれば、天神バスターミナルまで乗り入れてほしいものである。天神バスターミナルは、西鉄の天神駅と同一のビルにある。そのため鉄道との乗り換えが便利なだけでなく、鹿児島、長崎、宮崎、大分などの九州の主要都市を結ぶ高速バスや、東京、名古屋、京都、大阪を結ぶ高速バスへの乗り換えも便利である。鉄道や高速バス、都市内バスなどが乗り入れるバスターミナルであるため、巨大な交通結節点となっている。

〔注〕
1)「よかネットカード」が使えなかった。
2) 堀内重人『高速バス』グランプリ出版、2008年4月を参照されたい。

11 くりはら田園鉄道の廃止代替バス

　くりはら田園鉄道の歴史も複雑であった。軽便鉄道に始まり、電化されて機関車牽引となり、1,067mmゲージへの変更、バス事業者との合併と、鉄道部門の分離、電気運転のとりやめなど目まぐるしい動きを見せている。本章では、2007年（平成19）3月末で廃止になったくりはら田園鉄道と代替バスについて紹介したい。

1　くりはら田園鉄道の概要

（1）沿革と第三セクター化

　くりはら田園鉄道の歴史は、1918年（大正7）の栗原軌道の創立に始まる。鉄道が敷設された目的は、沿線住民の日常生活の足の確保もあるが、細倉鉱山で採取された鉱石や沿線で収穫された穀物などの貨物輸送が目的であった。建設は石越〜細倉鉱山に向けて行われ、1921年に石越〜沢辺間が部分開通した。栗原軌道は軌道免許で開業したため、蒸気機関車牽引の軽便鉄道であった。そして翌年の1922年に、沢辺〜岩ヶ崎（後の栗駒）間が開業した。1940年（昭和15）に、岩ヶ崎〜細倉鉱山間の鉄道事業免許を取得した。1942年12月に石越〜細倉鉱山が開通して、社名を栗原鉄道に変更し、地方鉄道の仲間入りをする。だが762mmゲージのままだった。一時期は、細倉鉱山から県境の分水嶺を超えて、秋田県の湯沢まで延長する構想もあった。

　戦後は、蒸気機関車牽引では輸送力不足となるため、1950年9月に直流750Vで電化した。その5年後の1955年9月には、当時の国鉄と貨物列車の直通運転を実施するために、1067mmゲージに改軌された。改軌された年の11月に、社名も栗駒電気鉄道に変更された。電化および改軌されたのは、旅客輸送ではなく貨物輸送に対応するためであった（図11-1）。1958年には、経営難に陥っていた陸前乗合自動車を救済するために資本参加した。そして1964年に陸前乗合自動車と合併し、宮城中央交通となる[1]。

　この時代になれば、道路の舗装化の進展や各家庭にも自家用車が普及し始めていたため、地方のナローゲージ鉄道は生き残れなくなっていた。東北地方でも、

1968年3月25日に仙北鉄道が廃止になっている。栗駒電気鉄道の場合は、貨物輸送という大きな収入源があったため、旅客部門は不振であっても収支均衡を維持していた。そして宮城中央交通となって5年後の1969年8月24日に、鉄道事業だけを行う企業に転換することになった。これはその当時、宮城県内のバス事業が1つになる動きがあり、各バス事業者から「鉄道は分離してほしい」という要望があったからである。宮城中央交通の鉄道部門は、貨物輸送が比較的好調だった

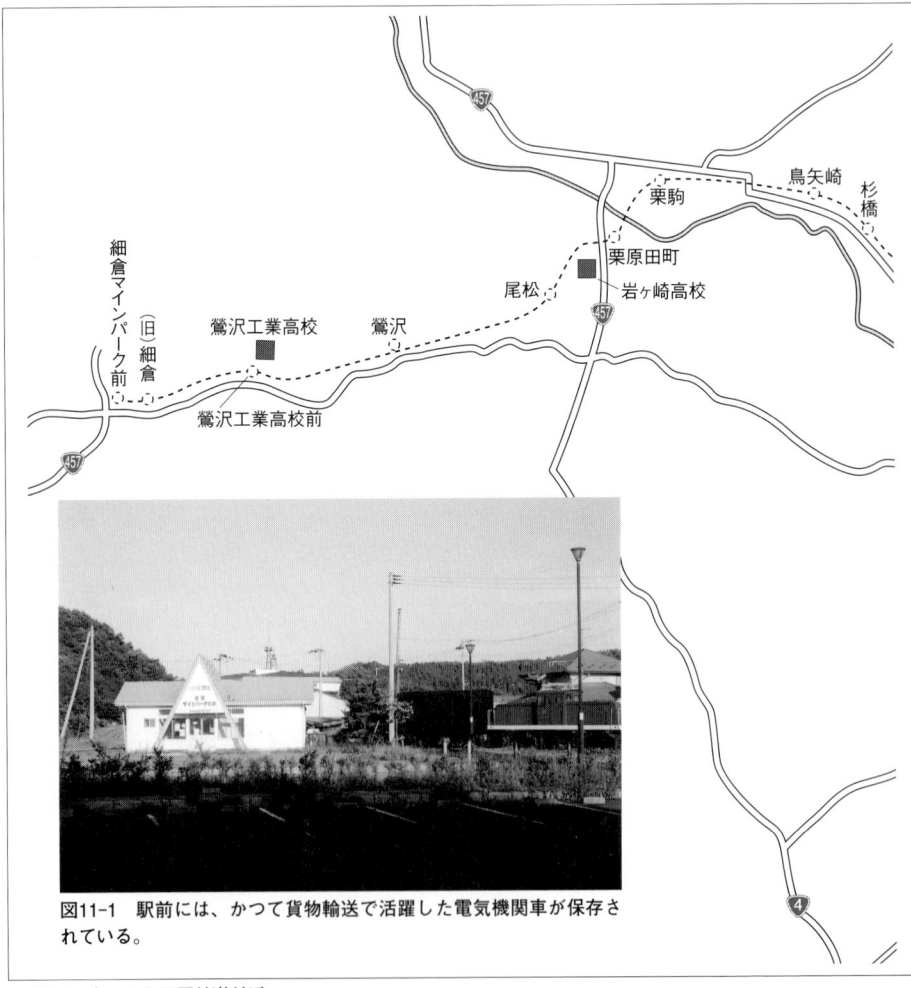

図11-1　駅前には、かつて貨物輸送で活躍した電気機関車が保存されている。

図11-2　くりはら田園鉄道付近。

11 くりはら田園鉄道の廃止代替バス

　ため、収支は均衡状態にあったが、トラックの台頭などから徐々にではあるが、輸送量は減少傾向にあった。
　一方のバス部門は、陸前乗合自動車のように経営が苦しい事業者も現れ始めていたが、1964年〜1968年頃は輸送量がピークに達していた時であり、まだまだ地方では花形産業であった。1960年代は、高度経済成長の真っただ中にあったこともあるが、それよりも団塊の世代の人たちが高校へ進学する頃であったため、

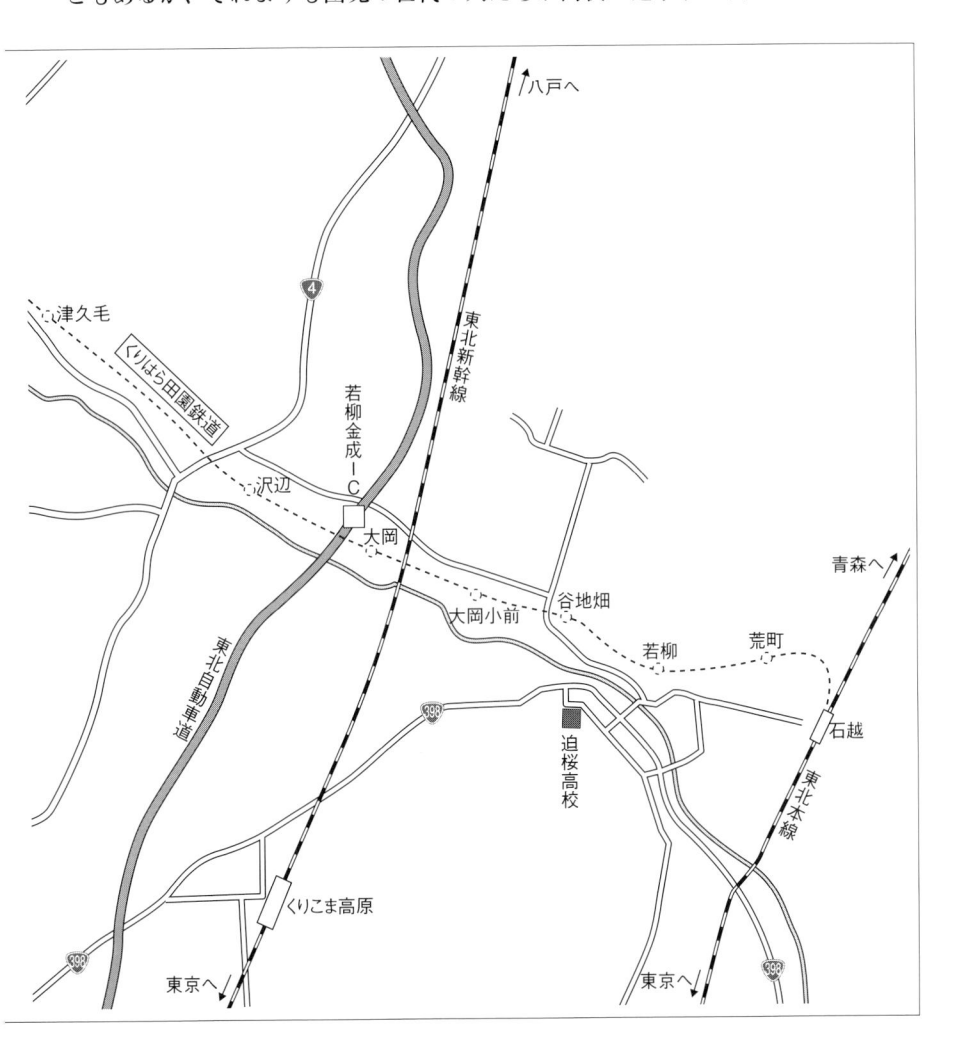

通学輸送がピークに達していたのである。そこで鉄道事業も行っていた交通事業者は、経営状態の悪い鉄道部門の切り離しを行っている。

宮城中央交通のバス部門は、鉄道事業を「栗原電鉄」という形で切り離したことにより、名称は宮城中央バスとなった。その一方で、栗原電鉄を陰から支えることにしたが、この時に筆頭株主は、細倉鉱山を管轄する三菱マテリアルになった。

だが以前から宮城県内の事業者が進めていた計画通り、翌年の1970年10月に宮城バス、宮城中央バス、仙南交通が対等合併を行い、宮城交通が誕生した。宮城交通が誕生した背景として、当時のバス事業は好調ではあったが、1970年代になれば団塊の世代の人たちが高校を卒業していたことや、自家用車の普及が進んでいたこともあり、いずれは輸送量が右肩下がりになることが分かっていた。合併すれば、間接部門の合理化と効率的な車両運用を組めるために運行経費が削減できるだけでなく、不必要な競争の排除とそれによるバス停の統合が図れる。バス停が統合され、1社で供給することになれば定期券・回数券利用者には、利用可能な回数が増加するため、サービスアップになる。このように合理化とサービス向上により、生き残りを目指すことにしたのである。

栗原電鉄という形で再出発することになったが、トラック輸送の台頭もあり、貨物輸送量の減少に歯止めがかからなかった。やがて経営状態は赤字となり、その額は年々膨らむようになった。そのため親会社である三菱マテリアルの援助がなければ、経営を維持することは無理であった。

1986年は、急激な円高が進んだ年でもある。前年まで1ドルは約240円であったが、この年から180円以下になった。こうなると三菱マテリアルの鉱山も赤字経営に陥ってしまった。それゆえ1987年3月に細倉鉱山が閉山したため、貨物輸送が廃止となった。これ以降、三菱マテリアルからの補助は減少するだけでなく、鉱山の閉山に伴い、細倉周辺の人口が減少して過疎化が進んだこともあり、経営状態はより厳しくなった。そして翌1988年には、休止状態にあった細倉～細倉鉱山間の0.7kmが廃止となり、営業キロが25.5kmに短縮された。

そんな中、鉱山跡地を改装した細倉マインパークというテーマパークが開園したことで観光客輸送にも期待が持たれた。1990年（平成2）には、図11-2で示すように細倉から0.2km延伸する形で細倉マインパーク駅を設置するなどの経営努

力を行った[2]。

　だが細倉マインパーク駅から細倉マインパークまでは１km程度離れており、公共交通でアクセスするとなれば、山道を歩くことになる。宮城県では自家用車の普及が進んでいたことから、減少する利用者数に歯止めをかけることはできなかった。

　1993年には、国の欠損補助の制度が事実上、廃止となった。そのため三菱マテリアルは廃止を地元に打診した。そこで沿線５町[3]で「栗原電鉄線運行維持対策協議会」を設置して協議を行った。その結果、宮城中央交通・宮交栗駒バスと沿線５町が出資して第三セクター化する事で合意したため、同年の12月15日に栗原電鉄の株式が、親会社の三菱マテリアルから当時の沿線５町に譲渡され、第三セクター鉄道の株式会社くりはら田園鉄道となった。1995年（平成７）４月１日からは、くりはら田園鉄道として運行が開始されたが、車両の老朽化が進んでいたことや、輸送密度が低いことから電気運転をやめ、レールバスタイプの車両で運行することになった。これにより完全冷房化が実現したが（図11-3）、全列車が単行でワンマン運転を行うことになった。佐藤信之著「地方の鉄道路線を支え

図11-3　くりはら田園鉄道で使用されていた気動車の車内。木のぬくもりが感じられた。

る」『鉄道ジャーナル』2004年8月号によれば、電気運転をやめて気動車を導入したことで、1996年度は1994年度と比較して、動力費が64.6％も減少した。また本社職員も現業部門を掛け持つことで、7名の職員を削減したことにより、人件費も1994年度と比較して8.6％減少したという。

　くりはら田園鉄道となっても、閉塞はタブレットおよび腕木式信号機が使用されていたが、ほとんどの駅が無人駅であった。沿線人口が少ないこともあり、独立採算で経営を維持するため、JR線の幹線運賃の2倍以上という割高な運賃が設定されていた。石越～細倉マインパーク間は25.7kmだが、片道運賃は1,020円だった。JRの幹線に乗車したならば、480円である。

　運行経費の削減を行うなどの経営努力を実施したが、少子高齢化やモータリゼーション、過疎化の進展などによる経営悪化のため、宮城県は2001年1月には、2004年度までの3年間は損出補塡の補助金を支給することを決定した。そして沿線自治体に営業継続のための方針をまとめるよう要請した。それを受けて沿線自治体では、2003年4月の1カ月だけであったが、運賃を半額にするなどの交通社会実験を実施した。通勤・通学定期は、4月1日～4月15日に発売する1カ月定期だけだった。運賃などを半額にするほかに、通学の高校生向けに若柳（わかやなぎ）駅と迫桜（おう）高校を結ぶマイクロバスを、朝の時間帯に1便運行するようにした。結果は、定期券の販売額は微増であったが、普通乗車券の販売額が2割増加したため、車内での運賃収受額に基づく推定乗客数も5割増加したのである。利用者が増えたことはよいのだが、くりはら電鉄の試算では利用者が倍増しない限り、増収にならない。そのため翌月からは、通常の運賃に戻した。

　筆者個人の考えとしては、試験期間が短かったように思うと同時に、少子高齢化と過疎化が進んでいる地域で、かつ春休みも終わった4月に利用者が5割も増えたことは、もう少し評価してもよかったのではないかと思っている。運賃収入や関連事業収入で、会社の経営を維持すること自体が困難であり、採算では「負」であったかもしれないが、便益では「正」だったかもしれない。駅の周辺に病院なども立地していたことから、無人駅では改札口を撤去するなどのバリアフリー対策を実施すれば、車いすやベビーカー利用者が利用しやすくなるだけでなく、車内に自転車の持ち込みも可能になったように感じる。

　そこで宮城県は2003年10月に、2006年4月に廃止することを視野に入れるよう

にした。そのため打ち切る予定だった補助金を、あと2年間はそれまでの補助金を50%削減して支給することを自治体側に伝えた。2003年12月に、2006年度までは鉄道の運行を継続することになった。そして2004年6月の株主総会では、2007年3月末で鉄道事業を廃止し、4月1日からはバスを運行する方針が正式に決定した。

　くりはら田園鉄道自身も、「くりでんサポーターズクラブ」を創設して、活性化を試みる動きもあったが、残念ながら2007年3月31日で廃止となり、会社は解散となった。2006年度の輸送密度は、『鉄道統計年報』によれば452人であった。駅舎などの建物は、2009年8月末の時点では、若柳、沢辺、細倉マインパーク前駅（図11-4）を除けば、撤去されている（図11-5、11-6）。130カ所あった踏切の部分は、自動車の円滑な通行を実現させるためにレールを切断した後、再度舗装する形で撤去されていたが、その他の区間では橋梁も含めてほぼ廃線時のまま残されている（図11-7）。これはくりはら田園鉄道が、細倉鉱山から産出される鉛などの重金属を運んでいたため、今でも土壌が重金属で汚染されていることも影響しているという。

図11-4　2009年9月の時点でも、細倉マインパーク前駅は残っていた。

第Ⅱ部　最新10例に見る代替バスの現況

図11-5　くりはら田園鉄道の石越駅の駅舎は撤去されていた。

図11-6　駅舎の撤去は進んでいる。栗原駅跡地。

図11-7　レールや枕木などは、そのまま放置されている。

（2）くりでん応援プロジェクト

　2005年（平成17）3月に、くりはら田園鉄道を活性化させたい有志が集まり、NPO法人くりでん応援クラブが設立された。NPO法人くりでん応援クラブは、くりでんの利用促進と増収策、沿線の活性化を目的にしている。

　一方のくりはら田園鉄道側も、「くりでんサポーターズクラブ」を設立するなどの試みを行っていた。沿線自治体だけでなく、広く日本全国から運営資金を集めたかったのである。そんな中、くりはら田園鉄道の廃止が1年に迫った頃から、宮城県では「OH！バンデス」というテレビ番組で、くりはら田園鉄道を取り上げていた。「OH！バンデス」は、毎週、月曜日から金曜日にかけて、日本テレビ系のミヤギテレビが夕方の15:50から生放送で流しているローカル番組である。「オバンデス」とは、「こんばんは」という意味である。この番組では、「くりでん応援プロジェクト」と称して、NPO法人くりでん応援クラブと共同で、くりはら田園鉄道の廃止までの1年間を盛り上げ、有終の美を飾らせることを試みていた。くりはら田園鉄道が、廃止届を提出する頃になって始まったイベントであるため、遅きに失した感は否めなかった。どうせなら、廃止の噂が出始めた頃から、取り組むべきである。

　番組では、子供たちから〝くりでんの絵〟を募集することにした。集まった絵は、車内に掲示するだけでなく、ヘッドマークとしても活用することになった。そして番組の名にちなんで「OH！バンデス号」と命名する（図11-8）。そして車

図11-8　くりはら田園鉄道の車両には、「OH！　バンデス」というヘッドマークが掲げられていた。

内放送のテープは、番組の総合司会を務めるさとう宗幸氏が吹き込んだ。さらに車体に描かれた文字も、さとう宗幸氏が書いている。

さとう宗幸氏だけでなく、ゲストとして出演した俳優の津川雅彦氏が、このプロジェクトに賛同した。津川雅彦氏は、おもちゃ・絵本の全国チェーン、グランパパの代表取締役でもあることから、かつて北海道・広尾町に「夢の王国サンタ愛ランド」を造ることを計画し、広尾町の町営牧場などの約500haの土地を100億円で買収した。そして1987年（昭和62）に廃線となった旧国鉄広尾線を「幸福鉄道」として蘇らせることを計画していた。そのようなこともあり、津川雅彦氏は木製のくりでんの玩具を寄贈している。

くりはら田園鉄道が2007年（平成19）3月末で廃止になったことに伴い、NPO法人くりでん応援クラブは、2007年6月3日に解散になった。しかし駅施設や線路が残っていることから、これらの施設を利用して街づくりを模索することになった。そのため2007年6月に、NPO法人夢くりはら21が設立された。そして1週間後の6月10日には、沢辺〜栗駒間の廃線跡を歩くイベントを開催した。その後も、トロッコタイムトライアルなどの事業や、2009年9月13日には「みんなでしあわせになるまつり」を開催した。これは「昭和時代の働く車・レトロな街・懐かしい風景がいっぱい!!」がキャッチフレーズであり、昭和の働く車の展示やレトロバスの運行、レトロバイクの展示、「栗駒の名店 味の競演」と称して、六日町通り商店街をベースに、レトロな街の懐かしい味めぐりなどが実施された。

くりはら田園鉄道の場合、2009年8月末の時点では、踏切は自動車の通行に支障をきたすために撤去されたが、線路や橋梁などが残っている。そのため踏切を整備すれば、観光を目的としたトロッコ列車の運行は可能である。このような形で実績を積むか、かつて神岡鉄道の運行に興味を示したフランスのVeolia Transport（旧CONNEX）のような事業者が現れれば、鉄道として復活することも可能ではなかろうか。事実、若柳〜石越間を活用して動態保存の動きもある。くりはら田園鉄道で使用されていた気動車は、輸送費の関係以外に、他の事業者で使用するとすれば、ATSなどを搭載しなければならないため、2010年3月末の時点では、いまだ売却されていなかった。

北海道のちほく高原鉄道線は、2006年4月20日で廃止されたが、その後は「ふるさと銀河線りくべつ鉄道」として500〜1,000m程度の区間だけであるが、気

動車の乗車体験および運転体験を実施する形で動態保存を行っている。そこで、くりはら田園鉄道の廃線跡を活用して、鉄道公園という形で動態保存を行うことになった。そうなればサポーターを募りながら、ノウハウと資金を得ながら、全線復活を目指す方法もある。くりはら田園鉄道は清算活動を行っているが、当初は2010年3月末で会社が解散になる予定だった。しかし業務の都合から会社の解散は、2010年7月末に延期となったが、車両などは2010年4月1日から栗原市に移管された。動態保存を実施する場合、3両所有していた車両のうち、2両を使用する予定である。

2　ミヤコーバス

（1）ミヤコーバスの業務内容

　ミヤコーバスは、宮城県全域でバス事業を行うことを目的に、宮城交通が100％出資して設立した持株子会社である。現在の資本金は1億円であり、株式会社宮交気仙沼バスが前身である。この会社は、1998年10月に宮城交通の地域分社化が行われるまでは、気仙沼地域のバス事業と高速バス事業を中心に行っていた。宮交気仙沼バスに限らず、他の宮城交通の分離子会社も、最初は貸切免許の受託路線からスタートした。その後、乗合バス路線および高速バス事業を行うようになった。

　ところが2005年に、ミヤコーグループ全体で3～4割の赤字路線を廃止する計画が持ち上がった。この計画が実行されれば、宮城県内に公共交通の空白地域が拡大するため、県内に衝撃が走った。宮交気仙沼バスが運行していたエリアに関しては、気仙沼市が補助金で赤字の補填をすることになり、全路線が存続することになった。そして2007年1月1日に、宮城交通グループの大改革が実施された。これにより7社[4]もあった分離子会社の事業整理が行われた。宮交気仙沼バスは、唯一黒字経営を行っていたことから、ミヤコーバスに社名を変更することにした。社名の変更に伴いミヤコーバスの本社は、宮城交通本社に併設する形で移転した。そしてかつての宮交気仙沼バスの本社は、ミヤコーバス気仙沼営業所となった。

　親会社である宮城交通は、コミュニティーバスの「ながまちくん」などの仙台都市圏の路線と貸切事業を行うだけである。それ以外のバス事業は、すべてミヤ

コーバスが行うこととなったことから、残りの6社は清算された。
　現在、ミヤコーバスが行っているのは、高速バス事業と一般バス路線事業、受託運行によるバス路線事業である。高速バス事業は、表11-1で示す以下の10路線を営業している。県内路線であることから、座席は2-2の横4列であり、トイレも完備していない。ただし仙台気仙沼線は、所要時間が3時間近くかかることもあり、途中のドライブインなどでトイレ休憩を行う。南三陸仙台線は、ドライブインなどが途中にないため、トイレ休憩はない。車両はハイデッカー車が使用され、大型荷物を持った人に配慮して、床下に荷物が積めるようになっている。かつての高速バス事業は、利益率のよい事業であったが、2002年2月の道路運送法の改正による需給調整規制の撤廃により、競争が激化したことから、かつてほど利益率は良くないという。

表11-1　ミヤコーバスが運行する高速バス路線一覧表。

路線名（運行区間）	運行本数	片道運賃	所用時間	備考
仙台～気仙沼	3往復	1,800円	2時間45分	3枚綴りの回数券あり
仙台～南三陸	2往復	1,800円	2時間58分	3枚綴りの回数券あり
仙台～築館・栗駒	2往復	1,700円	1時間30分	往復2,400円
仙台～佐沼	16往復	1,400円	1時間36分	東日本急行と共同運行、往復2,300円
仙台～古川	10.5往復	900円	1時間7分	4枚綴り回数券、通勤・通学定期券あり
仙台～鳴子	3.5往復	1,200円	1時間25分	4枚綴り回数券あり
仙台～加美	6往復	1,200円	1時間37分	4枚綴り回数券、1カ月の定期券あり、平日と休日でダイヤが変わる
仙台～石巻・女川	15往復	1,000円	2時間11分	2枚・10枚綴り回数券あり
仙台～村田・蔵王町	10往復	1,200円	1時間22分	2枚・10枚綴り回数券、通勤・通学定期券あり
仙台～大衡	6往復	1,000円	1時間50分	4枚綴り回数券あり、平日と休日でダイヤが変わる

宮城交通のホームページ http://www.miyakou.co.jp/bus/index.php をもとに作成

　2007年4月1日からは、くりはら田園鉄道が廃止されたことに伴い、ミヤコーバスは栗原市から委託を受けて廃止代替バスの運行を担っている。受託運行の場合、自治体から安定して受託収入が得られるため、高速バス事業よりも利益率がよくなっているという。

（2）廃止代替バスの現状

　廃止代替バスは、ミヤコーバスがトップドアー式の車両を用いて運行している

11 くりはら田園鉄道の廃止代替バス

図11-9 代替バスで使用する車両は、トップドアー式である。

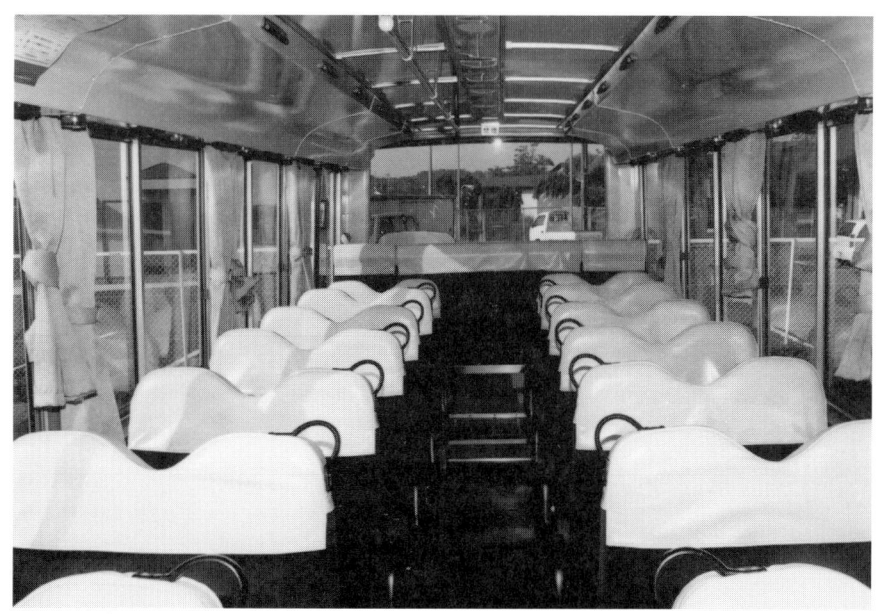

図11-10 代替バスの車内。かつて短距離の高速バスで使用された。

図11-11 代替バスの乗り場は、旧くりはら田園鉄道の石越駅の裏側に位置する。

（図11-9）。この車両は老朽化しているが、かつては短距離の高速バスで使用されていた（図11-10）。バス乗り場は、旧くりはら田園鉄道の石越駅の裏側に位置する（図11-11）。くりはら田園鉄道が存在していた時期から、石越〜沢辺〜栗駒間と栗駒〜細倉間でミヤコーバスが運行されていた。くりはら田園鉄道が廃止されたことに伴い、バス路線が再編されて石越〜沢辺〜マインパーク入口まで運行される。現在も石越〜栗駒間に尾松経由のバスも運行されている。

代替バスの運行本数であるが、平日は下りが9本、上りが10本運行されている。そしてマインパーク入口からさらに細倉荒町まで運行される便もある。マインパーク入口バス停は、かつての細倉マインパーク駅の前にある。

休日は、下りが6本、上りが5本運行されるが、すべてマインパーク入口までしか運行されない。鉄道時代は、平日が12往復、休日が11往復であったため、鉄道時代と比較すれば減便されている。特に休日は、鉄道時代の半分の運行本数しかない。平日と休日の一部の便は、国道457号を通るため、森館と小関を経由する。これは森館と小関に住む住民への利便性も考慮したからである。

代替バスには、2カ所のフリー乗降区間が設けられている。1つは、神林〜神南間であり、もう1つが三ツ橋〜細倉マインパーク入口間である。途中、森館と小関を経由する便は、小関〜マインパーク入口間がフリー乗降区間になる。フリー乗降区間が設けられている地域には、ほかに路線バスがないことに加え、高齢者が多く住んでいるため、利便性も考慮して設けられている。また栗駒病院のバス停は、病院の玄関の前に設けられており、上屋が完備されている。

　代替バスの運賃は、初乗りが200円であり、100円刻みに上がり、最高で500円である。くりはら田園鉄道時代の石越〜細倉マインパーク間の片道運賃が1,020円であったことから、半額以下に値下げされた。定期券であるが、代替バスの石越〜マインパーク入口間の通学定期は、15,000円/月であり、通勤定期は21,000円/月である。鉄道時代の石越〜細倉マインパーク間の定期券は、通学定期が24,480円/月、通勤定期が44,680円/月であったため、代替バスの定期券も大幅に値下げされている。これは少しでも利用者の減少を防ぐためである。フリー乗降区間で乗車および降車する場合、あるバス停を過ぎると運賃が変わる（値上がりする）ことがある。この場合は、値上がりした運賃の方を支払うことになる。

　石越〜マインパーク入口間の所用時間は、ほぼ1時間である。鉄道時代もほぼ1時間であったから、所要時間では変化がない。

　一方の利用者数であるが、筆者は「くりはら田園鉄道はバス化してから利用者が増えた」という噂を聞いており、疑問に感じていた。くりはら田園鉄道に聞いたところ、2004年度の利用者数は188,383名、2005年度は172,723名、2006年度は345,745名であった。一方、栗原市に聞いたところ、2007年度の代替バスの利用者数は67,457名であり、2008年度は62,918名であった。2006年度は、廃止前のお別れ乗車があったため、急に利用者数が倍増しているが、代替バスの利用者は鉄道時代と比較すれば1/3程度である。

　そこで周辺のヒアリングも兼ねて、休日の15:26の便に乗車した。平日に13:20に石越を出る便は、休日は13:05に時刻が変更になる。仙台発の電車は、石越着が13:13であり、一ノ関発の電車は、石越に13:14に到着する。そのため休日は、タッチの差で接続しない。栗原市もこの点について、改善を検討しているとのことであった。休日であれば、病院も休みになるため、通院時間に配慮する必要はないだろうから、早急なダイヤの改善が必要である。

石越バス停の始発時には、利用者は筆者だけだった。途中から利用があったが、最大でも利用者は3名だった。そして終点のマインパークへ到着した時にも、利用者は筆者だけだった。復路は16:45に乗車したが、マインパーク始発時は筆者だけであった。岩ヶ崎高校前で2名が乗車して、3名となった。だが途中で降りてしまい、石越バス停に到着した時には、筆者だけであった。

　運転手に聞いたところでは、沿線には鶯沢工業高校、迫桜高校、岩ヶ崎高校があるため、平日の朝の便であれば18人/便の利用があるという。そして雨の日には、車内が高校生で満杯になるという。これは平素、バイクや自転車で通学している生徒が、バスを利用するためである。それを考慮してか、バスのダイヤにはゆとりがあり、途中で時間調整を行っていた。

　筆者は、東北地方であるために冬場は雪が降るのではないかと思い、運転手さんに冬場の利用状況について質問したところ、「栗駒周辺は雪が積もらないため、冬場もバイクで通学する」とのことであった。鶯沢工業高校、迫桜高校、岩ヶ崎高校の3校とも、バイク通学が許可されている。これはくりはら田園鉄道が存在していた当時からであり、この地域ではバイク通学[5]が主流である。そのためくりはら田園鉄道を廃止してバス化したことにより、石越～細倉地域間の公共交通全体の利用者が増えたのではない。くりはら田園鉄道が存在していた当時から路線バスは運行されており、廃止後はバス路線を再編したのである。それゆえ、くりはら田園鉄道から転換した利用者が加わったことで、バスの利用者が増えただけである。そのため石越～細倉地域間の公共交通の利用者数は、減少していると考えなければならない。

　休日に乗車したこともあり、利用者は筆者を含め、往路・復路ともに最大でも3名しかいなかった現状を見ると、やがて休日は代替バスが運休となり、ワゴン車を用いた乗合タクシーになるか、セダン型タクシーを用いたデマンド型の公共交通になる可能性も否定できない。

　第二次ベビーブーム世代である筆者が、高校へ通っていた頃は、生徒数が多い時期であった。また当時は「3ない運動」[6]が盛んであったため、高校のバイク通学は禁止されていた。ところが1990年代の半ばになると「3ない運動」の衰退化や、ローカル線の廃止などから、公共交通がないことから通学に支障をきたす地域が増えたため、バイク通学を認める高校が増えた。これには生徒数の減少に

より、バイク置き場の確保が容易になった点も見逃せない。

　一方、父兄からすれば、地方の路線バスの通学定期は都会と比較すれば割高であり、バイク通学をさせた方が割安になる。それゆえ「なぜ、バスを含めた公共交通で通学させなければならないのか」と考えているという。

　筆者は、公共交通は教育手段であると考えている。公共交通で通学させることで、社会性が育まれる。そのためバイクの免許取得まで禁止する必要はないが、公共交通がある地域ではバイク通学を禁止しなければならないと考える。公共交通がない地域では、極力、自転車通学を奨励したい。バイク通学は、公共交通がなく、山間部などの起伏の激しい地域に限定するべきではなかろうか。

　❾章で紹介した、かしてつバス応援団のように、高校側と交通事業者のコミュニケーションの強化を望みたい。

〔注〕
1）この時期にバス会社と合併している鉄道は少なくなく、東北地方でも花巻電鉄が岩手中央バスと合併、仙北鉄道も宮城バスとなっている。
2）この時に、細倉駅は廃止された。
3）石越・若柳・金成・栗駒・鶯沢町の5町であった。
4）宮交栗原バス・宮交登米バス・宮交気仙沼バス・宮交石巻バス・宮交大崎バス・宮交仙南バス・宮交バスシステムの7社である。
5）安全面を考慮して、50ccのスクーターに限定されることが多い。
6）1970年～1980年代にかけて、全国高校PTA連合会が高校でのバイク教育に反対する目的で実施していた運動である。内容は、「免許を取得しない」「バイクを買わない」「バイクに乗せない」を掲げていた。

12 島原鉄道の廃止代替バス

　島原鉄道の島原外港〜加津佐間の南側半分は、2008年（平成20）3月末で廃止されてしまった。1991年に雲仙普賢岳の噴火により甚大な被害を受けて運休になった区間は、島原鉄道の努力によって復旧した。しかし一度は分断されたこともあり、全線復旧しても利用者は鉄道へ戻らなかった。そのため廃止が取りざたされるようになり、地元の存続活動も空しく、廃止になってしまった。本章では、島原鉄道の現状と沿線住民の対応と、代替バスの現状について紹介したい。

1　島原鉄道の概要

（1）沿革

　島原鉄道の歴史は、1908年（明治41）5月5日に会社が設立したことから始まる。ところが鉄道事業の開始は、3年後の1911年6月20日の本諫早〜愛野村（現在の愛野）の開業からである。1911年4月1日に、当時の鉄道院から1号機関車といわれている150型機関車を譲り受けてから2カ月後に開業しているため、大急ぎで試運転や乗務員の訓練を行ったことになる。1号機関車は、1872年（明治5）10月14日の新橋〜横浜（現在の桜木町）間の開業に合わせて、英国から輸入された蒸気機関車である。そのような由緒ある機関車が、島原鉄道で第2の人生を送ることになった。そして1930年（昭和5）7月に、1号機関車の保存が決まったために、当時の鉄道省へ返還している。

　諫早〜南島原（当時は島原湊）間は、島原鉄道によって1913年（大正2）9月24日開業した。一方の南島原〜加津佐間は、口之津鉄道として開業した。口之津鉄道は、1919年4月10日に設立した。そして3年後の1922年4月22日に、島原湊（現在の南島原）〜堂崎間が開業した。島原湊〜加津佐間の全通は、1928年（昭和3）3月1日である。だが1943年に、戦時中の陸運統制令という国策により、島原鉄道は口之津鉄道を吸収合併する。それにより図12-1で示す路線が完成した。

　1957年7月の諫早大水害により、全線にわたり鉄道施設が甚大な被害を受け、50日間にわたる運休を余儀なくされた。だが全線復旧を果たした後は、翌1958

図12-1　島原鉄道付近。

年4月からは、諫早駅より当時の国鉄長崎本線に乗り入れ、長崎駅まで直通運転を開始した。そして1960年9月1日からは、国鉄の準急「ながさき」に併結して博多駅までの直通運転を開始する。1960年に当時の国鉄は、キハ55系を使用した準急「ながさき」「弓張」を長崎・佐世保〜博多間で運行を始めていた。肥前山口で、「ながさき」と「弓張」を併結して、所要時間2時間45分で結んだ。準急「ながさき」が登場するまでは、長崎から博多までは各駅停車で5時間近くを要していたため、気動車準急は大変好評であった。そこで島原鉄道は社運をかけ、当時の社長自ら、諫早で併結して博多までの乗り入れを国鉄門司鉄道管理局へ陳情にうかがった。

そこで島原鉄道は、信託車両という、銀行が年賦払いで融資する制度を活用して、当時の準急型気動車キハ55系に準じたキハ20系を導入した。ところが島原鉄道の車両にはトイレがなかった。これは製作費を下げるためであり、国鉄の車両のトイレを使えばよいという民間の合理的な考え方でもあった。1966年からは、準急から急行へ格上げとなったが、国鉄線への乗り入れは1980年10月1日のダイヤ改正まで行われた。

1968年からは、九州で初めてとなる列車集中制御装置を導入することにより、設備の近代化を図ると同時に、人員削減による合理化を図った。その後も、鉄道貨物輸送の廃止、駅業務の委託化、踏切保安設備の整備などによる合理化を進め、1986年度の決算では、鉄道部門は18年ぶりの黒字を達成した。

島原鉄道で忘れてはならないのが、雲仙普賢岳の噴火による火砕流の被害である（図12-2）。1991年（平成3）頃から噴火活動が活発となり、同年に火砕流により南島原〜布津間が約半年間不通となる。翌年には島原外港〜深江間が土石流により不通となった。そこで1993年にこの区間を休止して防災工事が行われた。運休期間中は、加津佐から島原方面への代替バスが運行された。代替バスは高校の傍まで行くために、高校生には好評であったことから、全線が復旧した後も、沿線の高校からの要望もあり、朝の時間帯だけ運行されていた。1997年に島原外港〜深江間の高架化が完成し、同年の4月1日から運行を再開した。運転の再開に合わせ、観光トロッコ列車の運転も開始する。

だが全線で復興した島原鉄道であったが、利用者の減少が進んでいたことから、表12-1で示すように、1999年からワンマン運転による合理化を開始する。

表12-1 島原鉄道の合理化の進展の推移。

実施時期	内容
1999年度	昼間の時間帯でワンマン運転を開始する
2000年度	南島原〜加津佐間で、夜間にワンマン運転を実施する 第1次経営改善計画の実施（経費節減を目的として、2000〜2003年度に実施） 西郷駅、神代町、島鉄湯江、布津、西有家、原城の業務委託を廃止して、無人化する
2001年度	諌早〜南島原間で夜間にワンマン運転を実施 口之津の業務委託を廃止して、無人化する
2002年度	加津佐駅を昼間の時間帯を無人化して、有家駅と統合した勤務体制による効率化を図る
2003年度	第2次経営改善計画を実施する（主に増収に向けての改善） 指令所と島原駅の勤務体系を統合する効率化
2005年度	鉄道課の現業部門の組織体制を見直し、人員削減の実施する

島原鉄道線一部区間（島原外港〜加津佐間）の廃止についてhttp://www.shimatetsu.co.jp/rail/press-2.pdf#searchをもとに作成

　ワンマン運転による合理化を実施しても、島原鉄道の赤字の約8割は、南島原〜加津佐間から生じていたことから、2004年から廃止が検討され始めた。加津佐地区は、島原市よりも諌早市との結び付きが強い。そのため同区間は輸送密度が低かったこともあり、1970年代にも廃止が検討された。だが当時は、現在のように1人に1台という割合までモータリゼーションが進んでおらず、かつ道路事情も現在よりも悪かった。そこで沿線住民が猛反対したため、撤回せざるを得なく

図12-2　このあたりは、火砕流により被害を受けた。この区間は、20008年3月末で廃止となった。

なった。その後は、モータリゼーションのさらなる普及と道路改良の進展に加え、少子高齢化および過疎化の進展で利用者が減少したため、島原鉄道は2007年1月31日に島原外港～加津佐間の35.3kmを、2008年3月末で廃止する方針であると発表した。そして同年の3月30日に、九州運輸局へ廃止届を提出した。

島原外港～加津佐間は、1928年（昭和3）の開業であるから、ちょうど80年で歴史にピリオドを打つことになった。図12-1で示したように、加津佐や口之津地域に住む人が諫早へ出かける場合、島原鉄道を利用するよりも、国道251号経由のバスを利用した方が距離的にも短いため、今後もこの区間は大幅な利用者の増加は見込める状況ではなかった。そのうえ、鉄道として存続させるとなれば、インフラへの設備投資が必要であったが、島原市の厳しい財政事情では、支えきれなかった。また沿線住民が存続の要望を島原鉄道に提出したのが、2007年（平成19）3月26日であるから、遅すぎた感は否めない。

当初の廃止予定区間は、南島原～加津佐間であったが、島原市の要望を受けて島原外港～加津佐間に短縮された。また一時期、DMVの導入も検討されたようであるが、定員が少ないためにラッシュ時に積み残しが発生する危険性があることや、鉄道と並行してバス路線があることから、導入するメリットが少ないと判断された。

雲仙普賢岳噴火災害復旧に伴って建設された設備の大半も10年余りで役目を終えることとなった。島原外港～加津佐間の廃止に伴い、観光トロッコ号の運行も中止となった。

（2）現状

島原鉄道は、JR長崎本線の諫早を起点に、島原外港を結ぶ43.2kmの地方民鉄である。鉄道事業のほかにバス事業、船舶事業、タクシー事業を行っている。島原鉄道は、船舶事業が好調であり、島原港と大牟田を結ぶ高速艇よりもフェリーの方が利益率が良い。フェリーの中でも、口之津と鬼池を結ぶ航路は好調であるという（図12-3）。当時の自民党政府は、土日祝日に高速道路の通行料金を1,000円にする割引を実施したため、経営に苦しんでいるフェリー会社が多いが、島原～天草間は高速道路などがないため、あまり影響は受けていないという。

鉄道は全線が単線非電化であり、24の駅を有する。創業が1908年（明治41）5

12　島原鉄道の廃止代替バス

図12-3　島原鉄道は、フェリー事業が好調である。

月5日であるから、100年以上の歴史がある。1991年（平成3）の雲仙普賢岳の噴火により莫大な被害を受けた。そして災害から復旧する際に増資が行われ、現在の資本金は8億円である。増資に際し、長崎県や地元自治体が株式の一部を保有するようになった。県や地方自治体が株式を所有するため、実質的には第三セクター会社ではあるし、長崎県から社外取締役が派遣されている。だが途中から資本参加したこともあり、第三セクターとは扱われない。

　列車は1日あたり42本運行されており、7時台から始まり、22時台まで運行される。日中には急行列車も運行される（図12-4）。これを入れると、ほぼ30分間

図12-4　島原鉄道では、急行列車も運行されている。

221

隔で運行されることから、地方民鉄の中では運行頻度は確保されている方である。急行列車は、1989年3月に一度は廃止になったが、島原外港～深江間の運転が再開した1997年4月1日から復活した。急行列車は、諫早～島原外港までは、約60分と普通列車よりも15分程度速いが、急行料金は徴収されない。諫早～島原外港間の最高運転速度は70km／hである。

　島原鉄道は、諫早市内に1995年4月に干拓の里、2000年3月に幸（さいわい）の2駅を設ける以外に、かつては時間帯によれば通過していたローカル列車も、既存の駅に停車する回数を増やした。これにより増収だけでなく、道路交通渋滞が著しい諫早市内の渋滞緩和に貢献している。

　諫早～島原外港まで乗車すれば、運賃は1,470円とJR線などと比べれば割高である。そこで利用者を少しでも増やすために、「島原半島遊湯券」を3,000円で販売している。これを利用すれば、島原鉄道グループの鉄道・バス・フェリーが1日乗り放題になる。そのほかにも表12-2で示すように、満65歳以上の高齢者には、島原鉄道グループの鉄道・バス・フェリーが、期間中は乗り放題となる「シルバー割引定期券」を発売している。「シルバー割引定期券」には、3カ月用と6カ月用の2種類があり、3カ月用が18,000円、6カ月用が30,000円である。このパスを提示すると、雲仙・島原地区をはじめとした旅館・ホテルの温泉入浴料が割引になる特典がある。購入に際しては、写真と免許証などの本人の身分を証明できるものが必要となる。

　また、島原鉄道とJR線を利用して博多まで出かける際にお得な「2枚、4枚切符」や、「島原名物体験切符」「長崎・天草・鹿児島連絡切符」を販売している。「2枚、4枚切符」は、島原鉄道やJRの乗車券だけでなく、諫早～博多間の自由席特急券もセットになったお買い得乗車券である。「島原名物体験切符」は、諫早～島原間の往復乗車券に、温泉と食事が付いて3,000円で販売している。「長崎・天草・鹿児島連絡切符」は、島原鉄道グループが運航するフェリーを利用して、長崎から天草を経由して鹿児島を結ぶ企画乗船券である。自家用車を積載して乗船した場合、最大で20％もお得である。

表12-2 島原鉄道が販売している企画乗車券。

名称	価格	年齢層	対象	利用可能日
島原半島遊湯券	3,000円	一般	鉄道・バス・フェリー	通年
のんびり1500	1,500円	一般	同上	毎月第4日曜日
スクール1000	1,000円	中高校生	同上	土日祝日、春・夏・冬休み
ちびっこ島原半島体験隊	500円	小学生	同上	土日祝日、春・夏・冬休み
シルバー割引定期券	3カ月18,000円、6カ月30,000円	満65歳以上の高齢者	同上	通年
島原名物体験切符	3,000円	一般	諫早～島原間の往復	通年

島鉄グループホームページ http://www.shimatetsu.co.jp/をもとに作成

2　島原鉄道バスの現状

（1）バス事業の概要

　島原鉄道は、路線バス（高速バス・空港連絡バスも含む）や貸切バス事業を行っている。路線バスは島原市が運行の中心であるが、それ以外に諫早市・雲仙市・南島原市を含めた島原半島全域にまで営業エリアが広がっている。ほかに島原や諫早から福岡天神を結ぶ高速バスや、大村市にある長崎空港と諫早市・島原市を結ぶ連絡バスも運行している。島原～福岡線、諫早～福岡線ともに1日あたり3往復設定されており、西鉄と共同運行を行っている。車両は、眺望が優れたハイデッカー車が導入され、お得な回数券も設定されている。高速バス事業は一般的に、「利益率が高い事業である」であるといわれるが、島鉄バスは減価償却に苦労しており、それが終了すれば利益が出るという。高速バスで使用する車両は、1日あたりの走行距離が長いことから、寿命は7～10年程度である。そのため利益が出る期間は、短いといえる。

　島原港から諫早駅前を経由して長崎空港を結ぶ連絡バスは（図12-5）、1日あたり4往復設定されている。こちらは高速バスと比較すれば車両は簡素であるが、座席はリクライニングシートであり、床下には荷物用のトランクを備えている（図12-6）。この路線も、筆者が思っていたほど利益が出ていないという。島鉄バスでは、東京・大阪行きの飛行機に接続させれば状況も変わるかもしれないが、要員増となるため、現時点では増発は考えていないようだ。

拠点となるバスターミナルは4カ所あるが、ターミナル事業法に申請しているのは、口之津だけである（図12-7）。そしてバスターミナルは、営業所も兼ねている。島鉄バスで中心的なバスターミナルは、島鉄バスターミナルであり（図12-8）、これは島原市中心部に位置しており、島鉄本社の斜め向かいにある。小

図12-5　島原鉄道は、空港連絡バスも運行している。

図12-6　空港連絡バスは、床下にトランクルームを備える。

図12-7 口之津バスターミナルは、営業所とフェリー乗り場も兼ねている。

図12-8 島原鉄道本社向かいにある島鉄バスターミナル。

浜ターミナルは、雲仙市の小浜地区に設置されている。口之津バスターミナルは、南島原市の加津佐の近くにあり、ここで鬼池を結ぶ島鉄のフェリーに接続している。加津佐～鬼池間を結ぶフェリーは、島原鉄道の中で、最も利益を上げているドル箱路線である。口之津バスターミナルは2階建てであり、1階が切符売り場と売店、待合室になっている。またかつては諫早駅前に、単独で諫早ターミナルを設置していたが、長崎県営バスが2007年4月1日に島原半島から撤退したため、県営バスの諫早ターミナルに機能を移転した。

　島鉄バスは、高齢者や身障者も乗降が楽になるように、低床式の車両（図12-9、12-10）を導入しているが、まだ1割強である。低床式車両は12m級の大型車両であるため、鉄道が廃止された加津佐方面へ向かうバスなど、輸送量の多い路線を中心に使用している。またバス停も、車いす対応のバリアフリー化を進めている。

　運賃の収受であるが、「モバイル長崎スマートカード」は使用できないが、通常の「長崎スマートカード」は使用可能である。このカードは、離島を除く長崎県内の6つのバス事業者の路線バス[1]が利用できる。このような共通のICバスカードは日本初である。ただしこのカードは、島原鉄道の鉄道や船舶、JR九州では使用できないが、長崎市内で路面電車を運行している長崎電気軌道では、使用することができる。カードの残額が少なくなると、1,000円単位でチャージが可能である。チャージは、窓口や営業所はもちろんであるが、島鉄バスでは運賃箱でも可能であるため便利である。チャージすれば、10％のプレミアポイントがもらえる。そしてバスに乗車すると1％のポイントが付く。例を挙げると、1,000円チャージすれば100ポイントもらえ、1,000円分を使うと10ポイントもらえるのである。長崎県内のバス事業者は、このような取り組みを実施することで、少しでも利用者の減少に歯止めをかけたいのである。

　貸切バス部門では、大型サロン車も所有している。島鉄バスの大型サロン車は、ゴージャスなサロンを備えるだけでなく、BS放送受信設備も備えている。かつて貸切バス事業は、比較的利益率の高い事業であった。定期の路線バスであれば、需要の少ない時間帯や閑散期であっても運行しなければならないが、貸切バス事業は値切ることがない良い顧客だけを対象に商売することが可能であるため、仙台市太白区に本社を構えていた富士交通は、定期路線バスよりも貸切バス事業に

12 島原鉄道の廃止代替バス

図12-9　島原市内から加津佐を結ぶ路線は、需要が多いこともあり、低床式の12m車が導入されている。

図12-10　低床式車両の場合、タイヤハウスの上の座席は座りにくい。

227

力を入れていた[2]。

しかし貸切バス部門は、路線バスよりも一足早く2000年（平成12）2月に実施された規制緩和の影響による競争の激化だけでなく、2008年秋以降の景気後退により、法人需要が減少した。そのため貸切バス事業は、利益の出る事業ではなくなっている。

（2）沿線住民の対応

雲仙普賢岳の噴火により、島原鉄道は甚大なる被害を受けたことから、島原中央高校はスクールバスで生徒を輸送するようになった。また島原鉄道のバスが西有家（ありえ）から島原市内の高校まで乗り入れるようになった。そのため島原鉄道が復旧した後も、利用者は鉄道へ戻らなかった。寺田裕一著「島原鉄道」『鉄道ジャーナル』2006年（平成18）3月号によれば、噴火前の1990年度の諫早～南島原間と南島原～加津佐間の利用者数を100とすると、2004年度は前者が93.0であるのに対し、後者は59.7と大きく落ち込んでいた。

2007年1月に島原鉄道が、島原外港～加津佐間の廃止を表明してからは、南島原市が2007年2月1日付で「南島原市島原鉄道廃止問題対策本部」（以下は廃止対策本部）を設置する。「廃止対策本部」の本部長には南島原市の市長が就任し、委員には南島原市の各部長や各支所長がなった。外部からは、島原鉄道の常務取締役、医師会長、高校の校長、社会福祉協議会長などをオブザーバーとして加わり、2007年2月から2008年3月まで6回協議を重ねた。

地元住民の反応は、冷ややかだった。加津佐や口之津地区の住民は、島原市よりも諫早市との結びつきが強いことも影響しており、その当時は鉄道の必要性を感じていなかった。

そんな中、弁護士である田代則春氏が地元の新聞である「島原新聞」に、当時はまだ施行されていなかった「地域公共交通活性化再生法」を活用して、南線の存続を求める投書を行っていた。だが島原鉄道が廃止を表明してから約半年も経過しているにもかかわらず、存続運動などは起こらなかった。また「廃止対策協議会」で存続を訴えたのは、医師で病院と福祉施設を経営する泉川欣一氏だけであった。泉川病院（図12-11）は、南島原市にある総合病院である。泉川院長は、島鉄バスの車内などに広告を出したり、加津佐から島原市内へ向かう上り線にあ

る泉川病院前のバス停の上屋などの整備を行うなど、島原鉄道グループを陰から支えている。泉川院長が島原外港〜加津佐間の存続に熱心であったのは、島原鉄道を利用して通院する患者が多かったことも影響している。

　以上のことから「廃止対策本部」は、島原鉄道の南半分を存続させるための協議会ではなく、島原鉄道が廃止された後の代替交通を考える協議会であったといえる。

　そのような理由から、泉川氏および島原鉄道の南側の存続を諦めていなかった南島原市の有志は、島原鉄道の南側の存続を訴えている島原市民に合流し、「島原半島を未来につなぐ会」を結成した。このような名前にしたのは、交通問題だけでなく、農業、医療・介護などの問題も考えるためである。その中でも島原鉄道の南線が廃止されてしまうと、島原半島全体が地盤沈下する恐れがあり、当面は島原鉄道の南線の存続を目指すことにした。そして2007年12月9日に署名運動を開始し、2008年1月17日までに35,933名の署名を集めた。計画作成の提案については、「地域公共交通活性化再生法」の7条で定めている。7条には、公共交通事業者、道路・港湾管理者、利用者、利害関係者は、計画の作成、変更を提案

図12-11　泉川病院は、島原鉄道グループを陰から支えている。

できるとある。そこで同日に、島原市と南島原市の市長宛てに以下のことを要望した。
　①島原鉄道に対しては、廃止届の撤回
　②「廃止」ではなく、「休止」を要請
　③「地域公共交通活性化再生法」に基づき、法定協議会の設置
　この時には、地域公共交通総合連携計画の素案と集まった35,933名分の署名を提出した。「島原半島を未来につなぐ会」では、「地域公共交通活性化再生法」が2008年に改正され、「鉄道事業再構築事業」が追加されたことから、「公有民営」による上下分離経営も実施できるようになった。そこで「休止」という形で、せめて1年間だけでも猶予をもらい、地域住民と充分な協議をしたかった。「地域公共交通活性化再生法」の改正が実施され、「鉄道事業再構築事業」が追加されたといっても、この事業は廃止前が前提である。そのため「休止」であれば、存続への道も開ける。もし仮に「存続が困難である」という結論が得られたとしても、充分に住民に説明した後、今後の交通システムのあり方を協議することができる。それゆえ「休止」という扱いにしてほしかった。
　ところが2008年3月24日に、島原市と南島原市の市長から、協議会は設立しない旨の回答があったという。それでも「島原半島を未来につなぐ会」では、島原市と南島原市の市議会に対しても、協議会の設立を訴えたが、島原市では圧倒的多数で否決された。南島原市では、僅差で否決されたという。そんな中でも、2008年3月28日に島原鉄道に「休止」をお願いしたが、島原鉄道はかたくなに拒んだため、存続の道が閉ざされてしまった。結果的に存続は断念せざるを得なくなったが、2008年1月17日以降も署名が集まり、最終的には45,679人分が集まったという。

（3）サービスなど
　2008年3月末に島原外港～加津佐間は廃止されたが、同年3月時点で諫早～加津佐間は、南島原で乗り換えも含めると、普通列車のみ13往復が設定されていた。そのため1～2時間に1本程度の運転であった。しかし鉄道が廃止される以前から、島原～口之津まで鉄道と並行する形で島鉄バスが運行されていた。鉄道が廃止されると、鉄道時代の本数では輸送力が足りなくなり、本数を増やさざるを得

なくなり、口之津から加津佐（加津佐海水浴場前）まで延伸された。そのため平日は21往復設定されている。所要時間は、島原港～加津佐まで約1時間15分である。

　鉄道時代の島原外港～加津佐間は、諫早～島原外港間よりも線路規格が低いために最高速度が65km/hであったことや、単線であるために行き違いの運転停車や速度制限区間があるため、所要時間は1時間20分程度であった。時刻表上では、鉄道もバスも所要時間でほぼ同等になる。だが筆者は、朝のラッシュが終了した午前9時台に島原から加津佐へ向かったが、バスは10分程度遅延した。島原市内では、信号待ちの停車や渋滞、まとまった乗降があると停車時間が延びることが影響している（図12-12）。

　鉄道時代は、島原外港から加津佐間の駅数は20であったが、バス化されると78カ所になり、約4倍に増えた。島原市内は、200～300m間隔でバス停が設けられているが、市中心部を出ると1km程度離れるところもある。島原市内を出ると信号機も少なくなり、道路は追い越し禁止であることも影響して50km/h程度の速度で運行する。バス停で乗降がないと通過となるため、安定した走行となる。

図12-12　島原外港～加津佐間の廃止に伴い、高校生などがまとまって乗車すると、車内は立ち客が出る混雑となる。

一方、島原（島原外港）～加津佐間の運賃は、鉄道時代は1,250円であったが、バスは1,150円と若干、割安となった。鉄道からバスになると、一般的に運賃が大幅に高くなる傾向を示すのだが、島原鉄道の場合は鉄道とバスの運賃の賃率が異なり、短距離の場合は鉄道の方が割安になるが、長距離になるとバスの方が割安になる。表12-3に、鉄道時代と廃止後の代替バスの運行およびサービス状況をまとめた。

表12-3　島原市内から加津佐間のサービス状況の比較。

交通機関	所用時間	運賃	本数	駅（停留所）数
鉄道時代	1時間20分	1,250円	13往復	20カ所
バス	1時間15分	1,150円	21往復	78カ所

島原鉄道の時刻表などを参考に作成

〔注〕
1）西肥バス、佐世保市営バス、島鉄バス、長崎県営バス、長崎バス、西海交通の6社である。
2）富士交通は2004年8月に会社更生法の適用を申請して、事実上、倒産した。その後、帝産バスが支援を行い、貸切バス事業に特化した帝産富士交通として事業を行っていた。だが2008年12月末で、経営悪化を理由に事業を廃止した。富士交通は、仙台～山形間、仙台～福島間などで従来の路線バスよりも、割安な運賃と高サービスで市場に参入し、東北地方の高速バス市場に風穴を開け、注目されていた。

13 三木鉄道の廃止代替バス

　三木鉄道の廃止は、輸送密度の低さもあるが、公的補助制度の問題点（矛盾点）にあったともいえる。路線バスを存続させるための補助制度が、既存の鉄道を廃線に追い込んだ事例であり、補助制度の使い方を間違えれば、第三セクター鉄道や地方民鉄を廃止に追い込む危険性をはらんでいることを述べたい。

1　三木鉄道の廃止

(1) 三木鉄道の沿革

　三木鉄道は、三木市の中心部に位置する三木駅から加古川市のJR加古川線厄神駅までの6.6kmを結んでいた。三木鉄道の歴史は、1916年（大正5）に播州鉄道として開業したことに始まる。三木市の地場産物である包丁などの金物や、米などを加古川へ運ぶことが目的であったため、神戸方面へのアクセスは不便であった。その後、国策により国鉄に買収されたが、1980年（昭和55）の国鉄再建法の施行により三木線は、特定地方交通線と位置づけられ、「鉄道で存続させるよりも、バス化が妥当である」と結論づけられた。だが当時は、地元住民が鉄道での存続を望んだため、1985年4月に第三セクター鉄道に転換した。国鉄からの転換時には、1kmあたり3,000万円の転換交付金を受領している。

　2004年度（平成16）の輸送人員は16万9,000人であり、対前年比では3％の減少であった。1日あたりの平均利用者数は463人であり、約20年前に比べると半減した。そのため、廃止直前の頃になれば、1両のディーゼル車が1時間に1〜2本、田園地帯を走っていた（図13-1）。

　経常損益は年間6,400万円で、当然のことながら赤字経営であった。損失を穴埋めするための「転換交付金」は、バブル崩壊後の低金利政策により既に枯渇し、三木市が損失を補填するために資金援助していた。

　当時、三木鉄道の取締役だった斎藤浩氏は、「少子化で通学生の利用が減ったうえ、『一家に1台』から『1人1台』というほど自動車が普及した」と、2005年10月21日の神戸新聞で利用者が減少した理由を説明する。加えて「信楽高原鐵

道や京福鉄道などの事故の影響から、国土交通省から安全対策の強化が求められたため、安全対策費が増加した」という。三木鉄道では、2004年に緊急保全点検を実施している。さらに「原油価格の高騰に伴う燃料費高騰が経営に重くのしかかっている」という。

　そんな中、2006年1月15日に三木市長選挙が行われ、行財政改革を掲げた無所属で新人の藪本吉秀氏（当時は47歳）が当選した。そのため年間6,000万円以上も赤字を計上していた三木鉄道は、廃止してバス化に向けて進むことになった。

　三木鉄道の輸送密度は、2006年度の『鉄道統計年報』によれば366名であり、鉄道で維持するには厳しい数値である。だが「DMV」という、線路上と道路の両方を走行することができる車両を、JR北海道が開発を行っている。この車両を導入すれば、三木鉄道の三木駅から中心部にある神戸電鉄の三木駅や三木市役所方面へはバスとして延伸できることから、利用者を増やせる可能性はあった。ところが三木市は、「鉄道であるのかバスであるのか、判断がつかない」という理由から、検討すら行わなかった。そして三木鉄道の臨時株主総会が、2007年5月18日に市役所で開かれ、鉄道事業の廃止を全会一致で可決した。総会には三木

図13-1　三木鉄道は、単行による運行だった。

市や県、加古川市、三木商工会議所など14団体の16人が出席した。臨時株主総会では、毎年約6,000万円の赤字を出し、2005年度末までに累積で約2億3,000万円に上っている現状を、会社側が説明した。これにより鉄道の廃止が、正式に決まった。そして2007年6月に国土交通省に廃止届を提出したため、2008年3月末で運行を中止することになった。社長の藪本吉秀・三木市長は「社員の生活保障には、市が誠意を持って当たりたい」と話したという。

株主からは、「苦渋の決断だが、住民アンケートなどのプロセスを経た結果であり、やむを得ない」という趣旨の発言が相次いだ。「代替交通手段の充実を」との要望もあった。

しかし先ほどの斎藤浩取締役は、バスに転換しても多額の費用がかかる点を指摘し、「県や加古川市にも援助をお願いしたい」とした。さらに「定年前の社員もおり、生活が心配である。三木市に仕事のあっせんや経済的支援をお願いしたい」と求めた。

廃止届けの提出後は、国交省の意見聴取などを経て、2008年3月末で三木鉄道は廃止された。その後は、会社の解散と清算手続きを進めることになり、3両あった車両は北条鉄道、ひたちなか海浜鉄道、樽見鉄道へそれぞれ1両ずつ売却された。

（2）廃止を決定づけた市長選挙

三木鉄道の廃止は、2006年（平成18）1月15日に決定したといっても過言ではない。この日に実施された三木市長選挙で、行財政改革を掲げた藪本吉秀氏が市長に当選したためである。藪本氏は、自らの給与を30％カットと退職金の返上を宣言した。市長の給与カット分および退職金は、三木市の借金返済に充てることにした。それだけでなく議員定数の削減と市職員の平均給与の削減、職員数の削減を打ち出すなど、徹底した財政健全化政策を掲げている。マニフェストの中に、「三木鉄道を廃止して、スクールバスや巡回バスを運行する」という項目が織り込まれていた。

三木鉄道の存廃を審議してきた市の対策協議会は、2006年12月21日の夜、最終の会合を開き「廃止してバスで代替すべき」との結論を確認した。委員からは、「これまでより下回らない程度のサービスを確保してほしい」という注文が出た。

そこで市交通政策課は、対策協議会の議論を振り返り「沿線人口が増えず、将来性がない」「不便で使いにくい」などの意見が多かった点をあらためて指摘した。席上、廃止論への反対は出なかった。

一方、「沿線住民が参加したタウンミーティングで、存続論が多かった点をどうとらえるか」との質問も出たが、市側は「存続を望む声が出る予想はしていたが、会場の雰囲気で、全員が残してほしいという状況でもないと感じた」と説明した。また、「交通網全体の計画を立ててから廃止を決めるべき。少なくとも、代替案を固めていないままの廃止決定は無責任だ」という意見も聞かれた。

オブザーバーとして参加した県の担当者は、「充分な議論を尽くされた結果を尊重したい」とコメントした。一方の加古川市は、「結論はやむを得ない。サービス確保に配慮してほしい」とコメントした。

筆者自身も、2006年12月21日の三木市の対策協議会の資料などを入手したが、最初から三木鉄道の廃止を前提とした協議会であったと感じている。三木鉄道の沿線は、市街化調整区域であるために、新規住宅開発などは実施できない環境にはある。また厄神と三木を通した利用は少なく、三木市と加古川市は公立高校の学区が異なる。三木高校の生徒も大半が自転車通学であるため、三木鉄道を利用する生徒は、ごく少数であったと聞く。また私立高校の生徒も、三木鉄道をほとんど利用しなかったという。

藪本市長は、「三木鉄道廃止」をマニフェストに掲げて当選した市長であるだけに、最初から三木鉄道の存続などは眼中になかった。アンケートも三木鉄道の沿線から離れた地域で実施され、三木鉄道の赤字額だけが強調されていたように感じる[1]。「アンケートを行う」といっても、どこで誰を対象にアンケート調査を行うかで、結果は全く異なる。三木鉄道の沿線から遠く離れた地域で実施すると、「財政事情が厳しいのだから、三木鉄道は廃止すべきだ」という結論に達する。

三木鉄道の問題は、国の補助制度の問題にもかかわる。表13-1で示すように国は、2つの自治体にまたがる路線長が10kmを超えるバス路線に関しては、存続のための補助金を支給している。藪本市長は、この制度に着目した。三木鉄道の起点の厄神駅は加古川市に属しているため、2つの自治体にまたがる。三木鉄道の路線長は、6.6kmであったが、バスを運行するとなれば終点を三木駅ではなく、

市役所や三宮行きの高速バスが発着する神戸電鉄の恵比須駅方面へ延伸した。そうすれば路線長が10kmを超えるために、国から補助金がもらえることになる。

表13-1 地方バス路線維持のための補助制度の概要。

補助制度	補助要件	区分	補助対象経費	補助先	補助率
国庫補助	生活交通路線 複数市町村にまたがるもの キロ程10km以上 1日の輸送量が15〜150人 1日の運行回数が3回以上 経常収益が経常費用の20分の11以上、または市町村の補助等により、20分の11以上に達するもの	運行費	経常欠損＝経常費用－経常収益 キロあたりの標準経常費用 ：339.37円（2007年）	乗合バス事業者	1/3
		車両購入費	実費購入費から備忘価格として、1円を控除した額（消費税を除く） 限度額 ワンステップ型：1,300万円 ノンステップ型：1,500万円	乗合バス事業者	1/3
県単独補助制度	コミュニティーバス路線 住民生活に不可欠な路線 1系統の1日の運行回数が20回以下 他のバス路線や鉄軌道との競合区間が50％を超えない	運行費	経常損益＝経常費用－経常収益 キロあたり標準経常費用 ：339.37（2007年） 補助基準賃率：43.4円	市町	1/2
			補助対象1キロあたり 100円を超える欠損	市町	1/10
		車両購入費	実費購入費から備忘価格として1円を控除した額（消費税を除く） 限度額：1,500万円	市町	1/2

滋賀県土木交通部交通政策課提供資料をもとに作成

　路線バスを存続させる補助制度が、既存の鉄道を廃線に追い込んだ事例であり、第三セクター鉄道会社の社長の考え1つにより、簡単に鉄道が廃止されてしまうことを物語っている。そのため輸送密度が500人程度の第三セクター鉄道の場合、首長に藪本市長のような考え方の人物が当選すれば、その時点で廃止に向けて進むことになる。

　第三セクター鉄道の今後を考えた場合、ひたちなか海浜鉄道の吉田千秋社長や、かつていすみ鉄道の社長だった吉田平氏のように、民間から経営意欲のある人材を社長として選ぶことが不可欠である。そうすることにより、積極的な活性化策が実施されるだけでなく、社長が鉄道経営に専念することになるため、管理が行き届く。それが鉄道事故の減少にも繋がる。

　三木鉄道の事例から、三木市などの地元に存続や活性化の意思がない場合、「地域公共交通活性化再生法」のもとでは、既存の公共交通は廃止されてしまうのである。三木鉄道が廃止された後は、軌道敷のレールは撤去され（図13-2、13-

3)、2009年8月下旬には、かつての三木駅の駅舎を撤去する作業を行っていた（図13-4）。

図13-2　橋却は残っているが、レールは撤去されている。

図13-3　厄神駅では、かつて三木鉄道が発着していたホームも、レールは撤去されている。

図13-4　三木駅では、駅舎を撤去する作業が行われていた。

2　神姫バスの概要

(1) 神姫バスの事業

　神姫バスは、兵庫県姫路市に本社を構える大証2部の上場企業である。姫路に本社を構えることから、兵庫県を中心にバス事業を展開しているが、大阪府や岡山県にも一部ではあるが路線を持つ。路線バス事業のほかに、貸切バス事業や観光レジャー事業を行っている。2009年（平成21）7月末の資本金は31億4,000万円である。

　バス事業の稼ぎ頭は、高速バス事業である。夜行高速バスは、「プリンセスロード」の名称で、姫路・三宮～渋谷・新宿間に1日1往復、三宮・姫路～長崎間に1往復設定している。夜行高速バスは、トイレが完備され、1-1-1の独立3列のリクライニングシートでフットレスト、レッグレスト、スリッパに読書灯とひざかけが用意されている。そしてレディースシートも設けられているため、女性も安心して利用できるように配慮されている。九州便では、トイレとは別に洗面台が独立して設けられている。

239

昼行の高速バスは、「ハーバーライナー」の名称で運行している。中国地方への路線として三宮〜岡山・倉敷線、三宮〜広島線、津山・加西・西脇〜大阪・USJ線、津山〜京都線がある。1998年に明石海峡大橋の開通に伴い、三宮〜四国・淡路島方面への路線が充実している。三宮〜高松・丸亀線、三宮〜徳島線、三宮〜阿波池田線、三宮〜高知線、三宮〜松山線、神戸空港・三宮〜洲本線、神戸空港・三宮〜福良線、神戸空港・三宮〜五色線、高速舞子〜淡路夢舞台線などを運行している。

昼行の高速バスの車両は、2-2のリクライニングシートであり（図13-5）、三宮〜洲本などの短距離路線では、トイレも設けられていない。ところで昼行高速バスの中でも、三宮〜高知線および三宮〜松山線の一部には、夜行高速バスで使用する車両が用いられるため、その車両に当たると乗り得である。そのほか、神姫バスでは神戸空港・三宮を起点にした三田などの神戸周辺の都市を結ぶ短距離高速バスも運行している。神戸空港・三宮〜三田方面、神戸空港・三宮〜恵比須線（図13-6）、神戸空港・三宮〜西脇方面などがある。三田や恵比須、西脇方面は三宮から高速バスで、1時間程度であるため、高速バスが通勤・通学の足として活躍している。

神姫バスでは、関西国際空港や大阪国際空港行きのリムジンバスも運行している。姫路〜関西国際空港間に1日あたり10往復、姫路〜大阪国際空港間に12往復設定されている。

バス事業の子会社として、神崎・篠山方面の路線バスを主に運行する神姫グリーンバス、赤穂・佐用方面の路線バスを主に運行するウエスト神姫、西神方面の路線バスの路線バスを主に運行する神姫ゾーンバス、貸切業務を行う神姫観光バスがある。また神姫バスでは、ICOCAやPiTaPaなどのICカードも使用可能であるが、独自のICカードとして「NicoPa」を発行している。「NicoPa」は、2,000円から購入することができ、500円分がデポジットになっている。そして残高が少なくなると、1,000円単位でチャージする仕組みである。最高20,000円までチャージすることが可能である。「NicoPa」には、普通と徳用の2種類があり、チャージすれば付加されるプレミアが異なる。徳用は、9:30〜16:00までしか使用できないが、普通では10%しか付加されないプレミアが、30%も付加される。既に「NicoPa」を所有している人であっても、必要に応じて回数券機能や定期券機能

図13-5　昼行の高速バスは、2-2のリクライニングシート車を使用する。

図13-6　短距離の昼行高速バスで使用する車両。

を組み込ませることが可能である。そして「NicoPa」を使用すると、60分以内の乗り継ぎであれば、後者のバスの運賃が80円引きになる[2]。ただしこの場合、回数券機能が組み込まれた「NicoPa」であれば、乗り継ぎ割引が適用されるが、定期券機能が組み込まれた「NicoPa」では、適応されない。「NicoPa」は、神姫バス・神姫ゾーンバス、神姫グリーンバスの丹波篠山地区の全線で利用可能であり、バスの運賃箱でもチャージが可能である。しかし、夜行高速バス「プリンセスロード」や昼行高速バス「ハーバーライナー」、中国ハイウェイバス、空港リムジンバス、USJ線や一部のコミュニティーバスでは使用できない。

　神姫バスは、関西では奈良交通に次ぐ大手バス事業者であるため、神戸市営バスや姫路市営バスの不採算路線を引き継いでいる。神戸市交通局は、2006年3月末で落合・西神の2営業所管内の路線から撤退した。そこで2006年4月1日より、神戸市交通局が運行していた路線の運行管理業務を受託している。

　一方の姫路では、2006年4月1日より書写山ロープウェイの運行委託業務を、当時の姫路市交通局[3]から受託している。また2010年3月末で、姫路市営バスが全路線から撤退したため、神姫バスがそれまで姫路市営バスが行っていた路線を引き継いで運行している。

（2）廃止代替路線の概要

　2008年（平成20）3月末で廃止された三木鉄道の代替として、翌日の4月1日から運行を開始した。利便性を向上させる目的もあり、図13-7で示すように三木鉄道三木駅から市役所、みきやま病院、総合保険福祉センターを経由して神戸電鉄の恵比須駅まで延伸されている。代替バスは、恵比須駅で神戸電鉄に、厄神駅でJR加古川線に接続しており、鉄道とバスの接続は良好である。

　代替バスの運行本数であるが、平日の恵比須駅発は5時台から運行が始まり、21:40分が最終である。平日は、恵比須駅発の厄神駅行きが15本、三木鉄道三木駅発の厄神駅行きは4本運転されている。そして厄神発であるが、始発は7:03であり、最終は22:37である。厄神発の恵比須駅行きは16本、三木鉄道三木駅行きが2本運転されている。

　土日祝日であるが、恵比須駅の始発時間および最終の時刻は、平日と変わらない。ただし恵比須駅発の厄神駅行きは15本で同じであるが、三木鉄道三木駅発の

13 三木鉄道の廃止代替バス

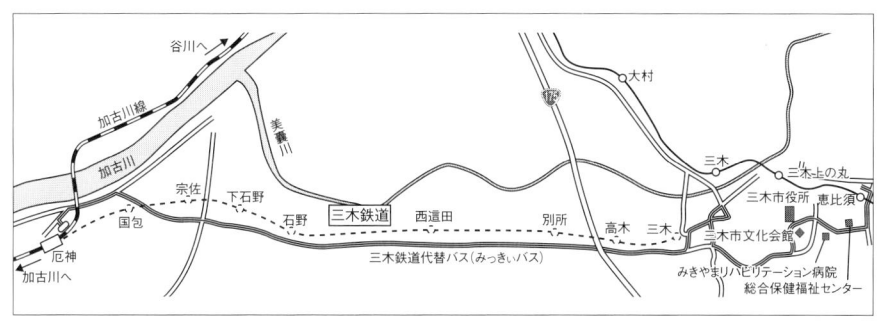

図13-7　三木鉄道付近。

厄神駅行きが2本になる。厄神発であるが、始発が7:08と若干遅くなるが、最終は同一である。三木鉄道三木駅行きがなく、厄神発の恵比須駅行きが16本運転される。

　運行は、神姫バスが担当しており、日野のポンチョという小型車が使用され（図13-8）、21のバス停が設置されている。三木鉄道時代の駅数は9駅であったことから、恵比須駅への延伸があったにせよ、バス停の数は大幅に増えている。恵比須駅〜厄神駅間の運賃は300円、三木鉄道三木駅〜厄神間は250円であり、

図13-8　代替バスは、日野のポンチョが用いられている。

「NicoPa」「ICOCA」「PiTaPa」などのカード式乗車券も使用ができる。三木鉄道時代の厄神〜三木間の運賃は、250円であったことから、厄神〜三木鉄道三木駅間の運賃は、鉄道時代のまま据え置かれている。

　運行状況であるが、三木鉄道三木駅を出ると県道20号を厄神駅に向けて進む。三木市内は円滑であるが、加古川市内に入ると国包東〜国包西間や、厄神駅へ入る部分に道路の幅員が狭い部分があり、バス同士の行き違いに支障がある（図13-9）。

　筆者は、平日に恵比須駅14:13発に乗車したが、始発時の乗客は筆者を含めて2名しかいなかった。途中のバス停からの乗車もあり、最終的には5名の状態で厄神駅に到着した。運転手さんに聞いたところ、朝などは利用者も多く、1便あたり15名程度乗車するという。ただし昼間は少なく、1便あたり2名程度で運行することが多いという（図13-10）。市役所の傍には、三木市文化会館があり、総合保険福祉センターへの利便性も確保しているのだが、これらの公共施設には大規模な無料駐車場が完備されているため、バスを利用して訪問しない。そのため三木市が運行しているコミュニティーバス「みっきぃバス」も空気輸送に近い状態にある（図13-11）。そんな中でも、自家用車が1台しかない家庭では、夫が車

図13-9　国包付近には、幅員が狭い個所があり、バスの行き違いに支障がある。

図13-10　昼間は、1便あたりの利用者は2名程度である。

図13-11　三木市が運行するコミュニティーバスの外観。

で通勤すると、自宅に車がないために、児童会館などへ向かう子供連れの利用者もあるという。今後は、駅やバス停の傍に公共施設を配置するようにしたり、公共施設の駐車場の規模を縮小するか、駐車代金を徴収するようにする方法も検討してもよいように感じる。三木市交通政策課に取材したところ、閑散時にはジャスコなどの大型商業施設へ立ち寄る運行も検討しているという。財政再建団体に転落する危険性もあるくらい財政事情の厳しい三木市の場合、公共施設の駐車場の有料化も検討するに値するだろう。

　筆者が乗車した限りにおいては、鉄道時代の運転本数を維持して、バス停を大幅に増やし、運賃も鉄道時代のまま据え置いても、利用者は減少するのである。三木市交通政策課にヒアリングしたところ、2006年度の三木鉄道の利用者数は、124,000人[4]であった。2008年度の代替バスの利用者数は、60,000人[5]であり、転換率は50％程度である。鉄道時代であれば、1列車に最低でも10名程度の利用はあった。代替バスは、日野のポンチョを使用することから乗り心地は悪くなかったが、バス停に上屋やベンチもないことや、夜間などは明かりもないためにどこがバス停であるかが分かりにくいだけでなく、暗い中でバスを待つことが不安なのかもしれない。それから厄神駅のバス停の位置にも問題がある。土地買収の問題もあったと思うのだが、駅から300m程度離れた位置にロータリーとバス停

図13-12　厄神駅のバス乗り場は、駅から300m程度、離れている。

が設けられている（図13-12）。加古川市役所に聞いたところ、このロータリーは2001年に完成したということから、代替バスが運行される以前から整備されていたことになる。三木鉄道時代は、加古川方面へ向かう場合は、跨線橋を渡らなくても、向かい側のホームに加古川行きの列車に乗り換えが可能であったため、こちらに関しては利便性が低下した。

〔注〕
1）三木鉄道を廃止することが前提であったため、「三木鉄道は役割を終えた」という世論を形成する必要がある。そこで存続のアンケートは、三田市などの三木鉄道沿線から離れた地域で行われた。
2）この制度は、往復乗車の場合にも適用される。ただし100円のコミュニティーバスに乗り継ぐ場合は、後者は20円引きになる。
3）姫路市観光交流推進室に移管して運営から撤退する。そして姫路市交通局も、2007年7月1日からは水道局と統合され、姫路市企業局交通事業部に名称が変更になった。
4）鉄道時代の場合、定期券所持者は利用してもしなくても、毎日乗車したとしてカウントしていた。代替バスの場合、運賃を支払った人のみカウントしている。三木市では、今後の対策を立てるために、運転手にカウントをお願いしている。
5）神姫バス三木営業所にも確認したところ、三木市役所と同様の回答をいただいた。

——おわりに——

　2000年(平成12)の鉄道事業法の改正により、不採算路線の休廃止は「許可制」から「届出制」に規制が緩和された。それにより、当初から心配されていたように、不採算路線の廃止が進展するようになった。

　国鉄時代の赤字ローカル線の廃止とは異なり、転換交付金などが支給されないだけでなく、協議会を開いて地元の合意を得なくても、事業者の判断だけで廃止が可能となったのである。2000年の改正鉄道事業法の施行後は、ひたちなか海浜鉄道や万葉線のように第三セクター鉄道として存続させた事例もあるが、鉄道事業者が廃止届を提出した場合、その大半がバス化されている。そのバス事業も、2002年2月の道路運送法の改正により、需給調整規制が撤廃されたため、不採算路線からの撤退に関しては、「許可制」から「届出制」に規制が緩和された。つまり鉄道と同様に、バス事業者の判断だけで路線の休廃止ができるようになった。

　当時は自民党政府であったが、行財政改革を目的に「小さな政府」を目指して、市場原理に委ねる傾向を強めていた。需給調整規制を撤廃する道路運送法を改正する前年の2001年に、国庫補助制度の改正を実施した。従来は、第一種生活路線、第二種生活路線、第三種生活路線、廃止路線代替バスという区別を設け、第二種生活路線と第三種生活路線に対して国が補助を行っていた。国庫補助制度の改正で従来の区分が廃止された。そして路線長が10km以上で、かつ複数の自治体にまたがるバス路線に対してのみ、国が補助金を支給するようにした。

　それにより10km未満で、1つの自治体内で完結するバス路線の場合、各自治体が補助をしなければならなくなった。本書で挙げた鉄道代替バス路線は、複数の自治体にまたがっているため、国から損失補填のための補助金が支給されるが、各自治体が支えなければならない路線は、昨今の財政難などから今後の路線存続を模索しなければならない。また市町村合併が進み、複数の自治体にまたがっていた路線が、1つの自治体内で完結するようになるなど、将来に対する不安要因もある。

　鉄道を廃止してバス化されると、確かに赤字の絶対額は減少するかもしれないが、利用者はさらに減少する。たとえ運賃を据え置き、増発を実施しても利用者

おわりに

は減少する。島原鉄道の代替バスは、利用者は鉄道時代の6割程度であるという。くりはら田園鉄道の代替バスは、運賃を鉄道時代の半額以下に値下げしたが、利用者の減少を止めるには至っていない。

　バス化されると、鉄道時代は最低でも1km間隔であった駅間距離は、300～500m間隔にバス停になるため、乗車しやすくなるように感じるが、乗り心地が悪くなる、運賃が値上がりする、上屋やベンチ・トイレがないためにサービスが悪くなる、夜間にバス停の位置が分かりにくい、頻繁にルートが変わる、バスを降車した後に事故に遭遇する確率が高くなるなどのマイナス要因が影響して、利用者は減少するのである。くりはら田園鉄道の廃止代替バスは、普通運賃だけでなく、通勤・通学定期券の運賃も大幅に値下げしたにも関わらず、利用者は鉄道時代の1/3まで減少した。このことは、地域の衰退に繋がる。

　当時の自民党政府も、このままでは地方鉄道の存続が危ういことに気が付いたため、2007年5月に「地域公共交通活性化再生法」が成立し、同年の10月から施行された。そして2008年10月からは、「地域公共交通活性化再生法」を一部改正している。これにより、鉄道事業法では認められていなかった地方鉄道の「公有民営」という形の上下分離経営が認められた。鳥取県の若桜鉄道は、2009年1月の臨時株主会議で、「公有民営」の上下分離経営の導入を決めた。さらに福井鉄道も採用するという。上下分離経営を実施すれば、一般的にインフラの維持・管理と設備更新を公的部門が担当を行い、運行は民間部門が担う。そのため公的部門の責任領域と鉄道事業者の責任領域が明確化すると同時に、固定資産税や維持管理費の支払いから解放されるため、民間部門の経営も改善する。

「地域公共交通活性化再生法」では、運営費に対する損失補填は実施されないが、インフラ投資に対する補助が大幅に増えたことや、沿線自治体が集まって地域協議会を開催できるようになるなどの進歩が見られる。地元にも負担させることで、身の丈にあった事業が展開できるとともに、事後評価が導入されたことは評価したい。そうすることで、補助金のバラ撒きに歯止めがかかる。

　地域協議会を開催して、鉄道活性化に向けた試験運行やコミュニティーバスの試験運行などを行う場合も、補助金が支給されるようになった。しかし別の見方をすれば、やる気のない地域に対しては、補助金が支給されず、鉄道や路線バスが廃止されてしまう公算が高くなった。

だが「地域公共交通活性化再生法」が施行されたといっても、これは鉄道が存続していることが前提である。鉄道が廃止され、線路も剥がされてしまった鉄道を再生する法律は、まだ整備されていない。そのため休止であれば、再生させることも可能である。
　そんな中、廃止されてしまった可部線の可部～三段峡間のうち、可部～河戸間を復活させる動きや、台風により経営断念した高千穂鉄道を高千穂あまてらす鉄道として復活させる計画がある。復活させるためには、法律整備が必要であるなど、今後の課題も多い。
　本書に挙げた事例の中には、もう少し早く「地域公共交通活性化再生法」が施行されていたならば、廃止にならずに済んだ路線もある。日立電鉄や鹿島鉄道が、これに該当する。日立電鉄や鹿島鉄道の輸送密度は1,300人/km/日であり、この数値はひたちなか海浜鉄道と大差がない。ひたちなか海浜鉄道の場合、茨城交通から収益が見込める光ファイバー事業が譲渡されたこともあるが、インフラなどの設備更新が終わっていたことも、鉄道として存続させる要因として働いた。
　鉄道事業者が廃止届を提出してから、慌てるのではなく、廃止の噂がある段階から地域協議会を開催して、存続と活性化を模索しなければならない。この動きはJR東日本の水郡線沿線や、長野電鉄の屋代線の沿線などで始まっている。水郡線の沿線では、地元の高校生たちが中心になって存続活動を展開している。地域協議会の開催まで到達していないため、「高校の存続と自分たちの通学手段の確保」という域を脱していないが、高校生たちの自主的な取り組みは評価したい。地方の公共交通の主な利用者は、通学の高校生か通院の高齢者である。割引率の高い通学定期で高校生を輸送しても、利益率が低いために事業者もサービス改善に消極的である。そんな中、2009年9月に、「コンクリートから人への投資」を掲げる民主党政権が発足したことから、通勤定期と通学定期の差額は、文教予算を用いて事業者に補助することや、交通基本法の早期成立を期待したい。
　長野電鉄屋代線の場合、木島線が廃止されたこともあり、2009年度から地域協議会を開催して活性化を模索するようになった。鉄道事業者が存続を断念する要因として、インフラの更新に莫大な費用を要することが挙げられる。
　だが「地域公共交通活性化再生法」の施行により、地域協議会を開き、地元が存続させる意思があれば、国から補助金が支給されるようになったため、以前よ

り鉄道存続に向けたハードルは低くなった。特に存続が模索されている鉄道の沿線などでは、MMも合わせて実施し、自家用車から鉄道を含めた公共交通へのモーダルシフトを模索しなければならない。

　鉄道の価値を評価する場合、従来は採算性や利用者数だけで評価していたが、これからは社会的便益も加味して評価する必要がある。和歌山電鐵の貴志川線は、今でも沿線からの補助金がなければ経営を維持することはできないが、鉄道が存続したことで周辺の道路の渋滞が緩和されているため、社会的便益は「正」である。これはえちぜん鉄道や養老鉄道・伊賀鉄道も該当する。鉄道は「地域のインフラ」と位置づけ、街づくり・地域づくりの明確なビジョンを持って、今、存続している鉄道の活性化に取り組んでほしいものである。また運悪く廃止されてしまった場合、国がインフラを買い取り、地方自治体に管理させる法的な枠組みを整備する必要がある。そうなれば、岡山電気軌道のように地方鉄道の再生に熱心な事業者が現れ、復活する道も開ける。

　最後に、本著の出版に関しては、東京堂出版編集部の太田基樹氏には、大変お世話になった。また資料提供および取材に応じていただきましたJR西日本広島支社、島原鉄道営業部自動車課の伊達佳伸課長、三木鉄道の斎藤浩取締役、飯山市役所総務部企画調整課の俣野主査、くりはら田園鉄道、栗原市、西鉄宮地岳線（貝塚線）の取材に同行していただいた交通権学会会員の前田善弘氏に対しても、心から感謝申し上げます。

■参考文献
斎藤峻彦『交通市場政策の構造』中央経済社、1991年4月
加藤博和『備後地域と中国バス：地域構造と交通を考える』菁文社、1996年7月
齋藤雅男『驀進』鉄道ジャーナル社、1999年11月
香川正俊『第三セクター鉄道』成山堂書店、2000年6月
全運輸労働組合『転換期を迎えた地方バス』2004年2月
白土貞夫『日立電鉄の75年』ネコパブリッシング、2004年12月
鉄道まちづくり会議『どうする？鉄道の未来』緑風出版社、2004年12月
寺田一薫編著『地方分権とバス交通』勁草書房、2005年9月
浅井康次『論説 地方交通』交通新聞社、2006年12月
土居靖範『交通政策の未来戦略』文理閣、2007年1月
西村 弘『脱クルマ社会の交通政策』ミネルヴァ書房、2007年4月
国土交通省『平成18年度鉄道統計年報』、2007年3月
佐藤信之『コミュニティー鉄道論』交通新聞社、2007年11月
嶋田郁美『ローカル線ガールズ』メディアファクトリー、2008年1月
堀内重人『高速バス』グランプリ出版、2008年4月
藤井聡・谷口綾子『モビリティー・マネジメント入門』学芸出版社、2008年4月
白土貞夫、中川浩一『鹿島鉄道—鹿島参宮鉄道・関東鉄道鉾田線—』ネコパブリッシング、2008年6月
土居靖範『生活交通再生—住みつづけるための〝元気な足〟を確保する—』自治体研究社、2008年11月
堀内重人『廃線の危機から蘇った鉄道—三岐鉄道北勢線、和歌山電鐵、富山ライトレール、阪堺電気軌道、ひたちなか海浜鉄道の事例紹介—』中央書院、2010年4月
年鑑『日本の鉄道』各年度号、鉄道ジャーナル社

■参考論文
寺田裕一「長野電鉄木島線」『鉄道ジャーナル』2001年2月号
寺田裕一「鹿島鉄道」『鉄道ジャーナル』2001年5月号
鈴木文彦「長野電鉄木島線廃止の背景」『鉄道ジャーナル』2002年4月号
中国新聞「河戸電化」2002年4月5日
寺田裕一「くりはら田園鉄道」『鉄道ジャーナル』2002年5月号
中国新聞「可部線三セク化断念」2002年11月23日
中国新聞「鉄路の先に 廃止迫る可部線可部～三段峡」2003年11月20日
鈴木文彦「JR西日本可部線可部—三段峡」『鉄道ジャーナル』2004年1月号
青木 亮「第三セクター鉄道万葉線設立までの歩み」座談会「第三セクター万葉線の再生と地域社会」『運輸と経済』2002年9月号
佐藤信之「地方中小鉄道をめぐるうねり 地方鉄道問題に関する検討会報告書 地方鉄道復活のためのシナリオ」『鉄道ジャーナル』2003年7月号
平澤 崇「万葉線に元気を 新型超低床電車デビュー」『鉄道ジャーナル』2004年4月号
青木栄一「21世紀の地方交通線問題を考える」『鉄道ジャーナル』2004年8月号
佐藤信之「地方の鉄道線路を考える」『鉄道ジャーナル』2004年8月号

神戸新聞「苦境の3セク鉄道」2005年10月21日朝刊
斎藤峻彦「不採算公共交通政策の経緯と課題」『関西大学商学論集』第50巻第3・4号合併号、2005年10月
鶴　通孝「えちぜん鉄道のこれから」『鉄道ジャーナル』2005年12月号
堀内重人「第三セクター鉄道活性化への一考察」、『都市問題』2006年2月号
寺田裕一「島原鉄道」『鉄道ジャーナル』2006年3月号
島　正範「万葉線とRACDA高岡」『交通権』NO23、2006年7月
清水省吾「福井における鉄軌道再生とLRT推進の状況」『交通権』NO23、2006年7月
下村仁士「市民参加による公共交通運営の可能性」『交通権』NO23、2006年7月
下村仁士「「第四セクター」鉄道への萌芽」、『公益事業研究』第58巻NO3、2007年3月
鈴木文彦「長野電鉄 長野線－湯田中」『鉄道ジャーナル』2007年3月
蛯原　宏「ロマンスカーの転進」『鉄道ジャーナル』2007年3月号
齋藤康則「「5年後、10年後の私たちの後輩」のための運動論―「ちん電守ろう会」から「水郡線サポーターズ」への展開と課題」『いなぎ』NO15、茨城県立佐竹高校2007年発行
篠原睦美「ちん電から水郡線存続運動へ」『いなぎ』NO15、茨城県立佐竹高校2007年発行
堀内重人「第三セクター鉄道の経営条件を探る―地域全体で支える鉄道へ―」『都市問題』2007年6月号
寺田裕一「西鉄宮地岳線の新宮以遠を廃止」『鉄道ジャーナル』2007年6月号
佐藤信之「近鉄養老線と伊賀線の経営形態の変更」『鉄道ジャーナル』2007年7月
鈴木文彦「三木鉄道/北条鉄道」『鉄道ジャーナル』2007年9月号
佐藤信之「養老鉄道・伊賀鉄道と運賃制度の問題」『鉄道ジャーナル』2008年2月号
鈴木文彦「地方鉄道の実態と再生の可能性」『鉄道ジャーナル』2008年4月号
鈴木文彦「ひたちなか海浜鉄道」『鉄道ジャーナル』2008年7月号
佐藤信之「湊鉄道線からひたちなか海浜鉄道へ」『鉄道ジャーナル』2008年8月号
中国新聞「可部線活性化調査 国の補助に 可部－河戸復活に光明」2008年10月23日朝刊
堀内重人「高校生による地方鉄道存続・活性化への模索―高校教育を通して地域公共交通を考える―」『第3回人と環境にやさしい交通をめざす会 in 横浜』予稿集、2008年12月
宝田惇史「鉄道事業における社会的価値の評価と市民参画に関する研究―えちぜん鉄道を事例に―」『日本地域政策研究』日本地域政策学会、2009年3月
中国新聞「鉄路復活へ市民プラン 市・JRへ提出目指す」2009年3月1日朝刊
宝田惇史「地域公共交通活性化再生法を利用した地方鉄道再生の可能性と課題―市民運動への参与と『当事者の声』の聞き取りを通して」『交通権学会2009年度全国大会予稿集』2009年7月
堀内重人「意欲の上下分離による地方鉄道の活性化」『交通権』NO26、2009年3月
茨城新聞「昨年度収支はほぼ均衡」2009年7月17日朝刊
堀内重人「三木鉄道の経営断念と公的補助制度の問題点」『第4回人と環境にやさしい交通をめざす会 in 東京』予稿集、2009年12月
堀内重人「学校MM（モビリティー・マネジメント）の現状と今後の課題―戦後の交通教育の変遷と学校MM概論―」『交通権』NO27、2010年3月
堀内重人「滋賀県のデマンド型交通の現状とMMを活用した活性化策―湖北町の「こはくちょうバス」の展望―」『公益事業研究』NO61巻の4号、2010年3月

■インターネット
公共交通を考える　http://www.mitene.or.jp/~itono/alt/trninde1.html
貴志川線の未来をつくる会HP　http://blog.kishigawa-sen.com/
増島俊之「行政改革の現状と評価」日本公共政策学会、1999年
　　http://www.ppsa.jp/pdf/journal/pdf1999/1999-01-013.pdf
特定地方交通線Wikipedia
　　http://ja.wikipedia.org/wiki/%E7%89%B9%E5%AE%9A%E5%9C%B0%E6%96%B9%E4%BA%A4%E9%80%9A%E7%B7%9A
京福電気鉄道越前本線列車追突事故Wikipedia
　　http://ja.wikipedia.org/wiki/%E4%BA%AC%E7%A6%8F%E9%9B%BB%E6%B0%97%E9%89%84%E9%81%93%E8%B6%8A%E5%89%8D%E6%9C%AC%E7%B7%9A%E5%88%97%E8%BB%8A%E8%A1%9D%E7%AA%81%E4%BA%8B%E6%95%85
島鉄グループHP　http://www.shimatetsu.co.jp/
島原鉄道Wikipedia　http://ja.wikipedia.org/wiki/%E5%B3%B6%E5%8E%9F%E9%89%84%E9%81%93
島原鉄道線一部区間（島原外港～加津佐間）の廃止について
　　http://www.shimatetsu.co.jp/rail/press-2.pdf#search
万葉線株式会社　http://www1.coralnet.or.jp/manyosen/
神姫バスグループ　http://www.shinkibus.co.jp/index.html
交通よもや話　http://app.m-cocolog.jp/t/typecast/109546/97840/20244173
栗原電鉄のページ　http://www57.tok2.com/home/tram/kurihara.html
宮城交通　http://www.miyakou.co.jp/bus/index.php
『需給調整規制廃止後における旅客鉄道事業制度のあり方』
　　http://www.mlit.go.jp/singikai/unyusingikai/unseisin/unseisin165-2.html#s6
民主党：交通基本法案について　http://www.dpj.or.jp/news/?num=9384

〔著者略歴〕 堀内重人（ほりうち・しげと）
　1967年（昭和42）生まれ。立命館大学経営学研究科博士前期課程修了。運輸評論家として、執筆や講演活動、ラジオ出演などを行う傍ら、ＮＰＯなどで交通問題を中心とした活動を行う。日本交通学会、公益事業学会、日本海運経済学会、交通権学会、日本モビリティ・マネジメント会議、日本環境教育学会、海外鉄道研究会会員、滋賀県地球温暖化防止活動推進員。
　著書に、『都市鉄道と街づくり―東南アジア・北米西海岸・豪州の事例紹介と日本への適用―』（文理閣）、『高速バス』（グランプリ出版）、『廃線の危機から蘇った鉄道』（中央書院）など。共著に、『モノレールと新交通システム』（グランプリ出版）など。査読付き論文に、「台北市における軌道系交通の現状と展望」（『運輸と経済』）、「競争市場ある台湾の高速バスの現状と将来性」（『高速道路と自動車』）、「第三セクター鉄道活性化への一考察」（『都市問題』）、「内航海運業界におけるコンテナ船の現状とモーダルシフトへの課題」（『交通権』）、「滋賀県のデマンド型交通の現状とＭＭを通した活性化の模索―湖北町の「こはくちょうバス」の活性化を通して―」（『公益事業研究』）などがある。

鉄道・路線廃止と代替バス	平成22年4月20日　初版印刷
	平成22年4月30日　初版発行
ⓒShigeto Horiuchi, 2010	著　者　堀内重人
Printed in Japan	発行者　松林孝至
ISBN978-4-490-20696-8　C0065	印刷製本　東京リスマチック株式会社
	発行所　株式会社東京堂出版
	〒101-0051　東京都千代田区神田神保町1-17
	電話03-3233-3741　振替00130-7-270